浙江文化研究工程成果文库

何兆泉 著

两宋宗室研究

以制度考察为中心

南宋及南宋都城临安研究系列丛书

杭州市社会科学院 编

博士文库

浙江文化研究工程项目（23WH18-7Z）
浙江省哲学社会科学重点研究基地课题
（10JDNS01YB）

浙江文化研究工程成果文库总序

习近平

　　有人将文化比作一条来自老祖宗而又流向未来的河,这是说文化的传统,通过纵向传承和横向传递,生生不息地影响和引领着人们的生存与发展;有人说文化是人类的思想、智慧、信仰、情感和生活的载体、方式和方法,这是将文化作为人们代代相传的生活方式的整体。我们说,文化为群体生活提供规范、方式与环境,文化通过传承为社会进步发挥基础作用,文化会促进或制约经济乃至整个社会的发展。文化的力量,已经深深熔铸在民族的生命力、创造力和凝聚力之中。

　　在人类文化演化的进程中,各种文化都在其内部生成众多的元素、层次与类型,由此决定了文化的多样性与复杂性。

　　中国文化的博大精深,来源于其内部生成的多姿多彩;中国文化的历久弥新,取决于其变迁过程中各种元素、层次、类型在内容和结构上通过碰撞、解构、融合而产生的革故鼎新的强大动力。

　　中国土地广袤、疆域辽阔,不同区域间因自然环境、经济环境、社会环境等诸多方面的差异,建构了不同的区域文化。区域文化如同百川归海,共同汇聚成中国文化的大传统,这种大传统如同春风化雨,渗透于各种区域文化之中。在这个过程中,区域文化如同清溪山泉潺潺不息,在中国文化的共同价值取向下,以自己的独特个性支撑着、引领着本地经济社会的发展。

　　从区域文化入手,对一地文化的历史与现状展开全面、系统、扎实、有序的研究,一方面可以藉此梳理和弘扬当地的历史传统和文化资源,繁荣和丰富当代的先进文化建设活动,规划和指导未来的文化发展蓝图,增强文化软实力,为全面建设小康社会、加快推进社会主义现代化提供思想保证、精神动力、智力支持和舆论力量;另一方面,这也是深入了解中国文化、研究中国文化、发展中国文化、创新中国文化的重要途径之一。如今,区域文化研究日益受到各地重视,成为我国文化研究走向深入的一个重要标志。我们今天实施浙江文化研究工程,其目的和意义也在于此。

千百年来,浙江人民积淀和传承了一个底蕴深厚的文化传统。这种文化传统的独特性,正在于它令人惊叹的富于创造力的智慧和力量。

浙江文化中富于创造力的基因,早早地出现在其历史的源头。在浙江新石器时代最为著名的跨湖桥、河姆渡、马家浜和良渚的考古文化中,浙江先民们都以不同凡响的作为,在中华民族的文明之源留下了创造和进步的印记。

浙江人民在与时俱进的历史轨迹上一路走来,秉承富于创造力的文化传统,这深深地融汇在一代代浙江人民的血液中,体现在浙江人民的行为上,也在浙江历史上众多杰出人物身上得到充分展示。从大禹的因势利导、敬业治水,到勾践的卧薪尝胆、励精图治;从钱氏的保境安民、纳土归宋,到胡则的为官一任、造福一方;从岳飞、于谦的精忠报国、清白一生,到方孝孺、张苍水的刚正不阿、以身殉国;从沈括的博学多识、精研深究,到竺可桢的科学救国、求是一生;无论是陈亮、叶适的经世致用,还是黄宗羲的工商皆本;无论是王充、王阳明的批判、自觉,还是龚自珍、蔡元培的开明、开放,等等,都展示了浙江深厚的文化底蕴,凝聚了浙江人民求真务实的创造精神。

代代相传的文化创造的作为和精神,从观念、态度、行为方式和价值取向上,孕育、形成和发展了渊源有自的浙江地域文化传统和与时俱进的浙江文化精神,她滋育着浙江的生命力、催生着浙江的凝聚力、激发着浙江的创造力、培植着浙江的竞争力,激励着浙江人民永不自满、永不停息,在各个不同的历史时期不断地超越自我、创业奋进。

悠久深厚、意韵丰富的浙江文化传统,是历史赐予我们的宝贵财富,也是我们开拓未来的丰富资源和不竭动力。党的十六大以来推进浙江新发展的实践，使我们越来越深刻地认识到，与国家实施改革开放大政方针相伴随的浙江经济社会持续快速健康发展的深层原因，就在于浙江深厚的文化底蕴和文化传统与当今时代精神的有机结合，就在于发展先进生产力与发展先进文化的有机结合。今后一个时期浙江能否在全面建设小康社会、加快社会主义现代化建设进程中继续走在前列，很大程度上取决于我们对文化力量的深刻认识、对发展先进文化的高度自觉和对加快建设文化大省的工作力度。我们应该看到，文化的力量最终可以转化为物质的力量，文化的软实力最终可以转化为经济的硬实力。文化要素是综合竞争力的核心要素，文化资源是经济社会发展的重要资源，文化素质是领导者和劳动者的首要素质。因此，研究浙江文化的历史与现状，增强文化软实力，为浙江的现代化建设服务，是浙江人民的共同事业，也是浙江各级党委、政府的重要使命和责任。

2005 年 7 月召开的中共浙江省委十一届八次全会，作出《关于加快建设文化大省的决定》，提出要从增强先进文化凝聚力、解放和发展生产力、增强社会公共服务能力入手，大力实施文明素质工程、文化精品工程、文化研究工程、文化保护工程、文化产业促进工程、文化阵地工程、文化传播工程、文化人才工程等"八项工程"，实施科教兴国和人才强国战略，加快建设教育、科技、卫生、体育等"四个强省"。作为文化建设"八项工程"之一的文化研究工程，其任务就是系统研究浙江文化的历史成就和当代发展，深入挖掘浙江文化底蕴、研究浙江现象、总结浙江经验、指导浙江未来的发展。

浙江文化研究工程将重点研究"今、古、人、文"四个方面，即围绕浙江当代发展问题研究、浙江历史文化专题研究、浙江名人研究、浙江历史文献整理四大板块，开展系统研究，出版系列丛书。在研究内容上，深入挖掘浙江文化底蕴，系统梳理和分析浙江历史文化的内部结构、变化规律和地域特色，坚持和发展浙江精神；研究浙江文化与其他地域文化的异同，厘清浙江文化在中国文化中的地位和相互影响的关系；围绕浙江生动的当代实践，深入解读浙江现象，总结浙江经验，指导浙江发展。在研究力量上，通过课题组织、出版资助、重点研究基地建设、加强省内外大院名校合作、整合各地各部门力量等途径，形成上下联动、学界互动的整体合力。在成果运用上，注重研究成果的学术价值和应用价值，充分发挥其认识世界、传承文明、创新理论、咨政育人、服务社会的重要作用。

我们希望通过实施浙江文化研究工程，努力用浙江历史教育浙江人民、用浙江文化熏陶浙江人民、用浙江精神鼓舞浙江人民、用浙江经验引领浙江人民，进一步激发浙江人民的无穷智慧和伟大创造能力，推动浙江实现又快又好发展。

今天，我们踏着来自历史的河流，受着一方百姓的期许，理应负起使命，至诚奉献，让我们的文化绵延不绝，让我们的创造生生不息。

2006 年 5 月 30 日于杭州

序　言

徐规

靖康之变,北宋灭亡。建炎元年(1127)五月初一日,宋徽宗第九子、钦宗之弟赵构在应天府(河南商丘)即帝位,重建宋政权。不久,宋高宗在金兵的追击下一路南逃,最终在杭州站稳了脚跟,并将此地称为行在所,成为实际上的南宋都城。

南宋自立国起,到最终为元朝灭亡(1279),国祚长达一百五十三年之久。对于南宋社会,历来评价甚低,以为它国力至弱,君臣腐败,偏安一隅,一无作为。但是近代以来,一些具有远见卓识的史学家却有不同看法,如著名史学大师陈寅恪先生在二十世纪四十年代初指出:

> 华夏民族之文化,历数千载之演进,造极于赵宋之世。①

著名宋史专家邓广铭先生更认为:

> 宋代是我国封建社会发展的最高阶段,两宋期内的物质文明和精神文明所达到的高度,在中国整个封建社会历史时期之内,可以说是空

---

① 陈寅恪:《金明馆丛稿二编》,生活·读书·新知三联书店 2001 年出版。

前绝后的。①

很显然，对宋代的这种高度评价，无论是陈寅恪还是邓广铭先生，都没有将南宋社会排斥在外。我以为，一些人所以对南宋贬抑至深，在很大程度上是出于对患有"恐金病"的宋高宗和权相秦桧一伙倒行逆施的义愤，同时从南宋对金人和蒙元步步妥协，国土日朘月削，直至灭亡的历史中，似乎也看到了它的懦弱和不振。当然，缺乏对南宋史的深入研究，恐怕也是其中的一个原因。

众所周知，南宋历史悠久，国土虽只及北宋的五分之三，但人口少说也有五千万左右，经济之繁荣，文化之辉煌，人才之众多，政权之稳定，是历史上任何一个偏安政权所不能比拟的。因此，对南宋社会的认识，不仅要看到它的统治集团，更要看到它的广大人民群众；不仅要看到它的军事力量，更要看到它的经济、文化和科学技术等各个方面，看到它的人心之所向。特别是由于南宋的建立，才使汉唐以来的中华文明在这里得到较好的传承和发展，不至于产生大的倒退。对于这一点，人们更加不应该忽视。

北宋灭亡以后，由于在淮河、秦岭以南存在着南宋政权，才出现了北方人口的大量南移，再一次给中国南方带来了充足的劳动力、先进的技术和丰富的生产经验，从而推动了南宋农业、手工业、商业和海外贸易的显著的进步。

与此同时，南宋又是中国古代文化最为光辉灿烂的时期。它具体表现为：

一是理学的形成和儒学各派的互争雄长。

南宋时候，程朱理学最终形成，出现了以朱熹为代表的主流派道学，以胡安国、胡宏、张栻为代表的湖湘学，以谯定、李焘、李石为代表的蜀学，以陆九渊为代表的心学。此外，浙东事功学派也在尖锐复杂的民族矛盾和阶级矛盾的形势下崛起，他们中有以陈傅良、叶适为代表的永嘉学派，以陈亮、唐

---

① 邓广铭：《关于宋史研究的几个问题》，载《社会科学战线》1986 年第 2 期。

仲友为代表的永康学派,以吕祖谦为代表的金华学派。理宗朝以前,各学派之间互争雄长,呈现出一派欣欣向荣的景象。

二是学校教育的大发展,推动了文化的普及。

南宋学校教育分中央官学、地方官学、书院和私塾村校,它们在南宋都获得了较大发展。如南宋嘉泰二年(1202),仅参加中央太学补试的士人就达三万七千余人,约为北宋熙宁初的二百五十倍。① 州县学在北宋虽多次获得倡导,但只有到南宋才真正得以普及。两宋共有书院三百九十七所,其中南宋占三百十所,② 比北宋的三倍还多,著名的白鹿洞、象山、丽泽等书院,都是各派学者讲学的重要场所。为了适应科举的需要,私塾村校更是遍及城乡。学校教育的大发展,有力地推动了南宋文化的普及,不仅应举的读书人较北宋为多,就是一般识字的人,其比例之大也达到了有史以来的高峰。

三是史学的空前繁荣。

通观整个南宋,除了权相秦桧执政时期,总的说来,文禁不密,士大夫熟识政治和本朝故事,对国家和民族有很强的责任感,不少人希望借助于史学研究,总结历史上的经验和教训,以供统治集团作为参考。另一方面,南宋重视文治,读书应举的人比以前任何时候都多,对史书的需要量极大,许多人通过著书立说来宣扬自己的政治主张,许多人将刻书卖书作为谋生的手段。这样就推动了南宋史学的空前繁荣,流传下来的史学著作,尤其是本朝史,大大超过了北宋一代,南宋史家辈出,他们治史态度之严肃,考辨之详赡,一直为后人所称道。四川、两浙东路、江南西路和福建路都是重要的史学中心。四川以李焘、李心传、王称等人为代表。浙东以陈傅良、王应麟、黄震、胡三省等人为代表。江南西路以徐梦莘、洪皓、洪迈、吴曾等人为代表,福建路以郑樵、陈均、熊克、袁枢等人为代表。他们既为后世留下了宝贵的史料,也创立了新的史学体例,史书中反映的爱国思想也对后世史家产生了

---

① 徐松辑:《宋会要辑稿》崇儒一之三九,中华书局1987年影印本。

② 参见曹松叶《宋元明清书院概况》,载《中山大学语言历史研究所周刊》第十集,第111-115期,1929年12月至1930年出版。

重大影响。

四是公私藏书十分丰富。

南宋官方十分重视书籍的搜访整理,重建具有国家图书馆性质的秘书省,规模之宏大,藏书之丰富,远远超过以前各个朝代。私家藏书更是随着雕板印刷业的进步和重文精神的倡导而获得了空前发展。两宋时期,藏书数千卷且事迹可考的藏书家达到五百余人,生活于南宋的藏书家有近三百人,①又以浙江为最盛,其中最大的藏书家有郑樵、陆宰、叶梦得、晁公武、陈振孙、尤袤、周密等人,他们藏书的数量多达数万卷至十数万卷,有的甚至可与秘府、三馆等相匹敌。

五是文学、艺术的繁荣。

南宋是中国古代文学、艺术繁荣昌盛的时代。词是两宋最具代表性的文学形式,据唐圭璋先生所辑《全宋词》统计,在所收作家籍贯和时代可考的八百七十三人中,北宋二百二十七人,占百分之二十六;南宋六百四十六人,占百分之七十四,李清照、辛弃疾、陆游、姜夔、刘克庄等都是南宋杰出词家。宋诗的地位虽不及唐代,但南宋诗就其数量和作者来说,却大大超过了北宋。由北方南移的诗人曾几、陈与义;有"中兴四大诗人"之称的陆游、杨万里、范成大、尤袤;有同为永嘉(浙江温州)人的徐照、徐玑、翁卷、赵师秀;有作为江湖派代表的戴复古、刘克庄;有南宋灭亡后作"遗民诗"的代表文天祥、谢翱、方凤、林景熙、汪元量、谢枋得等人。此外,南宋的绘画、书法、雕塑、音乐舞蹈以及戏曲等,都在中国文化史上占有一定的地位。

在日常生活中,南宋的民俗风情,宗教思想,乃至衣、食、住、行等方面,对今天的中国也有着深刻影响。

南宋亦是我国古代科学技术发展史上最为辉煌的时期,正如英国学者李约瑟所说:"对于科技史家来说,唐代不如宋代那样有意义,这两个朝代的气氛是不同的。唐代是人文主义的,而宋代较着重科学技术方面……每当

---

① 参见《中国藏书通史》第五编第三章《宋代士大夫的私家藏书》,宁波出版社 2001 年出版。

人们在中国的文献中查找一种具体的科技史料时,往往会发现它的焦点在宋代,不管在应用科学方面或纯粹科学方面都是如此。"①此话当然一点不假,不过如果将南宋与北宋相比较,李约瑟上面所说的话,恐怕用在南宋会更加恰当一些。

首先,中国四大发明中的三大发明,即指南针、火药和印刷术而言,在南宋都获得了比北宋更大的进步和更广泛的应用。别的暂且不说,仅就将指南针应用于航海上,并制成为罗盘针使用这一点来看,它就为中国由陆上国家向海洋国家的转变创造了技术上的条件,意义十分巨大。再如,对人类文明有重大贡献的活字印刷术虽然发明于北宋,但这项技术的成熟与正式运用却是在南宋。其次,在农业、数学、医药、纺织、制瓷、造船、冶金、造纸、酿酒、地学、水利、天文历法、军器制造等方面的技术水平都比过去有很大进步。可以这样说:在西方自然科学东传之前,南宋的科学技术在很大程度上代表了中国封建社会科学技术的最高水平。

南宋军事力量虽然弱小,但军民的斗争意志却异常强大。公元 1234年,金朝为宋蒙联军灭亡以后,宋蒙战争随即展开。蒙古铁骑是当时世界上最为强大的军队,它通过短短的二十余年时间,就灭亡了西夏和金,在此前后又发动三次大规模的西征,横扫了中亚、西亚和俄罗斯等大片土地,前锋一直打到中欧的多瑙河流域。但面对如此劲敌,南宋竟顽强地抵抗了四十五年之久,这不能不说是世界战争史上的一个奇迹。从中涌现出了大量可歌可泣的英雄人物,反映了南宋军民不畏强暴的大无畏战斗精神,他们与前期的岳飞精神一样,成为中华民族宝贵的精神财富。

古人有言:"以古为镜,可以知兴替。"近人有言:"古为今用,推陈出新。"前者是说,认真研究历史,可为后人提供历史上的经验和教训,以少犯错误;后者是说,应该吸取历史上一切有益的东西,通过去粗取精,改造、发展,以造福人民,总之,认真研究历史,有利于加强精神文明的建设,也有利于将我国建设成为一个和谐的、幸福的社会。我觉得南宋可供我们借鉴反

---

① 《中国科学技术史·导论》中译本,科学出版社、上海古籍出版社 1990 年出版。

思和保护利用的东西实为不少。

以前,南宋史研究与北宋史研究相比,显得比较薄弱,但随着杭州市社会科学院主持的 50 卷《南宋史研究丛书》编撰出版工作的基本完成,这一情况发生了一些令人欣喜的改变。但历史研究没有穷尽,关于南宋和南宋都城临安的研究,尚有许多问题值得进一步探讨,也还有一些空白需要填补。近日,欣闻杭州市社会科学院南宋史研究中心拟进一步深化和扩大南宋史研究,同时出版"博士文库",加强对南宋史研究后备人才的培养,对杭州凤凰山皇城遗址综保工程,也正从学术上予以充分配合和参与,此外还正在点校和整理部分南宋史的重要典籍。组织编撰《南宋及南宋都城临安研究系列丛书》,对于开展以上一系列的研究,我认为很有意义。我相信,在汲取编撰《南宋史研究丛书》成功经验的基础上,新的系列丛书一定会进一步推动我国南宋史研究的深入开展,对杭州乃至全国的精神文明建设都有莫大的贡献,故乐为之序。

2010 年 11 月于杭州市道古桥寓所

目　录

图 表 目 录

绪　　论

第一节　问题的由来

一、"宗室"正名

《日知录·上下通称》:"今人以皇族称为宗室,考之于古不尽然,凡人之同宗者即相谓曰宗室。"①顾炎武征引《左传》等史籍,认为宗室作为皇族通称的习俗,并非自古而然。顾氏之说当然没错,但中国传统向来讲究"名正言顺",重要称谓的相沿成例,其中必有所据。

考宗、室二字,殷墟卜辞已多见,一般都表示神主所在之宗庙。室除了藏主之所和祭祀之所外,有时也兼有治事之所或居住之所的意思。②《说文》释宗:"宗,尊祖庙也。"③从宀从示,宀谓屋,示谓神,宗即尊,即祖庙,尊莫尊于祖庙,故谓之宗庙。④《说文》释室:"室,实也。"从宀从至,人物实满

---

① 顾炎武撰,黄汝成集释:《日知录集释》卷二四《上下通称》,岳麓书社 1994 年版,第 867 页。

② 陈梦家:《殷虚卜辞综述》,中华书局 1988 年版,第 468~482 页。

③ 段玉裁:《说文解字注》,上海古籍出版社 1981 年版,第 342 页。

④ 关于"宗"的字义溯源,还有学者从礼学角度作出分析,认为一是指宗族,《周礼·天官·大宰》谓:"宗,以族得民。"二是指诸侯夏时朝天子,《周礼·秋官·大行人》谓:"春朝诸侯而图天下之事,秋觐以比邦国之功,夏宗以陈天下之谟,冬遇以协诸侯之虑。"郑玄注:"图、比、陈、协,皆考绩之言。王者……夏见诸侯,则陈其谋之是非。"参见钱玄、钱兴奇《三礼辞典》,江苏古籍出版社 1998 年版,第 467 页。

其中，引申为居止之所。① 宗室合成一词，或仍指宗庙，如《诗经·召南·采蘋》曰："于以奠之，宗室牖下。"毛传："宗室，大宗之庙也。大夫、士祭于宗庙，奠于牖下。"②或称宗子之家，如《礼记·昏义》记载："是以古者妇人先嫁三月，祖庙未毁，教于公宫。祖庙既毁，教于宗室。"郑玄认为："宗室，宗子之家也。"③依礼制，贵族妇女嫁前须受妇教，国君近属受教于宫府，疏属则在宗子之家接受女师的教育。考索词源，无论卜辞还是后来文献所载，宗室本义都与祭祀、礼教等"王之大事"紧密联系，关乎血缘，更切近政治。周代宗法与分封配合，实亦血缘性（宗统）和政治性（君统）的宗君统一④，依嫡庶之分和宗室之别分配权力，构建尊卑上下的"家天下"秩序。据此，宗室后来转为血缘—政治兼有的身份性皇族通称，显然不无前后相承之处。与宗室相类，"公族"一词同样在血缘关系外，揭橥其鲜明的政治色彩。⑤

可见，虽然"凡人之同宗者即相谓曰宗室"，宗室有时也泛指所有人的同宗、同姓关系，但它毕竟异于"宗族"概念，一般乃特指王权体制下的"与王同族"，尤其是其父系一族⑥。《诗经·大雅·板》曰："价人维藩，大师维垣，大邦维屏，大宗维翰，怀德维宁，宗子维城。无俾城坏，无独斯畏。""王者天下之大宗"，"宗子维城"中的宗子即指王之同姓宗室⑦，歌咏警醒君主当以宗室贵戚为城垣藩屏，深根固本而枝叶相扶。秦一统中国，创"皇

---

① 段玉裁：《说文解字注》，第 338 页。
② 孔颖达：《毛诗正义》卷一，阮校《十三经注疏》本，中华书局 1980 年版，第 286 页。
③ 孔颖达：《礼记正义》卷一，阮校《十三经注疏》本，中华书局 1980 年版，第 1681 页。
④ 冯尔康等著：《中国宗族史》，上海人民出版社 2009 年版，第 20 页。
⑤ 曾巩：《曾巩集》卷九《公族议》，中华书局 1984 年版，第 147～149 页。后世多以公族为皇族别称。《诗经·周南·麟之趾》早见"振振公族，于嗟麟兮"等记载，同高祖为公，指宗子而为君公者。日本学者研究指出，"公"后来在中国成为与君主、官府等统治机关相关的概念，倾向对君臣政治秩序的肯定，而在日本平安时代，"公"甚至成为指称天皇个人的语汇。可参见沟口雄三《中国的公与私·公私》，郑静译，孙歌校，三联书店 2011 年版，第 5～11 页。
⑥ 日本学者滋贺秀三认为，作为中国亲属关系规定中具有决定意义的概念"宗"，本身就是一个排除了女系的亲属概念，即总括了由共同祖先分出来的男系血统的全部分支，就是所谓的一个"宗"。参见滋贺秀三《中国家族法原理》，张建国、李力译，法律出版社 2003 年版，第 15 页。
⑦ 朱熹：《诗集传》卷一七，收入朱杰人等主编《朱子全书》，上海古籍出版社、安徽教育出版社 2010 年版，第 1 册，第 692 页。另，罗尔纲认为宗子作为专有名词，一是指宗法制度规定，嫡长子为全族所共宗（尊），故称宗子；二指帝王的宗室。参见氏著《宗子释》，载《文史》1979 年第 6 辑。

帝"至尊之号①,皇帝制度从此在中国绵延二千余年。于是,宗室又成为对皇帝同宗(皇族)的代称。

历代正史编修宗室传或宗室表,又借助话语权力强化了宗室作为皇族通称的这一倾向。《史记》、《汉书》有《诸侯王表》、《王子侯表》②,其时尚未以宗室之题统贯,诸表前后隔绝,世次不明。范晔《后汉书》作《宗室四王三侯列传》③,但陈寿《三国志》其实更早出百余年,已先修宗室合传④。其后,《宋书》⑤、《南齐书》⑥、《陈书》⑦、《晋书》⑧、《北史》⑨、《南史》⑩、《旧唐书》⑪等纷纷立宗室合传,诸传一般以皇帝兄弟、诸子等王侯近属为主,稍及宗室疏属。钱大昕强调:"前史《宗室诸王传》各依时代,与诸臣相次,李延寿《南》、《北史》始汇列于诸臣之前,而唐以后史家皆因之。"⑫唐以后修史,宗室传都调整至诸臣传之前,突出皇帝的体面与尊严。

至赵宋一朝,正史以宗室题名为皇族作合传,早已成通例。⑬ 有争议的是

① 司马迁:《史记》卷六《秦始皇本纪》,中华书局 1982 年点校本第 2 版,第 236 页。
② 《史记》卷一七《汉兴以来诸侯王年表》,第 802～876 页;同书卷二一《建元已来王子侯者年表》,第 1071～1118 页。班固:《汉书》卷一四《诸侯王表》、卷一五、一六《王子侯表》,中华书局 1962 年版,第 391～524 页。《史记·诸侯王年表》混同异姓诸侯王和同姓诸侯王,至《汉书》则已分作两卷,以示区别。
③ 范晔:《后汉书》卷一四《宗室四王三侯列传》,中华书局 1965 年点校本,第 549～569 页。
④ 陈寿:《三国志》卷五一《吴书六·宗室传》,中华书局 1982 年点校本第 2 版,第 1205～1217 页。
⑤ 沈约:《宋书》卷五一《宗室传》,中华书局 1974 年点校本,第 1461～1488 页。
⑥ 萧子显:《南齐书》卷四五《宗室传》,中华书局 1972 年点校本,第 787～796 页。
⑦ 姚思廉:《陈书》卷一五《宗室传》,中华书局 1972 年点校本,第 217～220 页。
⑧ 房玄龄等撰:《晋书》卷三七《宗室传》,中华书局 1974 年点校本,第 1081～1115 页。
⑨ 李延寿:《北史》卷一五《魏诸宗室传》、卷五一《齐宗室诸王上》、卷五二《齐宗室诸王下》、卷五七《周宗室传》,中华书局 1974 年点校本,第 543～588、1843～1999、2057～2084 页。
⑩ 李延寿:《南史》卷一三、一四《宋宗室及诸王上、下》,卷四一《齐宗室传》,卷五一、五二《梁宗室上、下》,卷六五《陈宗室诸王》,中华书局 1975 年点校本,第 353～422、1037～1058、1259～1306、1571～1598 页。
⑪ 刘昫等撰:《旧唐书》卷六○《宗室传》,中华书局 1975 年点校本,第 2339～2358 页。
⑫ 钱大昕:《廿二史考异》卷四一《唐书一》,上海古籍出版社 2004 年版,第 654 页。
⑬ 正史之外,如宋真宗朝所修《册府元龟》,是一部奉诏官修的重要类书,主要收录历代君臣事迹以为治国龟鉴。全书分 31 部共 1000 卷,其中也专列"宗室部",下分 38 卷 43 门。王钦若等编:《册府元龟》卷二六二至卷二九九《宗室部》,中华书局 1960 年版,第 3107～3521 页。

如何处理分裂割据的五代，北宋初薛居正等人修《五代史》，总体上仍沿袭《三国志》体例，随五代更迭，一朝一史，每朝之下分作宗室列传①。但到欧阳修重修《五代史》的时候，受大一统观念影响，认为五代乱世礼崩乐坏，"君君臣臣父父子子之道乖，而宗庙、朝廷、人鬼皆失其序"②，遂故意打破薛史体例，只以类传形式将后妃、宗室等合为一卷，名为《家人传》。同样是欧阳修，他在随后几年领修《唐书》时，态度便截然不同，不仅立《宗室传》五卷（列传实为宋祁撰稿），而且开新体例，创作了《宗室世系表》（诸表实际由吕夏卿所撰③），实际分39房，列出李唐皇族的源流变迁与繁衍升降。④ 此后，宋、辽、金三史都兼有宗室传、表，《辽史》表名稍异，称《皇族表》⑤。《元史》虽以蒙古世系"藏之金匮石室者甚秘，外廷莫能知也"，但仍然"因其所可知，而阙其所不知"，撰成《宗室世系表》⑥。及修《明史》，才以"宗姓实繁，贤愚杂出"⑦，不得不删繁就简，改作诸王传和诸王世系表，郡王以下不得封者省略不载。《清史稿》也仿此简便体例，作皇子世表和诸王传，未获十二等爵的众多"闲散宗室"则一概从略。⑧

通过考察宗室词源及正史体例，大概可把握以下几点：

1. 宗室是血缘关系与政治权力结合下的特殊身份群体。无论宗庙典礼的实行⑨，还是"宗子维城"的设计，宗室始终与权力分配、秩序构建息息相关；

---

① 薛居正等：《旧五代史》卷一二《梁书·宗室传》，卷五〇、五一《唐书·宗室传》，卷八七《晋书·宗室传》，卷一〇五《汉书·宗室传》，卷一二二《周书·宗室传》，中华书局1976年点校本，第159~166、681~700、1137~1142、1385~1390、1607~1610页。

② 欧阳修：《新五代史》卷一六《唐废帝家人传》，中华书局1974年点校本，第173页。

③ 按：北宋吕夏卿精通谱学，参修《新唐书》时，创为《宰相世系表》和《宗室世系表》等。参考罗香林《中国族谱研究》，香港中国学社1971年版，第30~31页。

④ 欧阳修、宋祁：《新唐书》卷七〇《宗室世系表》，中华书局1975年点校本，第1955~2178页。

⑤ 脱脱等：《宋史》卷二一五至卷二四一《宗室世系表》，中华书局1985年点校本，第5661~8604页。《金史》卷五九《宗室表》，中华书局1975年点校本，第1359~1384页。《辽史》卷六六《皇族表》，中华书局1974年点校本，第1013~1024页。

⑥ 宋濂等：《元史》卷一〇七《宗室世系表》，中华书局1976年点校本，第2705页。

⑦ 张廷玉等：《明史》卷一一六《诸王传》，中华书局1974年点校本，第3557页。

⑧ 赵尔巽等：《清史稿》卷一六一《皇子世表一》，中华书局1977年点校本，第4702页。

⑨ 中国传统礼仪不仅有象征的意义，而且对政治有主导功用，故有"礼以体政"、"急礼失政"等议论。详见沈文倬《略论礼典的实行和〈仪礼〉书本的撰作》，收入氏著《菿闇文存》，商务印书馆2006年版，第1~7页。

2. 宗室固定为皇族通称，正史宗室传、宗室表的编修明显有导向和强化的作用。正史系统的"史不绝书"，彰显宗室在家国同构的传统社会中的特殊性，以及家族血缘关系在传统政治中持续的重要性；

3. 唐人移宗室传在诸臣传前，宋人又开新体例，编纂宗室世系表，史家独断背后隐藏着对宗室认识的新变化，反映出社会正进入某种新阶段。

二、"大变局"视域下的宋代宗室

宗室是王权政治伴生的血缘身份群体，有一姓之天下，便有一家之宗室。辛亥革命推翻清王朝，皇帝及皇族才真正成为历史，迄今已逾百年。不过，君统世袭和君主专制在中国存在的时间要远为漫长。① 因此，我们不能简单地以今度古，因宗室无关现实，便误会他们在悠悠历史上也无足轻重。须知帝王虽常称"寡人"、"孤"②，但终究不能以"予一人"统理所有。在一个血缘关系分量至重的社会里③，亲族无疑是最高统治者先要扶持和依赖的力量。《尚书·尧典》谓："克明俊德，以亲九族。九族既睦，平章百姓。百姓昭明，协和万邦。"《礼记·大学》说："身修而后家齐，家齐而后国治，国治而后天下平。"经典阐述的都是"圣王"为政的理想次第，温情脉脉。然而，在实际的政治生活里，王权至尊不二，即便在统治集团内部也是"独占的、片面的"④，而权力又总成为觊觎的对象，亲族和异姓都不能例外。朱熹一针见血地指出："权重处便有弊：宗室权重，则宗室作乱……外戚权重，则

---

① 刘泽华：《中国的王权主义——传统社会与思想特点考察》，上海人民出版社 2000 年版。作者用"王权主义"和"王权支配社会"等概括中国传统社会与思想特点，君权、皇权即王权。关于皇帝制度研究代表性著作，主要有徐连达、朱子彦：《中国皇帝制度》，广东教育出版社 1996 年版；周良霄：《皇帝与皇权》，上海古籍出版社 1999 年版；白钢：《中国皇帝》，社会科学文献出版社 2008 年版。与一般流行观点不同，钱穆等前辈学者反对专制传统的论断。近来学术界更开始探索"专制"说形成过程，认为这是中国近代知识界批判传统并受西方偏见影响而建构的结果，可参考侯旭东《中国古代专制说的知识考古》，载《近代史研究》2008 年第 4 期。

② 赵翼：《陔馀丛考》卷三六《寡人》、《称孤》，商务印书馆 1957 年版，第 782~785 页。

③ 杜正胜：《编户齐民——传统的家族与家庭》，收入其主编《中国式家庭与社会》，黄山书社 2012 年版，第 9 页。

④ 吴晗：《论皇权》，收入费孝通、吴晗等著《皇权与绅权》，《民国学术文化名著书目》第八辑，岳麓书社 2012 年版，第 36~42 页。

外戚作乱。"①因此,宗室与帝王之间,虽然血脉相连、休戚与共,但历史上既有"维城之固"与"磐石之安"的经验,也不少设疑防猜和骨肉相残的教训。

当然,历史不单单有治乱往复,它更是一条流淌多变的河,没有不变的历史,也没有不变的宗室。为此,我们不妨放宽视野,从长时段的角度对中国宗室史做一初步梳理,或更能把握宋代宗室问题的价值。宗室并非孤立于时代与社会之外,综合中国古代社会发展与宗室问题演变的特点,似可在"大变局"的框架下,尝试分为以下三个不同的阶段。

1. 殷周大变局下的宗室问题

周代是中国宗法封建制度建立的关键时期。王国维先生早已指出,殷周易代表面上是一姓一家的兴亡,本质上却是"旧制度废而新制度兴,旧文化废而新文化兴"的剧烈大变革的时代。周所以能定天下,肇基于制度的创新。商王继统兄终弟及,周则改为"立子立嫡","由是而生宗法及丧服之制,并由是而有封建子弟之制,君天子臣诸侯之制"②。周武王开国之初,已通过封建诸侯来确立统治秩序,兄弟之国十五,同姓(姬姓)之国四十。但是"亲亲"的良法美意,很快便遭遇残酷的挑战。武王去世,同母弟周公姬旦辅政成王,同为武王同母弟的管叔姬鲜和蔡叔姬度"疑周公不利于成王,乃挟武庚以作乱",于是周公亲自东征,"杀管叔,而放蔡叔"③。周公制礼作乐不是歌功颂德的虚文,而是为增强对诸侯的控制、重整纲纪秩序的精心设计。礼以别尊卑上下,乐以和亲亲之情,尊祖庙以敬宗收祖,因嫡庶而别大宗小宗④,宗法封建贵族体制由此延续数百年。

至春秋战国,社会、经济诸领域都发生了很大变化⑤,王族亲属情谊也

---

① 黎靖德编:《朱子语类》卷一三四《历代一》,岳麓书社 1997 年版,第 2896 页。
② 王国维:《殷周制度论》,收入姚淦铭、王燕编《王国维文集》第四卷,中国文史出版社 1997 年版,第 43 页。
③ 《史记》卷三五《管蔡世家》,第 1563～1565 页。
④ 吕思勉:《中国宗族制度小史》,中山书局 1929 年版,第 7～12 页。
⑤ 如社会经济的变化,在西周晚期已渐成趋势,如分封土地已无可能,换田易土方兴未艾,豪族势力新起等等。参见许倬云《西周史》(增补本)第九章《西周的衰亡与东迁》,三联书店 2001 年版,第 291～320 页。

益趋淡薄,旧的那套礼法体制逐渐失去对天下秩序的控制,"君臣父子之间,皆失其道"①,天子与诸侯之间、诸侯与诸侯之间、诸侯王与内部巨卿强族之间纷争不绝。此即所谓"礼崩乐坏"的时代。孔子立志要恢复周公之道,到晚年却徒劳哀叹:"甚矣吾衰也!久矣吾不复梦见周公。"②可见,宗法封建贵族政治赖以产生的社会条件一旦发生变化,后人不能因势利导,泥于前人的旧制度,已无法建立起新秩序。

2. 秦汉大变局下的宗室问题

秦汉继春秋战国,又值"天地一大变局"③,后世或亦称"周秦之变",集权统一取代封建,建立起庞大的东方帝国。皇帝制度的确立,郡县制取代崩溃的宗法封建制,世侯世卿之局转移为布衣将相之局,无不是以创新制度来重建天下秩序。秦吞并六国,在全国范围内推行中央集权的郡县制度,旧的血缘宗法土崩瓦解,宗室子弟不行分封,也未能把持国家官僚机构。④ 西汉立国,刘邦鉴取秦孤立骤亡的历史教训,大封同姓诸侯九国,并立下"非刘氏者不王"的禁约,用同姓王取代争霸时的功臣异姓王来巩固根本。⑤ 汉初宗室诸王的自主权力和势力都极大,藩国可以自取赋税和自置官属,"其大者夸州兼郡,连城数十,宫室百官同制京师",而当时中央直辖不过区区十五郡。宗室诸侯的坐大,确实对维护刘氏江山起到了一定的"维城"之效,压制

---

①　朱熹:《四书章句集注·论语集注》卷六《颜渊第十二》,《新编诸子集成》本,中华书局1983年版,第136页。

②　《四书章句集注·论语集注》卷四《述而第七》,第94页。

③　赵翼著,王树民校证:《廿二史札记校证》卷二《汉初布衣将相之局》,中华书局1984年版,第36页。也有学者揭示自周至汉变局中少变或不变的一面,借以说明所谓变局的特色,参见邢义田《天下一家:皇帝、官僚与社会》序,中华书局2011年版。

④　秦不重宗室,从子婴身世不明可窥一斑。王云度:《秦王子婴非二世兄子辨》,载《江苏师范大学学报》(哲学社会科学版)1981年第1期;张松辉:《子婴与秦皇族关系考》,载《南都学刊》1989年第3期。

⑤　关于汉初封建同姓,国内外研究多有争议。如日本学者西嶋定生认为高祖集团一开始就表现出以血缘集团为核心的一种生活集团样式,而首屋美都雄则认为不宜高估高祖集团中同族结合的力量。参考首屋美都雄《中国古代的家族与国家》,钱杭、杨晓芬译,上海古籍出版社2010年版,第103～141页。另外,也有学者认为汉初分封同姓主要是逼于当时的现实政治形势,前朝殷鉴是后来特别渲染的结果。参见徐复观《汉代专制政治下的封建问题》,收入李维武编《徐复观文集》第五卷《两汉思想史》(选录)卷一,湖北人民出版社2002年版,第94～96页。

诸吕势力即其一例,但地方诸王的"尾大不掉",同样会直接威胁皇帝和中央的权威。因此,汉文帝时先有贾谊上《治安策》"分割"之议,景帝时又用晁错"削藩"之计,直到平定吴楚等"七国之乱",中央政权才算挫败宗室诸侯的地方势力,景帝乘势下诏"诸侯王不得复治国,天子为置吏",同时减黜王国官属。其后,汉武帝又用"推恩令"进一步削弱藩国力量,即使是武帝的皇子封王,"大国不过十余城",与汉初强藩动辄"连城数十"的情况已不能同日而语。从此,"诸侯惟得衣食租税,不与政事"①,去封建本意甚远,宗室王国沦为中央集权体制下顺从的郡县。到汉武帝的曾孙宣帝在位时(前74~前49),他不得不承认:"与我共此(天下)者,其唯良二千石乎!"②皇帝是与二千石(地方郡守)共治天下,而不是与宗室诸侯裂土分享天下,这已是当时的客观事实。

东汉建国,沿袭西汉后期抑制宗室的政策,宗室诸王局促宫中,自娱于声色犬马,不参与政事,不许私自交通宾客。汉桓帝在位(146~167)后期,激于外戚、宦官专权和皇权旁落等背景,才较多擢用宗室为朝内公卿或州牧、刺史。③ 那时已到东汉晚期。曹魏代汉,天下分裂,但对宗室近属却更为严苛,曹植《求自试疏》愤然抱怨"此徒圈牢之养物"④,宗室诸王如同禁锢,却挡不住异姓门阀的日益坐大。于是,司马氏取魏,再用宗室封建和宗王出镇,但拱卫皇权之功未见,已先有"八王之乱",成为西晋政权覆亡的一个重要原因,导致宗室在东晋大部分时间内再遭压制。⑤ 南北朝时期,刘宋骨肉相残,萧道成霸业遂成,齐明帝尽杀高、武子孙,梁武帝因登大宝,宗室卷入残酷的权力斗争,与王朝存亡更迭紧密联系在一起。隋朝再一统全国,

① 《汉书》卷一四《诸侯王表》,第394~395页。

② 《汉书》卷八九《循吏传》,第3624页。

③ 岳庆平:《东汉在政治上对宗室的限制与利用》,载《山东师大学报》(社会科学版)1987年第2期。该文较早利用甘谷汉简释文等资料,对东汉宗室政策加以研究。该文考证指出,自汉桓帝延熹四年(161)至献帝初平元年(190)三十年间,东汉用宗室任公卿者28人。差不多同时期,宗室任州牧、刺史者十余人。

④ 《三国志》卷一九《魏书·曹植传》,第567页。三国时魏、蜀、吴宗室境遇的异同,可参考陈孝田《三国宗室研究》,台湾"中国文化大学"硕士论文,2005年。

⑤ 张兴成:《西晋宗室制度研究》,上海古籍出版社2013年版。

隋文帝又惩鉴北周诸王微弱，以同母所出的五子"分据大镇，专制方面，权侔帝室"，结果又一次事与愿违，"真兄弟"之间迭相猜忌，最后杨广越次夺嫡，"五子皆不以寿终"。对此，司马光批评道："隋高祖徒知嫡庶之多争，孤弱之易摇，曾不知势钧位逼，虽同产至亲，不能无相倾夺。"①这一批评，用在唐初"玄武门之变"，同样很贴切。司马光所谓"势钧位逼"必致倾夺，与前文提到过的朱熹所谓"权重处便有弊"，又何其相似！

秦汉至隋唐间的宗室命运起伏跌宕，血光四溅。王朝在宗室政策的选择上，反复无常，仿佛深陷历史循环的死胡同，无论宗室或用或废，都跳不出治乱更迭的规律。王夫之不禁概叹："魏削宗室而权臣篡，晋封同姓而骨肉残，故法者非所以守天下也。"②再如隋文帝重用五子宗王出镇，到炀帝夺权后又完全疏薄骨肉，宗室诸王至于病危不欲就医，只求能保全身首而得善终。后世史臣评论道："魏、晋以下，多失厥中，不遵王度，各徇所私。抑之则势齐于匹夫，抗之则权侔于万乘，矫枉过正，非一时也。"③然而细究之下，自秦汉统一帝国大变局伊始，宗室问题已隐伏着新的趋势。西汉对封建同姓的先扬后抑，以及"与二千石共天下"的帝王认同，表明"亲亲"为本的封建制度渐呈颓势，任贤用能的郡县制成为安邦治国的良法。诚然，皇权赋予他的同姓特殊的宗室身份，但"卧榻之侧岂容他人鼾睡"，皇权同样决定了宗室动辄得咎、易为修怨的微妙处境。在"亲贤参用"的权力天平上，如果说先前侧重于"亲亲"一边，那么自此却向着"贤贤"那头慢慢倾斜。

当然，新趋势从萌生到定型，往往不是一蹴而就，需要积累相应的条件，经历漫长的演变过程。汉魏以降，先秦的宗法封建虽已瓦解，但家族形态重构后依旧深嵌社会肌理，并开启所谓的"门阀"时代。④ 再加上统一与分裂、内部权斗与民族危机的各种压迫，逼使皇权要在不同力量中艰难地维持均

---

① 司马光：《资治通鉴》卷一八〇《隋纪四》，上海古籍出版社 1987 年版，第 1195 页。
② 王夫之：《读通鉴论》卷一一《晋》，中华书局 1975 年版，第 297 页。
③ 魏徵等：《隋史》卷四四《蔡王（杨）智积传》，中华书局 1973 年点校本，第 1226 页。
④ 阎爱民：《汉晋家族研究》，上海人民出版社 2005 年版。作者认为，汉晋是中国古代血缘组织演变的重要时期，特别是魏晋家族制度重新架构，堪称自商周以后家族制度的又一次大变革。

势与平衡,宗室正是皇权时刻深防但在困难时又足以借势的一支力量。也因为如此,在王朝政治的成熟平稳期,一般正是宗室势力式微沉寂的时期。相反,在王朝建立之初或进入晚期,在政权未稳或内外危机激化的非常时期,一般则是宗室力量乘势"复活"、最为活跃的时候。放弃"常态"而选择"权变",灵活的表象常掩盖了迫不得已的"苦衷"。田余庆先生在研究两晋门阀势力后强调指出,所谓士族与皇权共治的"门阀政治",严格来说只限于东晋时期。"王与马共天下"等现象,其实是一种在特定条件下出现的皇权政治的"变态",具有暂时性和过渡性,它来自于皇权政治,又要回归于皇权政治。① 考察这一阶段的宗室发展,又何尝不是如此呢?"常态"与"权变",限制与利用,皇权政治无疑是把握当时宗室命运起伏反复的关键所在。问题是,究竟要怎样才能跳出用废治乱的循环轮回,解决司马光和朱熹等人批评的"势钧位逼"、"权重处便有弊"这一千古难题呢?

3. 唐宋大变局下的宗室问题

要解决"势钧位逼"、"权重处便有弊"的宗室大难题,正是在继殷商、秦汉之后的第三个"大变局",即唐宋时代。唐宋之际是中国古代史上又一个剧烈变革的时期,日本学者内藤湖南等人提出的"唐宋变革"论,即深刻影响了中国史的研究,早已众所周知。有关"唐宋变革"论的命题,不少学者都做过系统的整理和检讨②,不烦再画蛇添足。要强调的是,宋既然是继唐五代立国,在制度各方面必不可避免有前后相承之处③,但也不能否认举凡政治、经济、社会、文化等各个领域确实发生了剧变。钱穆认为,"论中国古今社会之变,最要在宋代",先秦是封建贵族社会,东汉魏晋至隋唐而后是门第社会即变相的贵族社会,而宋代则开启了纯粹的平民社会。④ 这是把宋代

---

① 田余庆:《东晋门阀政治》,北京大学出版社 2012 年第 5 版。

② 柳立言:《何谓"唐宋变革"?》,载《中华文史论丛》2006 年第 1 辑。李华瑞:《"唐宋变革"论的由来与发展》上下篇,分载《河北学刊》2010 年第 4、5 期。

③ 卢向前主编:《唐宋变革论》,黄山书社 2006 年版。包伟民:《宋代城市研究》,中华书局 2014 年版。楼劲:《宋初礼制沿革及其与唐制的关系——兼论"宋承唐制"说之兴》,载《中国史研究》2008 年第 2 期。

④ 钱穆:《理学与艺术》,载台北宋史座谈会编《宋史研究集》第 7 辑,台湾书局 1974 年版。

视为中国从贵族社会转向平民社会的关键时期。① 陈寅恪也说："唐代之史可分前后两期，前期结束南北朝相承之旧局面，后期开启赵宋以降之新局面。"②又说："论唐史者必以玄宗之朝为时代划分界限。"③依此理解，唐宋之际是一个承前启后又破旧开新的重要时代，而唐玄宗朝是一明显转捩点。验诸宗室问题的发展，与这一论断倒也不无契合。

唐初以天下未定，遍封宗室，寻酿"玄武门之变"。李世民弑兄逼父篡权即位，已逐渐限制藩封，称："朕为天子，所以养百姓也，岂可劳百姓以养己之宗族乎！"但实际上，宗室近属在整个初唐时期每每卷入宫廷政治的恶斗，势力不小。④ 直到唐玄宗即位以后，才真正对宗室近属推行防微杜渐的严厉政策。⑤ 先是新创"五王宅"让兄弟诸王分院同居，"禁约王宫，不令与外人交结"，随后又为自己的皇子皇孙设"十王宅"和"百孙院"，"中宫监院"，其实是用宦官密察宫院举动。黄永年研究总结，这些防微杜渐的举措对稳定玄宗朝的中枢政局起到了积极效果，并从此成为唐代中后期的基本国策。⑥《新唐书·十一宗诸子传》史臣论赞即谓：

> 唐自中叶，宗室子孙多在京师，幼者或不出阁，虽以国王之，实与匹夫不异，故无赫赫过恶，亦不能为王室轩轾，运极不还，与唐俱殚。然则历数短长，自有底止，彼汉七国、晋八王，不得其效，愈速祸云。⑦

这段话反映出宋人看待宗室问题仍不无矛盾，但转语可见总体上倾向于鉴取前朝的经验教训，权衡利害之下，宁肯任宗室诸王流于平庸凡俗，也

---

① 钱穆先生对社会史、政治史的论述不无矛盾，他也曾说宋代在政治制度上最无建树，宋之于唐一切因循承袭。参见钱穆《中国历代政治得失》，三联书店 2001 年版，第 74 页。不过，该书撰于上个世纪五十年代，行文不同处或正体现观点的前后修正。

② 陈寅恪：《论韩愈》，收入《金明馆丛稿初编》，三联书店 2001 年版，第 332 页。

③ 陈寅恪：《唐代政治史述论稿》，上海古籍出版社 1997 年版，第 48 页。

④ 黄约瑟：《试论垂拱四年李唐宗室反武之役》，收入刘健明编《黄约瑟隋唐史论集》，中华书局 1997 年版，第 45～60 页。雷艳红：《君权、皇族与中晚唐政治》，载《学术月刊》2007 年第 11 期。

⑤ 李蓉：《唐代宗室及其与政治的关系述论》，浙江大学硕士学位论文，2003 年。

⑥ 黄永年：《六至九世纪中国政治史》，上海书店出版社 2004 年版，第 221～232 页。

⑦ 《新唐书》卷八二《十一宗诸子传》，第 3640 页。

不愿让他们过度预政揽权,紊乱纲纪。北宋中前期宗室子孙集中监养于京师宫院,"名曰天枝,实为弃物"①,显然即因袭唐玄宗创设的诸王宅院体制而来。

不过,较之于唐,宋朝的防微杜渐之术要远为绵密完备。宋朝对宗室、外戚、宦官、武将等可能危及皇权的一切势力,无不围绕"事为之制,曲为之防"的精神内核,建立起一套涵容政治行为模式和思想文化模式的"祖宗家法"。② 面对与皇帝"共天下"的文官集团,它也通过分权制衡③、"异论相搅"④等策略,达到互相牵制的目的。甚至于对地方吏民,宋制也是"细者逾细,密者逾密。摇手举足,辄有法禁"。法网防范之密,已到枝枝节节、事无巨细的地步。⑤ 难怪,陈邦瞻认为宋代是"宇宙风气"的第三次大变化,其谓:

> 宇宙风气其变之大者有三:鸿荒一变而为唐虞,以至于周,七国为极;再变而为汉,以至于唐,五季为极;宋其三变,而吾未睹其极也。变未极则治不得不相为因,今国家之制,民间之俗,官司之所行,儒者之所守,有一不与宋近者乎? 非羡宋而乐趋之,而势固然也……故周而上持世者式道德,汉而下持世者式武力……逮于宋,则仁义礼乐之风既远,而机权诈力之用亦穷,艺祖、太宗睹其然,故举一世之治而绳之于格律,举一世之才而纳之于准绳规矩,循循焉守文应令,雍容顾盼,而世已治。大抵宋三百年间,其家法严,故吕、武之变不生于肘腋;其国体顺,故莽、卓之祸不作于朝廷,吏以仁为治而苍鹰乳虎之暴无所施于郡国,人以法相守而椎埋结驷之侠无所容于闾巷,其制世定俗,盖有汉、唐之所不能臻者。⑥

---

① 《日知录集释》卷九《宗室》,第 334 页。

② 邓小南:《祖宗之法:北宋前期政治述略》,三联书店 2006 年版。

③ 虞云国:《宋代台谏制度研究》,上海书店出版社 2009 年版。该书同时强调,台谏系统既绳外朝臣僚,也谏内廷君后,两方面都有增强的趋势。但也有学者坚持台谏之设就在钳制相权。参见严耕望《中国政治制度史纲》,上海古籍出版社 2013 年版,第 184 页。

④ 何忠礼:《宋代政治史》,浙江大学出版社 2007 年版,第 431~434 页。

⑤ 萧公权:《中国政治思想史》,辽宁教育出版社 1998 年版,第 440~441 页。

⑥ 陈邦瞻:《宋史纪事本末》附录一《叙》,中华书局 1977 年版,第 1191~1192 页。

"举一世之治而绳之于格律,举一世之才而纳之于准绳规矩",宋朝的这些新变化,一方面与宋人充分借鉴历史的经验教训有关,秦汉之后奉行皇帝集权,但汉唐之间宗室、后妃、外戚、宦官、门阀士族、藩镇武将等各种势力,你方唱罢我登场,处处威胁到大一统的皇权政治。故重视"政事"的宋代士大夫①再一次唤醒历史理性,远鉴前辙,编织绵密法禁以示轨范,果断收了地方的钱粮兵,又解除了朝廷内外各种势力的坐大隐患,加强中央集权和君主独裁。另一方面,它必也依赖整体的社会转型,集权专制和"以法治国"的条件才得以具备。唐以后门阀贵族的崩溃,以"冠冕为等级高下"的官本位确立的过程②,实渐启皇权扩张的大门,前述正史宗室传、世系表位于大臣传之前,《百家姓》以赵为首,都反映出同一种趋势。宋代科举下的"贫富无定势",固然促进了社会上下流动,③但"富不过三代",朝廷无世臣,反过来又只能坐视皇权独自尊大。再看科举制,魏晋时实行九品中正制,"选贤与能"之权多操控于门阀士族,至唐宋科举制日趋完善,则不仅"天下英雄尽入吾彀",而且科举进士从"座主门生"再变为"天子门生"④,从此"贤贤"之政尽归皇帝。凡此种种,可见宋代防范宗室之法,其实正是当时集权专制强化的一端而已。解铃还须系铃人,皇权政治最后正是通过皇帝权力的无限扩张,基本解决了宗室等群体"势钧位逼"、"权重处便有弊"的千古难题。然而,天下没有十全十美、一劳永逸的制度。叶适考察先秦之法"以封建为天下"、汉唐之法"以郡县为天下",已经对宋代矫枉过正的防弊集权之法提出批评,认为"天下皆行于法度之害而不蒙法度之利"⑤,着意调和封建、郡县之利,希望纠正当时专权太过之偏。

　　具体到宗室方面,宋代确实解决了旧问题,却也同样滋生出新的问题。实际上,宋以后的宗室问题较之唐以前变得更为复杂。传统中国约束同族

---

① 陈植锷:《论北宋知识分子的知识结构》,载《社会科学研究》1988 年第 1 期。
② 王应麟:《玉海》卷五〇《唐氏族志　姓氏录》,文渊阁《四库全书》本。
③ 何忠礼:《贫富无定势:宋代科举制度下的社会流动》,载《学术月刊》2012 年第 1 期。
④ 《宋史》卷一五六《选举志二》,第 3636 页。
⑤ 叶适:《水心别集》卷一二《法度总论》,收入《叶适集》,中华书局 1961 年点校本,第 786 ~ 791 页。

关系最重要的是五等服制,即生者为死者服斩衰三年、齐衰、大功九月、小功五月、缌麻三月等五等丧服为基础的"五服"制度。《礼记·大传》:"四世而缌,服之穷也;五世祖免,杀同姓也;六世亲属竭矣。"服制的范围也就是亲属的范围,同时服制的轻重也就是衡量亲属间亲疏远近的标准。① 四世亲是五服之最轻者,五世亲临丧唯袒衣免冠,不服丧服,六世以下则不通吊问,实际上已不算亲属。② 对此,宗室也不例外。虽然凡皇族后裔都可自称宗室,但唐代以前真正赋予政治身份意义的宗室,原则上其实局限于五服之内的皇帝近属,五服以外则基本等同庶姓。故唐高宗永徽二年(651),宗正寺官员以"属疏降尽",自行将五服外疏属三百余人除落皇族谱牒③。《新唐书·百官志三》记载宗正寺负责管理皇帝九族及属籍,也明确规定:"凡亲有五等……降而过五等者不为亲。"但自宋代开始,宗室"亲亲之杀"、服尽亲止的这一传统竟被突然打破,所谓"朕族无亲疏,世世如缌麻",祖免以外的疏属仍全部修入皇族谱牒,承认其特殊身份,进而获得法律、经济等特权,到了后期放开宗室疏属选试入仕之后,他们又得以享受相应的政治特权。

　　唐以前的宗室问题,集中在皇族近属与权力斗争的问题,影响更多集中在王朝的政治中心层面。宋以后"宗室权重则宗室作乱"已不再是核心问题,但因为宗室亲属范围的放大和皇族人口的不断膨胀,宫廷与王府宅院显然不可能全部包容"天下第一族",由此宗室群体势必会突破宅院约束体系,更直接更紧密地贴近社会,并催生出一系列新的问题。所谓新问题,还不仅限于宗室寄生食利与社会经济负担等方面。怎样建立更有效的管理机关,对数以万计的宗室子孙加以统一管理?怎样完善人口上报和皇族谱牒制度,随时掌握宗室的变化情况?宗室范围既不以五服为限,那么在法律层面上,是否会突破"准五服以制罪"④的传统原则?宗室封建不再,也很难再凭

---

① 瞿同祖:《中国法律与中国社会》,中华书局 1981 年版,第 2~3 页。
② 杜正胜:《中国式家庭与社会》,第 13~14 页。
③ 王溥:《唐会要》卷六五《宗正寺》,中华书局 1955 年影印《国学基本丛书》本,第 1141 页。
④ 马建兴:《丧服制度与传统法律文化》,知识产权出版社 2005 年版,第 213~228 页。

恩荫的特权跻身显宦,他们在教育、选试、任官乃至整体政治中又会发生怎样的变化? 宗室近属与疏属的差别,是否会导致宗室内部的分化?"靖康之难"导致宗室近属与国俱亡,这又会在"衣冠南渡"后产生怎样繁复的影响? 皇帝、宗室和庶姓士大夫,彼此会怎样因应制度的变迁,实现各自对皇权政治的新认同? 种种疑问,都需要我们重新去"发现"赵宋宗室。

宗室不是孤立的群体,而是社会有机体中的重要组成部分。重新"发现"宋代宗室,有助于我们更全面地认识宋代社会。更何况,自先秦至明清,宗室问题始终引人关注,而宋代又恰好处在破旧开新的转折阶段,向前要解决汉唐以来的旧问题,而催生的新问题往后又影响明清时代①。通过宋代宗室研究,应该也有助于我们更清晰地理解宗室命运和中国社会变迁之间的关系。

第二节　学术史的回顾与检讨

两宋立国三百二十年,严格意义上没有宗室作乱之祸,皇位继承基本也都在平稳中实现过渡,宗室很少直接卷入皇权斗争,但围绕宗室问题,北宋富弼、范镇、王安石等人已各有主张,后世王夫之、顾炎武等人也对宋代宗室问题颇多关注。不过,学术史意义上的宋代宗室研究,无疑与国内外宋史研究的整体推进密切相关。

国内相对独立的宋史研究,肇始于上个世纪二三十年代。20 世纪 40年代初,吴天墀②、张荫麟③、邓广铭④等先生纷纷撰文,讨论"烛影斧声"、

---

① 李中清、郭松义:《清代皇族人口行为和社会环境》,北京大学出版社 1994 年版。赖惠敏:《天潢贵胄——清皇族的阶层结构与经济生活》,台湾"中研院"近代史研究所专刊第 81 辑,1997 年版。雷炳炎:《明代宗藩犯罪问题研究》,中华书局 2014 年版。

② 吴天墀:《烛影斧声传疑》,载《史学季刊》第 1 卷第 2 期,1941 年 3 月。

③ 张荫麟:《宋太宗继统考实》,载《文史杂志》第 1 卷第 8 期,1941 年 7 月。

④ 邓广铭:《宋太祖太宗授受辨》,载《真理杂志》第 1 卷第 2 期,1944 年 3 月。该文后收入《邓广铭治史文丛》,北京大学出版社 1997 年版,第 475～502 页。

"金匮之盟"等宋初政治疑案,论题虽以宋太祖、宋太宗皇位授受为中心,但已初步涉及赵廷美、赵德昭等相关宗室人物。20世纪50年代后期,日本学者诸户立雄先后发表《宋代の宗室に関する二、三の问题——特に两外宗室を中心として》①、《宋代の对宗室策について》②两篇论文,率先阐述了宋代西外、南外宗室问题以及王朝对宗室的相关政策,这是笔者所见最早直接以宋代宗室为题的研究性论文。不过,此后宗室议题似乎并没有引起宋史学者的广泛关注。1980年中国宋史研究会成立,此后至今的三十余年,国内外宋史研究在议题拓展和讨论深度上都有长足的进步。特别是伴随政治史、经济史等传统研究领域的持续深耕,以及地方史、家族史、社会史、文化史等新兴研究领域的不断开拓,宗室研究的成果也越来越多。关于宋代宗室的最新研究动态,已有学者做过专门述评③,此处不必全部重复具列。下面,笔者主要就20世纪八十年代以来宗室研究的重点视角与问题稍作概括与分析。为方便介绍归纳,拟根据研究成果取径侧重所在,分别归类于典型研究视角之下,有的成果涉及多元交叉之处,不再一一说明。

一、政治史视角的研究

如前所述,宋代宗室发展已呈现出许多新异的趋势,不过如何防范宗室依旧是宋史学界普遍关注的重点问题。张邦炜较早从"赋以重禄,别无职业"、"藩邸之设,止奉朝请"、"宗室犯罪,与常人同法"等三个方面论述了宋代防范宗室的诸多举措,肯定两宋没有因宗室权势膨胀而酿成大乱,内部较为安定的社会环境促成了宋代社会经济的发展和科学文化的进步④。其后,他在阐述宗室与政治关系时,基本延续了上述观点,并进一步

---

① 〔日〕诸户立雄:《宋代の宗室に関する二、三の问题——特に两外宗室を中心として》,载《秋田大学学芸学部研究纪要、社会科学》第7号,1957年3月。
② 〔日〕诸户立雄:《宋代の对宗室策について》,载《文化》第22卷第5号,1958年9月。
③ 姜锡东、魏彦红:《近二十年来宋代宗室研究述评》,载《中国史研究动态》2013年第4期。
④ 张邦炜:《宋代对宗室的防范》,载《北京师院学报》1988年第1期。

将研究对象从宗室拓展到驸马、后妃、外戚等皇亲国戚，提出两宋大体无内乱、无内朝等结论①。苗书梅将宗室、外戚与宦官三者并论，通过考察各自的任用制度，分析了宋代"没有宗室祸"、"没有外戚祸"、"没有奄祸"的历史原因②。游彪曾对宋代荫补制度做全面而系统的研究，其中就包括宗女和宗子的荫补制度，认为恩荫对保证宗室特权起着重要的作用，但也强调北宋景祐年间改定的宗子荫补入官法彻底剥夺了宗室参政的权利，类似政策本质上都是为了强化皇帝的集权统治③。相关内容经过修改增补，改题为《天族的尴尬：实权的丧失与"安全"之法——以赵宋宗室子弟授官制度的变迁为例》，收入新著，可见作者关心的中心问题仍是防止宗室擅权④。

由于宗室擅权问题被有效控制，宋代宗室直接卷入政治斗争的个案并不多见，除"烛影斧声"、"金匮之盟"等宋初疑案⑤外，后来主动或被动卷入皇权斗争的主要有赵元俨、赵世居、赵似、赵楷、赵竑等宗室人物。赵元俨是太宗之子、真宗之弟，在仁宗朝尤富威望⑥，仁宗对这位叔父亦颇为忌惮⑦，流传甚广的"八贤王"故事的原型之一即赵元俨，《近二十年来宋代宗室研究述评》一文已对相关研究成果做过归纳，此处不赘。李裕民曾专门剖析北宋赵世居案，认为该案是宋神宗一手炮制的大冤案，反映出变法皇帝独断严酷的另一面，更重要的是，作者还认为赵世居案实质是"烛影斧声"谋杀案后太祖、太宗两系斗争激化的表现⑧。张邦炜则重点研究了宋徽宗初年的蔡

①　张邦炜：《宋代皇亲与政治》，四川人民出版社 1993 年版。
②　苗书梅：《宋代宗室、外戚与宦官任用制度述论》，载《史学月刊》1995 年第 5 期。相关内容后收入氏著《宋代官员选任和管理制度》，河南大学出版社 1996 年版，第 334～357 页。
③　游彪：《宋代荫补制度研究》，中国社会科学出版社 2001 年版，第 190～247 页。
④　游彪：《宋代特殊群体研究》，商务印书馆 2006 年版，第 7～80 页。
⑤　有关宋初政治疑案的总结性研究，可参考顾宏义《宋初政治研究——以皇位授受为中心》，华东师范大学出版社 2010 年版。
⑥　刘静贞：《皇帝和他们的权力——北宋前期》，台北稻乡出版社 1996 年版，第 164 页。
⑦　陈师道：《后山谈丛》卷四《仁宗礼待燕王》、《仁宗厚养燕王》，中华书局 2007 年点校本，第 52 页。
⑧　李裕民：《宋神宗制造的一桩大冤案——赵世居案剖析》，收入氏著《宋史新探》，陕西师范大学出版社 1999 年版，第 30～46 页。

王府狱和靖康内讧问题，认为蔡王府狱是徽宗、向太后与赵似、朱太妃双方围绕皇位的权力之争①，而靖康内讧是宋徽宗后期皇位继承权之争的继续和发展，其要害在于是否应当分割以及如何分割皇权②。何忠礼立足史弥远擅权和理宗朝前期统治集团内部斗争，对"霅川之变"即湖州济王赵竑一案作了扼要分析③；胡昭曦、蔡东洲又从南宋政争的角度，注意到济王冤案成为晚宋统治集团撕裂的一大因素④。另外，针对徽宗之子、信王赵榛在南宋初年抗金问题，学术界也存在真伪之争。陶晋生考订其人其事为真，并肯定赵榛是南宋初年唯一能够分担维持宋祚重任的亲王⑤。但屈立超援引排比《靖康稗史》等史料，又认为赵榛被金人俘虏后，一直被羁押在金国境内，所谓抗金的"信王赵榛"，实际上是燕人赵恭伪托假冒⑥。梅哲浩则从包容政治的角度，对南宋政局与皇族的关系作了探讨⑦。

科举、职官等问题因为直接影响到宋代宗室的政治地位，因此自 20 世纪九十年代以后，逐渐引起学者的关注，特别是关于宗室选举的论文相对比较集中。代表性成果如张希清系统梳理了宋代宗室应举制度，并对"宗子三科"即祖免亲有官锁应、非祖免亲无官应举和祖免亲无官取应等作出重点辨析⑧。祖慧辨析了南宋宗子考试的四种方法即有官锁应、无官应举、宗子取应和宗子量试，指出前两种方法是宗室子弟经科举步入仕途的最主要途径，同时强调科举虽向宗室权贵阶层倾斜，但不应该过度解读损及平民阶层的负面影响⑨。

---

① 张邦炜：《从蔡王府狱看宋徽宗初年的政争》，浙江大学"唐宋之际社会变迁国际学术研讨会"论文，2002 年。后收入卢向前主编《唐宋变革论》，第 438 ~ 454 页。

② 张邦炜：《靖康内讧解析》，载《四川师范大学学报》（社科版）2001 年第 3 期。

③ 何忠礼：《南宋政治史》，人民出版社 2008 年版，第 311 ~ 313 页。

④ 胡昭曦、蔡东洲：《宋理宗　宋度宗》，吉林文史出版社 1996 年版，第 18 ~ 25 页。

⑤ 陶晋生：《南宋初信王榛抗金始末》，载《中华文化复兴月刊》1970 年 3 卷 7 期，同时收入氏著《边疆史研究——宋金时期》，台北商务印书馆 1971 年初版。

⑥ 屈立朝：《两宋之交信王赵榛行实考——与美国亚利桑那大学陶晋生教授商榷》，载《北京大学学报》（哲社版）1989 年第 6 期。

⑦ 梅哲浩：《南宋宗室与包容政治》，台北"中国文化大学"硕士论文，2013 年。

⑧ 张希清：《宋代宗室应举制度述论》，收入《第二届宋史学术研讨会论文集》，台湾"中国文化大学"1996 年版，第 451 ~ 468 页。

⑨ 祖慧：《南宋宗室科举制度探析》，载《历史研究》2011 年第 2 期。

关于宗室与庶姓士大夫之间的关系，日本学者小川快之重点考察了南宋宗室应举与地方社会的关系，认为宋王朝没有产生宗室之祸，不是因为士大夫抑制宗室，而是因为王朝允许宗室应举，没有破坏科举制度，宗室通过考取进士成为科举官僚（士大夫），同时跻身地方社会的上流阶层，宗室士大夫与庶姓士大夫相互帮助、相互依存。这是宋代宗室及地方统治区别于明代之处①。

此外，皇帝制度是中国古代政治制度史研究中的重要内容，它包罗皇帝名位、皇位继承制度、宗室制度、后妃制度、宦官制度以及宫室陵寝制度等诸多方面。但与其他断代史相比，宋代的皇帝制度研究起步较晚，专门性成果并不太多②。前文引述的白钢《中国皇帝》，徐连达、朱子彦《中国皇帝制度》、周良霄《皇帝与皇权》等专著都只是把宗室制度作为皇帝制度的一部分，涉及宋代宗室部分往往语焉不详。其他论著中，龚延明对宋代皇帝名号、权限与权威、皇位继承的东宫、后妃及经筵等问题有专文分析③。周劲松分析宋代皇位继承无内乱的原因主要有皇帝亲自决定皇位继承人、健全的预建皇储制度、限制储君的权力名分及立储时间相对较迟等四个方面④。朱瑞熙、祝建平则以宋代皇储制度为中心，细致剖析了皇子培养、太子选拔、东宫管理、皇太子的教育以及政事训练等问题，认为这是宋代皇权平稳过渡交接的重要保障⑤。朱瑞熙《中国政治制度通史·宋代卷》统揽宋代政治制度，在整体观照下专门分析了宋代宗室事务管理机构、职掌以及运行机制等内容，但该书在皇帝制度一章中将宗室制度存目而已，直到述及中央行政体制时才将宗室管理与宗教事务管理并列而论⑥，体例上似值得商榷。

---

　　①　〔日〕小川快之：《中国南宋の宗室应举と地域社会について》，载东京大学大学院综合文化研究科地域文化研究专攻《年报·地域文化研究》第 2 号（1998），1999 年 3 月。
　　②　刘绍春：《中国古代皇帝制度研究综述》，载《中国史研究动态》1992 年第 1 期。
　　③　龚延明：《宋代的皇帝制度》，载《杭州大学学报》1992 年第 1 期。
　　④　周劲松：《宋代皇位继承无内乱原因探析》，载《中州学刊》1996 年第 1 期。
　　⑤　朱瑞熙、祝建平：《宋代皇储制度研究》，收入《宋旭轩（晞）教授八十荣寿论文集》，台湾"中国文化大学"2000 年版，第 89～145 页。
　　⑥　朱瑞熙：《中国政治制度通史·宋代卷》，人民出版社 1996 年版，第 254～268 页。按：李唐因奉道教为国教，故宗正寺除宗室事务外，还兼管道教等宗教事务，但至宋代情况已不同。

二、经济史视角的研究

宋代宗室身份的重新界定和宗室人口的不断膨胀,直接影响到中央和地方的经济问题。汪圣铎曾讨论过宋代皇室与宗室支费,兼及冗官冗费问题①。不过,有关宗室财政问题,他在专门论文中有更加翔实的考证,不仅总结了宋代宗室俸禄结构以及俸钱、衣赐、禄米、公使钱、赏赐、孤遗钱米等各项支费,而且制作宗室俸钱衣赐、郊赐数额等表格,并与庶官相对照,宗室经济之优裕,一目了然②。王曾瑜在研究宋代的阶级结构时,将宗室纳入官户加以考察。他认为,北宋神宗熙宁改革之前,宗室近属既一律赐名授官,自然应属官户的一部分,改革之后宗室贫富分化日趋严重,但宗室科举入仕和推恩补官的数量仍相当可观,因此没有必要将宗室列为官户之外的一个单独阶层③。包伟民也曾关注到宗室孤遗钱米支取与地方财政窘境之间的联系④。林天蔚在研究宋代公使钱时,曾专门讨论了宗室官吏的公使钱支领问题,同时指明公使钱与公用钱的区别⑤。张文则具体分析了宋廷对宗室的经济照顾和救济问题,指出宋代宗室在政治上限制、在经济上优待,但这种经济优待本身也有加强政治控制的意图。宗室人口增长使政府经济压力不断加大,最终成为宋代积贫的一大诱因。因此,他总结认为宋代宗室政策在政治上是成功的,但经济上是失败的,经济的不堪重负,最终还是导致了赵宋王朝的覆亡⑥。

宋代商业发达⑦,官商一体现象突出,对此已有学者撰有专著,但限于史料,宗室经商问题几无着墨⑧。不过,日本学者桑原隲藏在考订蒲寿庚事迹时,已论及南宋末泉州宗室养赡不给与占利横暴之事⑨。其后,诸户立雄

---

① 汪圣铎:《两宋财政史》,中华书局 1995 年版,第 449~453 页。

② 汪圣铎:《宋代宗室制度考略》之"宗室禄赐制度",载《文史》第 33 辑,1990 年 10 月。

③ 王曾瑜:《宋朝阶级结构》,中国人民大学出版社 2010 年版,第 204~207 页。

④ 包伟民:《宋代地方财政史研究》,上海古籍出版社 2001 年版,第 167 页。

⑤ 林天蔚:《宋代史事质疑》,台北商务印书馆 1987 年版,第 13~16 页。

⑥ 张文:《宋朝社会救济研究》,西南师范大学出版社 2001 年版,第 278~316 页。

⑦ 〔日〕斯波义信著,庄景辉译:《宋代商业史研究》,台北稻禾出版社 1997 年版。

⑧ 赵晓耕:《宋代官商及其法律调整》,中国人民大学出版社 2001 年版。

⑨ 〔日〕桑原隲藏著,陈裕菁译订:《蒲寿庚考》,中华书局 2009 年版,第 146~147 页。

论及两外宗室问题，前文已提到。土肥祐子则进一步以南外、西外知宗等宗室官员为中心，并利用九日山祈风碑文等石刻史料，对南宋宗室兴贩番舶从事海外贸易及其政治、经济的多方面影响作了探讨①。其后，傅宗文又利用泉州湾后渚古船出土的木质牌签等资料，认为其中相当部分的牌签属于南外宗正司的"南外牌签"和宗室王公房派的"宗支牌签"，该沉船实际上是以南外宗正司为船主，联合所属支房派集团经商的回舶。他同时断定，南宋泉州港事实上存在三个海商集团，即土著海商集团、南外海商集团和藩族海商集团。南外宗室集团虽未能与其他集团分庭抗礼，但古船牌签文字的释读为研究南外宗室海外经商活动提供了有力的实物证据②。其后，李玉昆在研究泉州海外交通史时，也留意到宗室主管泉州市舶司以及介入海外贸易等重要问题③。

三、社会史视角的研究

国内社会史研究的兴起，既是激于自身传统研究取径的反省，也是对国际史学界整体趋向的一种呼应。社会史其实是范围很广的跨界研究，举凡家族、家庭、性别、人口、婚姻、礼仪、日常生活、疾病与医疗、生态、心态及地方社会等等，都可以是社会史研究的对象④。受此影响和推动，透过家族、婚姻、人口等视角探讨宋代宗室问题的成果也颇为可观。

宋代宗族史、家族史研究成果非常丰富。黄宽重对宋代家族研究有专著出版⑤，注意到宗室墓志铭等新出土史料，并提到赵氏皇族是"主导两宋政局的最大家族"⑥，不过他没有对宗室开展专题研究。王善军将宋

① 〔日〕土肥祐子：《宋代の泉州贸易と宗室》，收入《中嶋敏先生古稀記念論集》，汲古書院1981年版，第173~193页。
② 傅宗文：《后渚古船：宋季南外宗室海外经商的物证》，载《海交史研究》1989年第2期。
③ 李玉昆：《泉州海外交通史略》之"十三、赵宋南外宗子与泉州海外交通"，厦门大学出版社1995年版，第82~90页。
④ 张国刚、余新忠主编：《新近海外中国社会史论文选译》，天津古籍出版社2010年版。
⑤ 黄宽重：《宋代的家族与社会》，国家图书馆出版社2009年版。
⑥ 黄宽重：《宋史研究的重要史料——以中国大陆地区出土人墓志资料为例》，载《新史学》第9卷第2期，1998年6月。

代宗室视为特殊类型的宗族,同时也视为唐宋宗族转变的个案之一,对宗室及其管理做过剖析。他格外重视熙丰年间宗室制度的改革,对宗室问题有较强的批判,指出宋代宗室作为纯寄生性的群体,不单单是"弃物"而已,而且对社会构成多重负作用,唯有消除封建专制制度本身,才能消除附着在体制上的宗室恶瘤①。谱牒修纂是家族史研究的重要问题。赵宋皇族谱牒编修种类复杂,相关学者多有论述,具体问题争议不少。王德毅曾研究宋代日历和玉牒,将玉牒视为史书之一种,但受罗振玉《宋玉牒写本残叶跋》误导,认为缪荃孙亲见的清廷内阁大库所藏《仙源类谱》残本便是《玉牒》,又论断皇族牒、籍、图、录、谱等各体,皆为玉牒所负责编修②。王瑞来对宋代玉牒的修纂、玉牒与官修史书的关系、刘克庄《玉牒初草》及其史料价值等问题作了较为细致的分析③。王善军对宋代皇族谱牒种类、修纂与管理及其作用等问题作了探讨,并指出皇族谱牒修纂机构有时由玉牒所负责,有时也可能由宗正寺直接负责④。杨印民、林世田则针对国家图书馆珍藏的《仙源类谱》和《宗藩庆系录》残卷,考订其编修者及成书时间⑤。

　　婚姻方面,吴旭霞对宋代宗室婚姻门第选择等问题有过初步探讨⑥,陈峰则透过武将群体,注意到北宋皇族与武将通婚现象⑦。张明华从女性史角度,对"靖康之难"中被掳掠的宫廷和宗室女性的类别、人数、年龄及其悲惨遭遇的研究作出有益的尝试⑧。有意思的是,刘洪涛还涉入医学、遗传学领域,从一个新颖的视角分析指出赵宋宗室患有遗传性家族病,并大胆提出

---

① 王善军:《宋代家族和宗族制度研究》,河北教育出版社 2000 年版,第 213～255 页。
② 王德毅:《宋代的日历和玉牒之研究》,收入宋史座谈会编《宋史研究集》第 17 辑,台北编译馆 1988 年版,第 93～124 页。
③ 王瑞来:《宋代玉牒考》,载《文献》1991 年第 4 期。
④ 王善军:《宋代皇族谱牒考述》,载《历史档案》1999 年第 3 期。
⑤ 杨印民、林世田:《〈仙源类谱〉、〈宗藩庆系录〉的编修者及成书时间考》,载《文献》2012 年第 4 期。杨印民、林世田:《谱牒双璧:国图藏〈仙源类谱〉与〈宗藩庆系录〉》,载《中国典籍与文化》2013 年第 1 期。
⑥ 吴旭霞:《试论宋代宗室之婚姻》,载《江西社会科学》1996 年第 4 期。
⑦ 陈峰:《北宋皇室与"将门"通婚现象探析》,载《文史哲》2004 年第 3 期。
⑧ 张明华:《"靖康之难"被掳北宋宫廷及宗室女性研究》,载《史学月刊》2004 年第 5 期。

赵匡胤即是由于躁狂忧郁症愈后,又患了脑溢血而暴崩①。另外,礼仪方面也有学者对宋英宗时期的濮议问题做过讨论②,但其着眼点一般不在宗室问题。

地方社会方面,泉州由于是南宋宗室的核心聚居地,遂成为最受关注的区域。1980 年,王连茂③、陈自强④两位学者同时发表文章,对南宋末年蒲寿庚杀害泉州宗室人数等问题加以具体考订。这其实是国内史学界较早以宋代宗室及宗司机构为题的论文,不过其重点仍在泉州地方史研究,对宗室问题展开不多。香港学者苏基朗在研究宋代泉州这座海港商业城市时,曾勾勒出南外宗正司、敦宗院和宗学等重要机构的分布情况⑤。杨文新则发表过系列论文,主要探讨泉州宗室及其广泛影响,其中还涉及赵汝愚等宗室名人与福建的关系⑥。

四、文化史视角的研究

宋代文治发达,其在文化上的发展甚至被视为中国古代历史上登峰造极的时期⑦。宗室人口庞大,地位特殊,他们在文化领域的表现也易引起关注。倪士毅是国内宋史学界较早关注宗室文化问题的学者,他发表过《赵宋宗室中之士大夫》⑧、《宋代宗室士大夫在学术和文艺上的成就》⑨等论文,主要阐明宋代宗室“在政治舞台上既不容活动”,“大部分宗室乃善用其较优裕之环境,潜心学术研讨或文艺创作”。都樾则试图通过宋代宗室在文学

---

① 刘洪涛:《从赵宋宗室的家族病释“烛影斧声”之谜》,载《南开学报》1989 年第 6 期。
② 江天健:《北宋英宗濮议之剖析》,《宋史研究集》第 28 辑,1998 年,第 29 ~ 64 页。
③ 王连茂:《蒲寿庚屠杀南外宗子考》,载《泉州文史》1980 年第 4 期。
④ 陈自强:《论宋代泉州南外宗正司》,载《泉州文史》1980 年第 4 期。
⑤ 苏基朗:《唐宋时代闽南泉州史地论稿》,台湾商务印书馆 1991 年版,第 94 ~ 113 页。
⑥ 杨文新:《试述南宋泉州宗室的入仕为官》,载《福建教育学院学报》2001 年第 1 期;《宋代南外宗正司入闽及其影响》,载《史学月刊》2004 年第 8 期;《宋朝宗室宰相赵汝愚与福建》,载《陕西师范大学学报》2004 年第 3 期。
⑦ 邓广铭:《宋代文化的高度发展与宋王朝的文化政策》,载《历史研究》1990 年第 1 期。
⑧ 倪士毅:《赵宋宗室中之士大夫》,载《杭州大学学报》1984 年增刊。
⑨ 倪士毅:《宋代宗室士大夫在学术和文艺上的成就》,收入暨南大学中国文化史籍研究所编《陈乐素教授(九十)诞辰纪念文集》,广东人民出版社 1992 年版,第 177 ~ 201 页。

艺术上的辉煌成就,来剖析宗室在相当程度上规定和制约着宋代文化发展的走向和特质,也为明清宗室文化提供了某种建构范型①。笔者曾讨论赵宋宗室在文化领域的表现,认为两宋宗室文化呈现出明显的阶段性特点,自北宋中后期始崭露头角,至南宋终成燎原之势,这与宋代文化发展的大格局有关,更与宋代在教育、选试、任官等宗室政策上的前后调整相契合②。此外,祁琛云探讨过宗室藏书问题③,骆晓倩则从文学史的角度,对宋代宗室文学做过研究,其中包括了赵令畤、赵师秀、赵孟頫等重要个案④,但赵孟頫主要成就在宋亡入元之后,当时已非宗室身份,如何处理似还可进一步讨论。

文化问题往往又与教育问题纠缠在一起。关于宗室教育,宋晞对两宋宗学的兴废、宗学的规制、学风及宗学生的入仕途径等有深入研究,同时指出皇族教育不落后于平民教育,应归功于宋太祖的右文政策⑤。葛庆华对宗室教育问题也有专论⑥,但总体上论述简单,新意无多。笔者曾撰文澄清宋代宫学与宗学的区别,并对北宋神宗朝创立宗学等问题提出质疑⑦。其后,何勇强又对笔者的观点提出商榷,认为元丰时确已建立宗学,但不久即废,建中靖国重建,至南宋则宫学、宗学趋向合一⑧。南宋宗学与太学、武学并称"三学",有时加上临安府学又称"四学",相关学生容易卷入朝廷和京师的政治纷争,迄今对宗学生参与政治活动缺乏专门研究,但在论及南宋太学生政治活动时,一般也会附及宗学生的情况⑨。

---

① 都樾:《略论宋代宗室的宗法文化特征》,载《南通师范学院学报》2000 年第 1 期;《论宋代宗室文化成就及其影响》,载《中国典籍与文化》2000 年第 2 期。

② 何兆泉:《赵宋宗室与文化》,收入《礼学与中国传统文化:庆祝沈文倬先生九十华诞国际学术研讨会论文集》,中华书局 2006 年版。

③ 祁琛云:《宋代宗室藏书与习文活动述略》,载《四川图书馆学报》2011 年第 6 期。

④ 骆晓倩:《两宋宗室文学研究》,中华书局 2012 年版。

⑤ 宋晞:《宋代的宗学》,收入《宋史研究集》第 9 辑,台湾"中华丛书"编审委员会 1977 年版,第 393 ~ 414 页。

⑥ 葛庆华:《宋代宗室教育与应试问题散论》,载《中州学刊》1999 年第 1 期。

⑦ 何兆泉:《走出宫院:南宋宫学向宗学的转变》,载《国际社会科学杂志》2011 年第 4 期。

⑧ 何勇强:《宋代宗学考论》,载《浙江学刊》2015 年第 1 期。

⑨ 王建秋:《宋代太学与太学生》,台湾商务印书馆 1965 年版,第 368 ~ 371 页。

五、综合的研究

前述汪圣铎《宋朝宗室制度考略》是长篇论文,分"宗室日常管理制度"、"宗室入仕制度"、"宗室禄赐制度"三大块进行论述,涉及面较广,由制度而深入政治、经济、教育文化等领域,弥补了宋代宗室研究的不少空白,对其后的各项宗室制度研究也有引领之功。

当然,在宋代宗室研究领域用力最勤、成果最富、影响也最大的,还是要推美国宋史学家贾志扬(John W. Chaffee)。贾志扬是海外研究宋代科举的专家①,自 20 世纪八十年代后期开始,转向宋代宗室的研究,并发表了一系列相关论文,如宋代宗室居住模式的变迁②、宗女的婚姻③、宗室的历史意义④、宗室谱牒⑤等等,在专题研究的基础之上,1999 年正式出版了全面系统的研究专著⑥。2005 年,经赵冬梅翻译,该书中文版正式在大陆出版⑦。该书研究对象实际不限于宗子,还包括宗女、宗女夫等人,作者倾向于从整个家族展开讨论。而从内容上说,更涉及政治、经济、社会、文化甚至军事等领域。贾志扬以生动明晰的叙述笔调,大体按照时间的顺序,勾勒了有宋一朝的宗室政策和宗室状况。用作者自己的话说,他试图去揭开并理解那些在宗室内部发生的复杂而又戏剧化的变迁,因此往往通过具体事件来引发思考。当然,生动叙述中并不乏科学的条分缕析,比如以数量统计方式,分

---

① 〔美〕贾志扬:《宋代科举》,台北东大图书公司 1995 年版。
② John W. Chaffee. From Capital to Countryside: Changing Residency Patterns of the Sung Imperial Clan,收入《国际宋史研讨会论文集》,"中国文化大学"出版部 1988 年版,第 885～898 页。
③ John W. Chaffee. The Marriage of Sung Imperial Clanswomen, Marriage and Inequality in Chinese Society,Eds. Rubie Watson and Patricia Ebrey, Berkeley: University of California Press, 1991, pp. 133～169.
④ 贾志扬:《宋朝宗室的历史意义》,收入邓广铭、漆侠主编《国际宋史研讨会论文选集》,河北大学出版社 1992 年版,第 505～513 页。
⑤ John W. Chaffee. Two Sung Imperial Clan Genealogies: Preliminary Findings and Questions, Journal of Song-Yuan Studies, No. 23 (1993), pp. 99～109.
⑥ John W. Chaffee. Branches of Heaven: A History of the Imperial Clan of Sung China, published by the Harvard University Asia Center, 1999.
⑦ 〔美〕贾志扬著,赵冬梅译:《天潢贵胄:宋代宗室史》,江苏人民出版社 2005 年版。

析宗子、宗女的婚姻,指出皇族联姻对象在北宋前后期经历了由武到文的转变,进而揭示这是宗室融入士大夫精英阶层的重要体现,研究方法让人耳目一新。值得注意的是,贾志扬的研究充分利用了现存文献中的 200 余篇宗室(包括宗室男女)墓志铭和《仙源类谱》残卷、《南外天源赵氏族谱》等资料。不过,后世编修的族谱史料真伪杂糅,需要谨慎辨析后才能利用。另外,由于宋代制度丛脞繁难,研究者很容易产生误读,如北宋前期宗室担任武职,只是"高官厚禄使之就闲"而已,并不能将当时的宗室官员一律视为军界成员或认为他们任职于皇家宿卫军①。又如宗正寺等机构的设置时间,史料显示赵宋立国即沿袭前朝旧制建立,而不是到 973 年左右才设立,赵冬梅在翻译时对此已予辨证②。

以上大致分政治史、经济史、社会史、文化史、综合等不同的观照视角,就宋代宗室研究的学术史作了简单的回顾。总体而言,自 20 世纪八十年代以来,国内外的相关研究成绩斐然,无论在论著数量还是研究质量上都有较大的突破。其中,日本、美国等学者的研究视野相对开阔,研究方法多元,有比较清晰的问题意识,善于从宗室婚姻与身份转型、宗室精英与地方社会等话题展开阐述,颇具启迪意义。国内研究成果总量相当丰硕,特别在政治、经济及宗族等议题剖析上更胜一筹,言之有据。然而,相关研究更多集中在宗室防范、经济负担等方面,使得一些文章流于老调重弹、泛泛而论,实质性的学术对话和开拓创新还存在明显不足。若进一步反思和检讨学术史存在的问题,至少在以下三个方面,似应引起研究者的注意:

第一,理论"先见"下的问题拘囿。宗室是皇权政治下的特殊群体,他们得益于皇权,又受到皇权的约束。但关于宋代的宗室问题,还应该通过丰富宗室自身的研究来揭示其特点。皇权政治理论确实能指导我们去宏观把握复杂的历史,只是理论框架并不能替代具体问题的分析,否则就会使得宗室研究沦为历史哲学的附庸,简化为某种观念之下的符号。说宋代没有"宗室

---

① 〔美〕贾志扬:《从武到文:宋代宗室的婚姻关系》,收入《庆祝邓广铭教授九十华诞论文集》,河北教育出版社 1997 年版,第 299 页。
② 〔美〕贾志扬:《天潢贵胄:宋代宗室史》,第 39 页。

之祸",这是因为皇权专制;说宋代养痈成患,宗室成为社会肌体的恶瘤,也是因为皇权专制;说宗室享受种种特权,这是因为皇权专制;说宗室受到种种限制,还是因为皇权专制;宋仁宗的景祐改革,宋神宗的元丰改革,一言以蔽之,也都是皇权专制。然而,事实果真如此简单吗? 先进与落后,特权与限制,提高待遇与裁减恩数,当人们把所有矛盾的东西粗暴地塞进一个框框里匆匆论断之后,宗室的面貌并没有因此变得格外清晰,反而是愈加模糊、混乱,让人困惑不已。我们本来是要考察人的命运,到最后却只看见依稀的房子轮廓,对困在皇权体制内的具体人群还是所知甚少。

事实上,宏观理论阴影下的历史研究困境,史学界早已有许多反省。阎步克曾批评:"以往对中国官僚和专制君主、各社会群体关系的研究,由于中间层次理论的薄弱,在立论解说上不免给人以散漫、含糊和随意之感,时常仅仅将官僚集团说成是专制君主与地主阶级的工具就止步了。"①这里所谓"中间层次的理论",便是美国社会学家默顿在《社会理论与社会结构》(1949)中率先提出的"中层理论"(middle-range theory)。杨念群就主张通过构建"中层理论",来纠正"目前许多历史著作行文叙述总是宏阔而不细致,概论式的批判比比皆是,本质主义式的断语草草形成"②等弊病。尽管学者同样也反对琐屑的"工匠型治史方式",但对理论抱持警醒和反思的态度,或许还是更为重要。宏大叙述下的历史研究,最后会通过话语惯性导致研究范式的固化和局限,宋代宗室的研究也迫切需要突破这样的束缚,克服先入之见和偏重之弊,在宗室防范及财政压力等热点议题之外,开拓对史实层面的更广泛认知,尤要深入地去了解宋代宗室遭遇的活动语境及其具体的变化。

第二,群体研究中的笼统印象。我们未必认同后现代主义那样趋向解构历史的意义,掉入虚无主义的泥淖,但历史研究本质上的确是一种"寓意之象",不可能避免研究者的主观偏好和创造性诠释。不过,宋代宗室的"意象"

---

① 〔以色列〕艾森斯塔得著,阎步克译:《帝国的政治体系》译者序,贵州人民出版社1992年版,第7页。

② 杨念群:《中层理论——东西方思想会通下的中国史研究》自序,江西教育出版社2001年版,第5页。

又不等同于宗室的"臆想",后者显然带有更多武断的色彩。有的研究将宗室定性为统一固定的某个阶层,或一组面目雷同的群雕,这种笼统的印象会导致忽略宗室群体内部的分化,看不到具体身份上的亲疏之别以及政策上相应的差异,同样也会导致忽视宗室命运在不同时期的具体演变,认为他们是铁板一块、恒常不变的整体存在。同样地,尽管有学者已经意识到宗室政策在北宋神宗一朝的重要变化,但对北宋前期的宗室制度形成,以及北宋后期如徽宗等朝代的制度变迁、南宋与北宋的因革损益等问题,都尚未引起足够的重视。人们在定性分析或简单描述宗室群体时所提出的"弃物"说、"官户"说等论断,还要注意到历史事实的复杂性,以及相关证据是否充足和准确。政治制度背后的权力分配和利益平衡,往往不是单一力量作用的结果,而是由多股力量在不同场域中博弈妥协的结果。即如宗室任官的限制与突破,实际上也会视现实情境的改变而采取灵活多变的态度,未必完全拘于一定的规矩成法。

第三,割裂孤立后的整体观照不足。应该说,在研究过程中,暂时将宋代与其他朝代割裂开,将宗室同其他群体分解开,是有助于深入研究对象内部,从而获得更加细致全面的了解。但在积累了相当的细节认识后,我们还是需要通过综合的、联系的方法,时时从整体上去重新审视宋代宗室这一研究对象。历史本身有不可割裂的延续性,所谓"通古今之变"的历史理性正是基于对这种古今一体连续性的认知,如果局限于断裂的研究,不能联系前后王朝做长时段的考察,就很难把握哪些方面体现出宋代的特质,也就无法理解宋代的历史地位和深远影响。同样地,如果始终局限于孤立的宗室群体,不能将他们放置到社会整体中,与其他庶姓群体(无论士大夫还是平民阶层)彼此联结、互相比照,不能通观全局,那么我们也就很难把握宗室问题的特殊性,而容易被片面的历史文本所误导。

第三节　史料、方法与基本思路

史学研究须建立在充分占有史料的基础之上,宋代宗室研究也不例外。

由于宋代宗室人口庞大,涉及面广,相关史料分布也比较零散,前人在研究过程中已对《续资治通鉴长编》、《建炎以来系年要录》、《宋会要辑稿》、《宋史》等基本典籍资料多加梳理利用,贾志扬、傅宗文等学者又重点发掘了宋人文集中的宗室墓志铭、赵氏谱牒、沉船考古等地上地下的资料,较大地拓展了史料范围。但总体来说,基本史料的价值仍可以进一步挖掘,例如宋代宗室人口究竟有多少,这是一个很重要的问题,宋代虽不能像清代《玉牒》和宗人府档案那样保留完整的皇族信息,但元人修《宋史》时根据赵宋档案编纂了非常庞大的宗室世系表,尽管因为战乱等原因,其中也不免挂漏和错误,但若对其加以统计分析,还是能够大致反映两宋宗室的世系绵延及其人口变迁。李焘、李心传分别记录了北宋中后期和南宋初期的宗室赐名授官人数,利用相关文献作统计比较,有助于认识"靖康之难"对宗室近属的影响。《宋会要辑稿》帝系、职官、选举、崇儒诸部,提供了非常丰富的宗室政策和制度等内容,其包含的信息量可以说超过了任何一个庶姓家族。

除此之外,宋代宗室研究的史料利用上尚有继续拓展的余地。《名公书判清明集》、《宋大诏令集》、《庆元条法事类》等对宗室法令、判罚等问题的记载,体现出宗室司法管理自成体系。宋人文集之外,同时代人的笔记小说往往能提供观察宗室问题的新视角,如朱彧《萍洲可谈》对北宋后期宗室与商人联姻等情况多见记载,揭示出现实常常突破制度的约束。洪迈《夷坚志》记录了南渡宗室在江南社会中的不同形象。而周密《齐东野语》在探讨"嘉定宝玺"等问题时,显现宗室与庶姓之间在政治认同上的差异,对北宋亡国悲剧的不同记忆,已成为拉大"同姓"与"异姓"之间鸿沟的一个重要因素①。考古新资料方面,《北宋皇陵》②一书不仅整理了河南巩县出土的大量北宋皇族墓志铭,而且统计出北宋文集所载的宗室墓志铭,彼此可互证互补。迄今出土的南宋宗室墓志也不少,不过还有待较为系统的整理。如

---

① 周密:《齐东野语》卷一九《嘉定宝玺》,中华书局 1983 年点校本,第 346～349 页。学者对此事有所考订,详见徐规《〈齐东野语〉订误》,收入《仰素集》,杭州大学出版社 1999 年版,第 975 页。

② 河南省文物考古研究所:《北宋皇陵》,中州古籍出版社 1997 年版。

1970 年间在浙江临海发现的赵汝适圹志,帮助我们基本理清了《诸蕃志》作者的身世与生平①。学界熟悉的福州黄昇墓,其实是南宋后期宋太祖第十世孙赵与骏与妻子的合葬墓②,江西还出土过南宋高宗皇叔祖赵仲谭墓记、赵时泗夫妻圹志以及咸淳年间郡主赵若云墓志铭等③。需要指出的是,浙江是南宋皇族的重要徙居地,也是新出土宗室墓志较多的地区。如 1979 年桐乡发现南宋宗室墓群,整理出安定郡王赵伯泽及其家族墓志共四方④。2005 年,温州出土赵廷美玄孙赵叔仪夫妻合葬墓,对了解两宋之际赵宋皇族的南迁过程不无启示⑤。近年来,浙江省文物考古研究所研究员郑嘉励尤致力于南宋墓葬的考古与研究,在这一过程中已整理出绍兴、宁波、温州等南宋宗室墓志数十方,足以补正史、地方志、金石志等文献之阙⑥。谱牒方面,赵氏作为大姓,后世涉及赵宋皇族的族谱数量非常庞大。贾志扬等学者已引用到《南外天源赵氏族谱》⑦、《山阴华舍赵氏宗谱》⑧,其他如清道光年间修纂的《天台赵氏宗谱》详细记载了南宋皇族派系的分布情况,并绘制阴宅即墓葬的分布图录,对考察南宋宗室迁徙和相关名人、遗迹等提供了重要线索⑨。不过,由于族谱资料难免附会,加上存世《赵氏族谱》多系清代以

---

① 马曙明、任林豪主编,丁伋点校:《临海墓志集录》,宗教文化出版社 2002 年版,第 45~46 页。

② 福建省博物馆:《福州南宋黄昇墓》,文物出版社 1982 年版。

③ 陈柏泉:《江西出土墓志选编》,江西教育出版社 1991 年版,第 118~119、202~205、240~242 页。其中,赵时泗生父为赵愍夫,祖父赵彦骡,后出继给赵彦中一赵补夫一支,赵彦中为南宋宗室名臣。另外,赵仲谭由于身份级别较高,1956 年墓中还出土了水晶环、水晶球、水晶珠以及一套八件的珍贵人物纹玉带,参见陈建平《山河精蕴 精华典藏——江西出土玉器展》,载《收藏家》2009 年第 1 期。

④ 张梅坤:《赵伯泽家族的兴衰和史弥远废立之变》,载《杭州大学学报》1986 年第 1 期。

⑤ 温州市文物保护考古所:《浙江温州南宋赵叔仪夫妇墓的挖掘》,载《东南文化》2006 年第 4 期。

⑥ 大量宗室墓志并未整理出版,其中包括宋理宗之弟、度宗之父赵与芮为其姻亲书讳的绍兴《李熙圹志》。已经公开发表的有魏峰、郑嘉励《新出〈史嵩之圹志〉、〈赵氏圹志〉考释》,载《浙江社会科学》2012 年第 10 期;郑嘉励、梁晓华编《丽水宋元墓志集录》,浙江古籍出版社 2013 年版,第 147~148 页。

⑦ 泉州赵宋南外宗正司研究会:《南外天源赵氏族谱》,1994 年 12 月编印。

⑧ 赵寿祺:《山阴华舍赵氏宗谱》,萃华堂珍藏光绪十年(1884)刻印本,浙江大学西溪校区图书馆古籍部藏。

⑨ 胡晓新、洪余庆:《镇海发现〈赵氏宗谱〉》,载《宁波晚报》2004 年 1 月 2 日。

来修纂,相关资料的利用须十分谨慎。国家图书馆藏《仙源类谱》《宗藩庆系录》是南宋内府抄本残卷,对研究宗室谱牒体例、相关世系是最原始的材料,也可用以研究宗室选试、任官等问题,弥足珍贵。此外,上海图书馆古籍部有南宋内府钞本《仙源类谱》卷二二残叶 3 页和清抄本《仙源类谱》残卷 452 页,经比照发现,此清抄本的底本应该就是国家图书馆藏南宋内府抄本,两者残存卷数和文字内容几乎完全一致。此外,地方志文献保留了进士、仕宦、艺文等历史人物信息,明清大量方志中往往保留了较多宋代宗室特别是南宋宗室的相关资料,对探讨宗室科举、任官、文化和重要人物的生平履历都很有助益。如赵长卿是南宋著名词人,自号仙源居士,后世多猜测其身份应该为江西南丰宗室,但生平事迹完全无考。近年始有学者根据明代万历刊本《南丰县志》和清代乾隆刊本《南丰县志》考证,再结合《宋史·宗室世系表》等记载,明确赵长卿即赵师桤,乃宋太祖八世孙,其世系为赵匡胤—赵德芳—赵惟宪—赵从郁—赵世将—赵令瓛—赵伯儒—赵师桤①,可以说利用明清地方志破解了宋代文学史上长期以来的一桩悬案。

　　史料利用范围的拓展,不单单是扩充了既有资料,更重要的是,多元资料的发掘足以刺激议题的拓新,能让我们进一步去探讨宋代宗室丰富多彩的面相。宋史研究领域"没有足以冲击既往研究体系的新材料出现"②,但如果能够对现存各类文献和考古史料善加辨析和认真解读,同样能够在宗室研究方面向前迈出更大的步伐。史料的辨析自不待言③,对常见史料的深入解读,或许是当前更需要改变和突破的问题。如黄宽重便格外强调以宋人文集为中心,扩展研究资料,他认为个性化的文集史料能够呈现宋代政治鲜活、动态的图像,只可惜许多研究者流于浅浅翻阅和数字检索,未及对文献深度解读和利用,从而导致议题的孤立化或扁平化,研究的深度和广度仍显不足④。

---

①　赵润金:《赵长卿世系考证》,载《南华大学学报》(社会科学版)2012 年第 1 期。

②　邓小南:《中国古代政治史研究管窥——以中日韩学界对于宋代政治史的研究为例》,载《北京大学学报》(哲学社会科学版)2008 年第 3 期。

③　顾吉辰:《〈宋史·宗室传〉史料正误二十四则》,载《文献》1986 年第 1 期。

④　黄宽重:《开拓议题与史料:丰富宋代政治史研究的内涵》,载《史学月刊》2014 年第 3 期。

提倡"史学即史料学"的傅斯年曾经强调,不同史料的价值并不能一概而论,关键要善于互相为用,就像直接史料比间接史料要正确得多,但如果只是一味玩弄直接史料,而不能应用到流传的史料中去,就成了玩古董的或刻图章的。傅斯年指出,会写钟鼎文的人很多,但能借殷周文字补正经传的只有王国维等寥寥数人而已,原因正在于王国维熟习经史,精熟融通之下方能面对新史料断然取决①。同样的道理,吕思勉由于熟读历代正史,对传统演变了然于胸,故往往能在寻常史料中发现政治史、文化史中的问题②。回到宋代宗室研究领域,颠覆性的新史料既不可求,与其焦虑于稀见新史料的横空出世,不如充分发掘与精研上述常见的多元资料,沉潜涵咏,在深入解读和融会贯通中发现议题、解决问题,这不失为可行的努力方向。

在史料拓展、辨析、解读之外,治史自然还不能回避研究方法。现代史学研究方法,严格来说深受社会科学甚至自然科学的影响,政治学、经济学、社会学、心理学、人类学、生物学等学科理论的发展都或多或少综合推进着历史研究的进步。如传统政治史一般侧重于典章制度的研究,而在行为主义政治学的影响下,政治史研究开始更多转向对政治行为、政治过程、个体活动等问题的分析,继而伴随新制度主义理论的兴起,又致力于重建制度的意义,但它所关切的制度已不同于传统典章制度,而涉及观念、文化、规制和认同等广泛层面,其实是将制度与人的行为和互动紧密联系起来。近年来宋代政治史研究重新变得活跃,强调过程与关系的"活的制度史"研究③、强调机制、系统、网络与空间的政治结构研究④、强调政策与对策互动的"新政治史"研究⑤、

---

① 傅斯年:《史料论略及其他》,辽宁教育出版社1997年版,第4~13页。

② 吕思勉:《吕著中国通史》,华东师范大学出版社1992年版。

③ 邓小南:《走向"活"的制度史——以宋代官僚政治制度史研究为例的点滴思考》,收入包伟民主编《宋代制度史研究百年》,商务印书馆2004年版,第10~19页。〔日〕寺地遵著,刘静贞、李今芸译:《南宋初期政治史研究》之《序章:宋代政治史研究的轨迹与问题意识》,台北稻禾出版社1995年版,第1~20页。

④ 〔日〕平田茂树:《日本宋代政治史研究的现状与课题》,载《史学月刊》2006年第6期;《宋代政治史研究的新视野——以科举社会的"人际网络"为线索》,载《史学月刊》2014年第3期。

⑤ 黄宽重:《政策·对策:宋代政治史探索》,台湾联经出版事业股份有限公司2012年版;《从活的制度史迈向新的政治史——综论宋代政治史研究趋向》,载《中国史研究》2009年第4期。

强调人与制度互动的政治权力研究①,强调"国是"之争的士大夫政治文化研究②等等,上述研究议题或研究方法的突破,这固然是国内外史学界集体自觉自省的结果,但其背后显然也得益于不同学科(包括政治社会学等跨学科)理论方法的滋养和启发。

考虑到宋代宗室整体面目还缺乏较清晰的认识,本书仍拟以制度为纲,对宋代宗室的管理机构、谱牒编纂、法律特权、教育、选试、任官等问题加以较为系统的考察,从一个侧面揭示宋代社会秩序建构的过程。因此在研究方法上,必然也会汲取宋代政治史研究等最新成果,尤其会留意制度建设的动态过程和实际政治运作的复杂性,也会更加关注制度与人事的交互作用。宗室是家族血缘与皇权政治结合的特殊群体,但当宋代宗室世系范围无限制放大之后,宗室数量的迅速膨胀使得宗室问题也开始发生一系列的变化,皇帝、宗室和庶姓在政治、经济、社会、文化等不同层面都构成繁复的网状关系。任何单一的理论或视角,都已无法简单地阐释宋代宗室问题。皇帝—宗室的干枝关系,同姓之卿与异姓之卿的融合与撕裂,宗室内部的认同与分化,所有系统性的问题解答,都要跳出孤立研究的局限,透过关系网络观察制度与人事的互动,先作一个整体的关照和把握。与此同时,穿梭于宋代之前与之后,借助长时段的观察,一些习焉不察、看似无关要紧的变化,也会显现出其特别的意义。顾炎武说过:"天下之事,有言在一时,而其效见于数十百年之后者。"③这番话如果用来考察人事与制度变迁的深远影响,应该同样引人深思。此外,在史料允许的前提下,还可以运用计量的方法,对宗室人口、宗室进士、宗室任官等重要方面进行数量上的统计分析,弥补定性分析和笼统概括的不足,从而较为准确、清晰地阐明宗室的特殊性及其影响。

还要说明的是,史学研究本身也是一个不断对话的动态过程,是今人与

① 刘静贞:《皇帝和他们的权力——北宋前期》之《绪论——人与制度》,台北稻乡出版社1996年版,第1~10页。
② 余英时:《朱熹的历史世界——宋代士大夫政治文化的研究》,三联书店2011年版。
③ 《日知录集释》卷一九《立言不为一时》,第679页。

古人的对话,是研究者与记录者的对话,也是研究者与研究者的对话。有时候,史料的焦虑,方法的焦虑,本质上是对话遭遇瓶颈导致的焦虑,研究者感觉到传统议题难以再有效推进,提出的新议题又因为缺乏对话,切磋无侣,孤掌难鸣,无法往复论难,很容易沦为自说自话。人事的变动不居,决定了历史是无法重演或完全还原的一次性过程,因此开展有效的主体间对话对于历史问题的抉隐发微就尤为必要,热烈的碰撞最能激荡出思想的火花。为此,本书在研究宋代宗室时,也将尽可能对前人所提出的问题积极作出回应,对史料记载或研究过程中存在的分歧提出自己的看法,期望通过直接的讨论推进相关研究。

全书章节主要安排如下:

第一章主要探讨宋代宗室管理机构的发展和职能。宋代将五服以外的皇族子孙全部纳入宗室范围,其实经历过一段较微妙的政治摇摆。但该政策一旦明确之后,便在汉唐既有的宗正寺以外,催生出大宗正司与外宗正司等宗室管理机关,体现出宋承唐制与唐宋变革并存的现象。宗正寺主掌皇族谱牒编修和人口呈报等事务,大宗正司是两宋宗室管理的主要机关,执掌宋代宗室各项主要事务,外宗正司负责管理地方宗室事务。宋代对宗室身份的重新认定和宗司机构的创设,直接影响到明清的宗室制度。

第二章主要探讨宋代宗室的联名呈报制度、皇族谱牒编修和宗室人口等问题。揭示了宋代在行辈联名制度确立和发展的过程中所起的重要作用,对流传甚广的《赵氏族谱·太祖遗嘱》文本提出了质疑。同时,对《玉牒》、《属籍》、《宗藩庆系录》、《仙源类谱》和《仙源积庆图》等宗室谱牒进行了分类辨析,并尽可能对宋代宗室人口作了比较细致的统计和分析,纠正了此前研究中的一些误会。

第三章主要从宗室法典的制定汇编,宗室的司法管辖权以及对犯罪宗室人员的定罪量刑等三个方面,较为系统地分析了宋代宗室的法律管理,指出宗室的身份特权受到法律保护,明显区别于一般士庶。宋代宗室在法律管理上俨然自成体系,反映出当时"治民之法"与"亲亲之法"的双重标准,所谓"宗室犯罪,与常人同法"之说并不符合历史事实。探究宋代宗室人员犯罪尤其是南渡以后人员日益增加的原因，与南宋时宗室散落四方、管理松弛有密切关系，而身份特权与经济贫困应该也属重要的影响因素，当这两重因素并存时尤其会加剧部分宗室的心理失衡，更容易养成备受诟病的"宗室气习"。

第四章重点探讨宫学与宗学这两种影响较广的宗室教育形式。厘清长期以来将宗学与宫学混为一谈的误解，指出宫学以诸王宫为单位，每宫分设教授对本宫子弟加以教育，宗学则不以王府宫宅或世系亲疏为限，于诸王宫外别创学校，统招宗室子弟进行教育。宫学是北宋时期宗室教育的主要形式，南宋以后，由于受到宗室近属凋零和宫学教育排斥疏属入学的双重影响，宫学始终不振，并最终被宗学取代，宗学教育模式后来也影响及明清。南宋宗学的兴起，其背后离不开宗室士大夫群体长期的呼吁和努力。

第五章阐述宋代宗室选试与应举问题。分别对进士科考试、三舍考选、无官取应、量试等宗室选试入仕途径加以讨论，并具体分析了它们在考试程序、录取和授官方面的差异。同时指出，与一般士庶相比，宋代宗室在选试入仕方面选拔途径更多，选拔过程也比较宽松，这是导致宗室官员冗滥的主要原因，同时它也对庶姓士人的上升孔道造成了一定的挤压。

第六章主要探讨宋代宗室近属和远属在任官上的不同情况。指出宋代宗室任官情况随血缘关系的亲疏而不同，五服以内的宗室享受赐名授官的特权，但一般有职无权，养而不用；五服以外的宗室自熙宁改革后则允许出官任职和参加科举，但直到南宋以后宗室在政治中的影响才陆续放大。本章因此专门对南宋宗室进士和重要任官情况进行了定量分析，批驳了所谓宋代宗室"弃物"说。南宋宗室在政治地位上的不断突破，除宗室逐渐士大夫化的因素外，应该还受到南渡政治的现实逼迫。扩大充实凋零的南班宗室队伍，突破宗室不许为执政等任官限制，乃至在中央和地方成为重要势力，宗室已成为巩固皇权、张大朝廷过程中不可小觑的力量，皇帝也借此来牵制其他势力，从而在江南稳定根本。

限于学识，拙稿肯定存在不少失当或可议之处，尚祈专家学者不吝批评指正。

第一章　管理机构

　　"九族既睦,平章百姓",宗室管理是齐家治国的重要组成部分。宋初,宗室人口较少,而且多为皇帝近属,只是循袭汉唐以来的旧制度,以宗正寺为宗室管理机构。宗正寺主要负责编修皇族属籍以及人口呈报等重要事务,涉及宗室内部杂务,又有管勾宫宅以及提举郡县主公事所等,派遣宦官主持诸王宫、宗室宅院以及公主、郡县主等日常事务,遇事报知皇帝。仁宗朝以后,随着宗室人口增加,开始创设大宗正司。大宗正司不隶中央六曹,而专任有才能的宗室尊属实施皇族事务管理。自此以后,大宗正司成为两宋时期最重要的宗室管理机构。故宋人谓:"凡宗室事,大宗正司治之;玉牒之类,宗正寺掌之。"[①]北宋后期,由于皇族子孙的不断繁衍,京师局促不能容纳,伴随着宗室无官疏属的集中外迁,朝廷又在重要聚居地增设了西外、南外宗正司,外宗正司主要负责对地方宗室子弟实施统一管理。宗正寺与宗正司两套体系分工并存,但宗室管理的主要职能已从中央九寺之一的宗正寺转移至独立创设的宗司机构,这是宋代宗室管理机构的新特点,也体现出王朝对宗室范围扩张及所辖事务日益剧增的灵活应变。

　　宋代之后,宗正寺与宗正司并列的两套体系归于合流,但宋代宗司机构及其职掌对后世影响深远。金、元两朝均设大宗正府[②]。明初置大宗正院,

---

　　① 徐松辑:《宋会要辑稿》崇儒一之五,中华书局1957年影印本,第2156页。
　　② 脱脱等:《金史》卷五五《百官志一》,中华书局1975年点校本,第1240～1241页;宋濂:《元史》卷八七《百官志三》,中华书局1976年点校本,第2187～2188页。

洪武二十二年（1389）改为宗人府，设宗人令、左右宗正、左右宗人等，掌"睦宗亲族之事"。举凡皇族属籍、嫡庶、名封、嗣袭、生卒、婚嫁、谥葬以及宗室陈请、"达才能，录罪过"等等，都是宗人府职责所在①。明代宗人府长官品秩特崇，以正一品阶序列于文职衙门之首，为此《大明会典》卷首先列"宗人府"一门②，以凸显皇族管理不同于中央六部诸司的特殊地位。清代沿袭明制，亦设宗人府，唯宗人令改称宗令，以亲王或郡王充任，掌管宗室觉罗等皇族内部事务，宗室即努尔哈赤父亲塔克世的直系子孙（黄带子），觉罗则是塔克世叔伯兄弟的旁支子孙（红带子），宗人府仍位内阁、六部之上。

第一节 宗 正 寺

宗正寺作为宗室管理机关，出现较晚，大约到北朝魏、齐之际才正式成立。但在宗正寺官署产生之前，早已有宗正机构履行宗室事务的管理职责，这又可以进一步上溯至秦汉甚至先秦时期。宗周官制即由小宗伯掌宗族，以辨别亲疏，明定嫡庶。秦汉置宗正为九卿之一，管理皇室亲属，两汉宗正卿"皆以皇族为之，不以他族"③。《北史·魏本纪》载："文皇帝讳宝炬，孝文皇帝之孙，京兆王愉之子也。母曰杨氏。帝正始初坐父愉罪，兄弟皆幽宗正寺。及宣武崩，乃得雪。"④这条材料显示，至迟在北魏宣武帝正始年间（504～508），已正式设有宗正寺机构。据《魏书》记载，宗正寺已有宗正卿、宗正少卿等职官⑤。北齐因之，仍以宗正卿、宗正少卿为长贰，负责管理宗室事务。隋置大宗正寺，"掌宗室属籍，统皇子王国、诸王国、诸长公主家"⑥。唐代亦以

---

① 《明史》卷七二《职官志一》、卷七五《职官志四》，第1730、第1832页。
② 李东阳等纂，申时行等重修：《大明会典》卷一《宗人府》，广陵书局2007年影印本。
③ 杜佑：《通典》卷二五《职官七·宗正卿》，中华书局1988年点校本，第703页。
④ 《北史》卷五《西魏文帝本纪》，第174～175页。
⑤ 魏收：《魏书》卷二一下《彭城王传》、卷五七《高祐传》，中华书局1974年点校本，第584页、第1262页。
⑥ 魏徵、令狐德棻：《隋书》卷二七《百官志中》，中华书局1973年点校本，第756页。

宗正寺为卿寺之一，设卿一人，从三品；少卿二人，从四品；丞二人，从六品上；主簿二人，从七品上；录事一人，从九品上。宗正卿"掌皇九族、六亲之属籍，以别昭穆之序，纪亲疏之列"。李唐尊奉老子为始祖，唐玄宗以道教事务不宜属鸿胪寺，开元二十五年（737）遂敕令崇玄署隶属宗正寺，因此宗正寺一度还要负责"京、都诸观之名数，道士之账籍，与其斋醮之事"①，直到天宝二年（743）才作罢。唐代宗正寺长官一般均擢自宗室，其前期也偶尔参用庶姓官员，如韦希仲等人就曾担任过宗正卿②。至开元二十年（732），唐玄宗下诏"宗正寺官员，悉以宗子为之"。开元二十七年，又颁敕强调："其宗正卿、丞及主簿，择宗室中有才行者补授。"③

赵宋立国之初，宗室人口尚少，加之百业待举，对内部宗室问题尚无暇多顾，主要循袭唐以来的旧制，以宗正寺为宗室管理机构。仁宗朝创设大宗正司后，宗正寺官署仍然延续保留下来。与唐代一样，宋代宗正寺同样是六曹九寺官僚体制的重要组成部分，但其具体制度也有区别于前朝的地方。

其一，宋代宗正寺官员"止命同姓"，并不专任皇族，北宋前期甚至有意排摒宗室成员。宋神宗朝后，宗正寺官员始用异姓，专任赵姓的限制也逐渐被突破。

要讨论宗正寺官属，就必须先了解机构的设置。关于宋代宗正寺的始置时间，贾志扬认为至迟在开宝六年（973），但赵冬梅已指出这是对文献记载的误读④。事实上，建隆元年（960）正月，赵宋王朝就派出宗正少卿郭玘祭祀周庙及嵩陵（周太祖郭威墓）、庆陵（周世宗墓）⑤。显然，北宋立国之初完整保留了后周时期的宗正寺机构和官僚。不久，始改用宗姓即赵姓朝官

---

① 李林甫：《唐六典》卷一六《宗正寺》，中华书局1992年点校本，第465页、第467页。
② 李希泌主编：《唐大诏令集补编》卷一一《授韦希仲宗正卿制》（苏颋），上海古籍出版社2003年版，第395页。
③ 王溥：《唐会要》卷六五《宗正寺》，中华书局1955年版，第1142页。
④ 贾志扬：《天潢贵胄：宋代宗室史》注释3，第39页。
⑤ 李焘：《续资治通鉴长编》卷一，建隆元年丁巳条，中华书局2004年点校本，第7页。

充任宗正寺长官，如建隆二年六月，以国子司业赵洙为宗正少卿①；三年十一月，时任宗正卿系赵矩②。有时因赵姓文官不足，还不得不临时用武官补阙，如开宝六年正月，以右千牛卫将军赵崇济为宗正少卿③。赵洙、赵矩、赵崇济等均非宗室子弟，说明赵宋已不像李唐那样强调宗正寺长官须用皇族。故叶梦得（1077～1148）称："唐宗正卿，皆以皇族为之。本朝踵唐故事，而止命同姓。"④正史亦称："旧自丞、簿以上，皆宗姓为之，通署寺事。"⑤可见，宋代宗正寺"止命同姓"的规定并不限于最高长官而已，其时所设宗正卿、少卿、丞等，所任无不遵循这一成例⑥。再举北宋前期宗正寺大小官员为证，如赵普之弟赵安易曾任宗正卿⑦，赵砺为宗正少卿⑧，赵郐⑨、赵孚⑩、赵齐⑪等相继为宗正丞。景德二年（1005），宋真宗"以宗正职奉陵庙，其任至重，简择宗姓朝臣有才望者领其事，以申严恭之意"，遂以前知兴元府太常博士赵湘、前知通州殿中丞赵积同判宗正寺事⑫。至大中祥符八年（1015），朝廷同样以陵庙事重，"司宗者位卑不称"，又以兵部侍郎赵安仁兼宗正卿权判都省，改判宗正寺⑬。上自判、卿，下至宗正丞，宗正寺大小官员一律都用赵姓，但又都不是宗室身份。

北宋前期宗正寺任官"止命同姓"的做法，显然有悖于两汉宗正卿"皆以皇族为之，不以他族"、唐代"宗正寺官员，悉以宗子为之"的固有传统。元修《宋史》时，史官就注意到这一特征，且分析这是因为宋代在宗正寺外，

---

① 《续资治通鉴长编》卷二，建隆二年六月丁巳条，第48页。
② 《续资治通鉴长编》卷三，建隆三年十一月丁巳条，第74页。
③ 《宋会要辑稿》职官二○之一，第2821页。
④ 叶梦得：《石林燕语》卷六，中华书局1984年点校本，第92页。
⑤ 《宋史》卷一六四《职官志四》，第3887页。
⑥ 邓广铭、程应镠主编：《中国历史大辞典·宋史卷》，上海辞书出版社1984年版，第304页。该辞典所记"宗正寺"词条，将文献所谓"宗姓"释为"皇族"，应系误读。
⑦ 《宋史》卷二五六《赵安易传》，第8942页。
⑧ 《续资治通鉴长编》卷五，乾德二年五月辛巳条，第127页。
⑨ 《续资治通鉴长编》卷六，乾德三年七月条，第156页。
⑩ 《续资治通鉴长编》卷一三，开宝五年九月癸酉条，第292页。
⑪ 《续资治通鉴长编》卷一九，太平兴国三年五月丙戌条，第428页。
⑫ 《续资治通鉴长编》卷六○，景德二年五月甲戌条，第1342页。
⑬ 《续资治通鉴长编》卷八四，大中祥符八年四月乙丑条，第1926页。

"自有大宗正司以统皇族"①的缘故。这个解释当然不无道理,但它忽略了大宗正司创设于宋仁宗朝,至少在此之前的宋太祖、太宗、真宗三朝,宗正寺仍然是最主要的宗室管理机构。北宋前期宗正寺官员止用同姓而排摒宗室,其中一个原因是五代时期政权更迭频繁,短命王朝对宗正制度重视不足②,而赵宋建国之初致力于收拾五代残局,加强皇帝专制与中央集权,也未及认真检讨汉唐故事,建立完备的皇储制度及皇族管理体制。事实上,北宋前期的皇位继承纷争已暴露出相关体制的漏洞,并使宗室问题变得异常敏感。在较长一段时间内,宗正寺官员弃用皇族,与当时皇族内部的紧张对立应有相当的关联。

众所周知,宋太祖猝死已启"斧声烛影"的千古疑窦,宋太宗抛出的所谓"金匮之盟"更是破绽百出,太祖之子赵德昭自刭、赵德芳暴卒,随后太祖、太宗之弟赵廷美再遭贬死,太宗一系才能够父子相承,牢牢掌握了皇位授受的权力。这一段扑朔迷离的历史,揭示出赵匡胤、赵光义、赵廷美等手足兄弟围绕最高权力的明争暗斗③。特别是宋太宗政治谋杀的嫌疑、捏造打击的无情,残酷的权力斗争撕裂了"本是同根生"的皇族,也进一步加剧了皇帝—宗室之间的隔阂与猜防。在这样互不信任的政治生态下,宋太宗继续任用同姓文臣而不是宗室成员来主持宗正寺,也就更加顺理成章。赵廷美"忧悸成疾而卒",宋太宗旋即损人美己,诬称廷美实为耿氏子,并非杜太后所出④。数月之后,又以殿中侍御史赵安易、监察御史赵齐并为宗正少卿⑤。殿中侍御史、监察御史等品秩虽不很高,但台官负责纠弹朝臣非法失仪诸事,故多任强干之士,宋太宗在赵廷美卒后,同时以两名赵姓台官充任宗正

---

① 《宋史》卷一六四《职官志四》,第3887页。
② 前述后周宗正少卿郭玘,应该就是与郭威同姓,惜具体情况无考。五代宗正寺制度,文献记载也极少。参见王溥《五代会要》卷一六《宗正寺》,收入傅璇琮、徐海荣、徐吉军主编《五代史书汇编》,杭州出版社2004年版,第4册,第2192页。
③ 顾宏义:《宋初政治研究——以皇位授受为中心》,华东师范大学出版社2010年版。
④ 《续资治通鉴长编》卷二五,太平兴国九年正月丁卯条,第572页。
⑤ 钱若水修,范学辉校注:《宋太宗皇帝实录校注》卷三一,太平兴国九年八月壬午条,中华书局2012年版,第205页。

少卿,显然不无控制与弹压宗室的意图。淳化二年(991),宋太宗始诏令王世则、王旦等人检讨"皇太子、亲王、皇族、后族等故事",责成史馆修撰编录进呈①。为了把皇位继承权牢牢掌握在自己这一脉,宋太宗在晚年启动编修皇族谱牒,想要借此明确大宗与小宗的区别,"秦王以下、太祖本支第云同姓,惟太宗已来称宗室"②。太宗自己的子孙才能称"宗室",太祖、廷美等兄弟子孙则只能称"同姓",这个皇族方案彻底颠覆了宋太祖对子侄一视同仁的做法。宋太宗打击赵匡胤、赵廷美两系的做法,在皇族内部招致许多人的不满。太宗长子赵元佐在叔父赵廷美贬谪时,就曾极力申救,赵廷美死后,赵元佐大受刺激得了狂疾,还有过纵火焚宫等极端行为③,并失去了继承皇位的机会。可见,即便是赵光义诸子,也并非完全认同其打击兄弟子孙的严酷做法。是故宋太宗晚年提出的皇族名分方案,后来被悄悄推翻,三祖下子子孙孙虽境遇或有不同,但仍然都统称为宗室。

宗正寺"止命宗姓"而不任皇族的"祖宗家法",一直到宋仁宗晚年才第一次被打破。嘉祐六年(1061)十月,宋太宗曾孙、赵允让之子赵宗实授知宗正寺。赵宗实以服父丧推辞再四,听其终丧。服除之后,再授知宗正寺,赵宗实又不敢受,并缴还知宗正寺告敕。嘉祐七年八月,宋仁宗听其罢知宗正寺,乃下诏立赵宗实为皇子④。赵宗实即宋英宗。知宗正寺之名,此前仅见大中祥符八年(1015),判宗正寺赵世长改知宗正寺⑤。宋仁宗无子嗣,又一直不肯选立宗室为继嗣,韩琦等大臣因此建议仁宗先以赵宗实知宗正寺,实为择定皇子前的一步稳妥过渡,故韩琦提醒皇帝说:"此事若行,不可终止。"⑥皇族成员知宗正寺是一件打破惯例的大事,一旦公开宣布,便等于向外传递出立储的明确信号。赵宗实任命之后,同月宋廷

---

① 《续资治通鉴长编》卷三二,淳化二年六月丁亥条,第716页。

② 袁褧撰,袁颐续:《枫窗小牍》卷下,《丛书集成初编》本,上海商务印书馆1939年版,第28页。

③ 《续资治通鉴长编》卷二六,雍熙二年九月庚戌条,第597页。

④ 《宋史》卷一三《英宗本纪》,第254页。

⑤ 《宋史》卷一六四《职官志四》,第3887页。

⑥ 《续资治通鉴长编》卷一九五,嘉祐六年十月壬辰条,第4727页。

再下诏申明"知宗正寺即管勾本司事,遇祠祭许见官属",并以太庙南旧府司为知宗正寺廨宇①。这是宋代第一次任命皇族成员为宗正寺长官。不过,谨小慎微的赵宗实在不满一年的时间里力辞知宗正寺,暗中还请诸王宫教授周孟阳代笔作文连上十八表②,惶恐退避,甚至屡请缴还告敕,并没有真正就任。史料显示,赵宗实知宗正寺一事,在当时同样遭遇来自皇帝、内廷乃至其他宗室的多方阻力。嘉祐七年(1062)七月,右正言王陶上疏:

> 去岁亲发德音,稽唐故事,择宗子使知宗正寺……中外闻之,咸谓此举设施安稳,不惊人耳目,而天下摇摇之心一旦而定……厥后稍稍寝闻稽缓,四方观听,岂免忧疑!或罪宗实,以为自唐以来判宗正寺者,皆用宗子,求之典故,乃一寻常差遣,何必过为辞让。或者流言云事由官中嫔御、宦官姑息之言,圣意因而微惑。且妇人近幸,不识国家大计,苟务一时感悦陛下,而不知反沮坏美政,暌隔英断,为害甚大也。风闻宗实自有此命以来,夙夜恐惧,闭门不敢见人。昨自二月除服,今半年有余矣。臣恐天下之人,谓陛下始者顺天心人欲而命之,今者听左右姑息之言而疑之,不独百世之后,使人叹惜圣政始卒之不一,亦恐自今远近中外奸雄之人,得以窥伺间隙矣!③

赵宗实平居"不为燕嬉亵慢,服御简素如儒者"④,大概也因此内廷的嫔妃、宦官对赵宗实知宗正寺一事颇多挑拨阻挠。但宋仁宗自己的疑虑不定,应该还是最主要的原因。王陶利用请对的时机,批评嫔妃、宦官"上惑圣听",致使赵宗实畏避不敢任官,宋仁宗却王顾左右,试探性问道:"欲别与一名目,如何?"王陶答对:"此只是一差遣名目,乞与执政大臣议之。"仁宗只是反复强调:"当别与一名目。"事实上,尽管韩琦已提醒知宗正寺除命一旦公布,便不宜中止,但仁宗事后还是反悔了。

---

① 《续资治通鉴长编》卷一九五,嘉祐六年十月丙申条、同月戊戌条,第4729页。

② 《宋史》卷三二二《周孟阳传》,第10447页。

③ 《续资治通鉴长编》卷一九七,嘉祐七年七月丁卯条,第4769~4771页。《宋史》卷三二九《王陶传》,第10610~10611页。

④ 《宋史》卷一三《英宗本纪》,第253页。

初宗实屡乞缴还告勑，上谓韩琦曰："彼既如此，盍姑已乎?"琦曰："此事安可中辍! 愿陛下赐以手札，使知出自圣意，必不敢辞。"比遣使召之，称疾不入。琦与欧阳修等私议曰："宗正之命既出，外人皆知必为皇子矣，不若遂正其名。"修曰："知宗正(事)[寺]告敕付阁门，得以不受。今立为皇子，止用一诏书，事定矣。"①

最终，在韩琦、欧阳修等人的强力坚持下，仁宗才同意赵宗实辞去所授知宗正寺，改立其为皇子，并诏宗室大臣入宫，"谕以立皇子之意"②。皇子之位尘埃落定，但赵宗实的叔伯长辈赵允弼却以位高属尊，毫不掩饰自己的失落与不满，他对韩琦抱怨道："岂有团练使为天子者? 何不立尊行?"③当时，赵宗实仅为岳州团练使，而赵允弼已是节度使兼待中，且担任判大宗正事即大宗正司的最高长官。赵宗实除授知宗正寺一职，固属昭示皇嗣的一则特例，但观察事件前后的各方反应，仍可以看出其职位的敏感。赵宗实之后，知宗正寺这一差遣名位再未除授宗室成员。

待仁宗朝别创大宗正司机构，别用皇族统领宗室事务以后，宗正寺的官属人选遂进一步向异姓开放。元丰六年(1083)以杨畏为宗正丞，诏"宗正寺除长贰外，自今后不专差国姓"④，允许异姓文官担任宗正丞。及至宋徽宗朝，宗正寺长贰也已不再专任宗姓官员，如崇宁三年(1104)，宗正少卿邓佑甫改知应天府⑤；政和元年(1111)，周邦彦也由宗正少卿改知河中府⑥。自此之后，直到南宋末期，宗正寺官员绝大多数都由异姓官充任，张九成、史浩、魏杞、蔡幼学、乔行简、游似、刘克庄、陆秀夫等南宋名臣都曾先后担任宗

---

① 《续资治通鉴长编》卷一九七，嘉祐七年八月丙子条，第4772~4773页。
② 《续资治通鉴长编》卷一九七，嘉祐七年八月辛巳条，第4773页。
③ 朱熹：《三朝名臣言行录》卷一之一《丞相魏国韩忠献王》，收入朱杰人、严佐之、刘永翔主编《朱子全书》，上海古籍出版社、安徽教育出版社2002年版，第12册，第352页。
④ 佚名：《翰苑新书》前集卷二二《宗正寺》，上海古籍出版社1991年影印《四库类书丛刊》本。原注此条资料引自《中兴会要》，《续资治通鉴长编》卷三三九元丰六年九月癸丑条、《文献通考》卷五五《职官考九》等记载均同此。《宋史》卷一六四《职官志四》云："元丰官制行，诏宗正长贰不专用国姓，盖自有大宗正司以统皇族也。"所记略有矛盾，从实际任官情况看，当以前者为是。
⑤ 《宋会要辑稿》选举三三之二三，第4767页。
⑥ 《宋会要辑稿》选举三三之二六，第4768页。

正少卿。至于皇族成员,则有赵子崧、赵子厚、赵汝谈、赵以夫、赵与欢等寥寥数人,在北宋末和南宋时期担任过宗正少卿等官职①。

其二,北宋前期,宗正寺卿、少卿等多系兼职,而别用判寺、知寺等差遣官主持皇族事务。元丰年间厘正官制,始明确宗正寺官的责权,宗正寺长贰阙时,便以宗正丞主持寺事。南渡之初省并中央机构,宗正寺几近有寺无官,至绍兴、隆兴之际寺卿、丞、簿等官才较完整地获得恢复并稳定下来,但南宋一般仅以宗正少卿领寺事。

众所周知,北宋前期官制繁杂丛脞,加上官、职、差遣分离,叠床架屋、名实紊乱的弊端十分突出,正所谓:"台、省、寺、监,官无定员,无专职,悉皆出入分莅庶务。故三省、六曹、二十四司,类以他官主判,虽有正官,非别敕不治本司事,事之所寄,十亡二三。"②这一点也在宗正寺官属设置当中得到充分体现。宋初,宗正寺官员多为他官兼领,或不专司本寺工作③,而以判、同判宗正寺事、知宗正寺事等差遣名目,主管所司事务。判宗正寺事(包括同判)两员,用宗姓两制以上官充任,遇阙则以宗姓朝官以上知宗正丞事,"掌奉宗庙、诸陵荐享之事,司皇族之籍"。主簿一员,用京官充任。宗正丞、主簿最初也用宗姓,通署寺事。其下属官吏主要有:

> (宗)[室]长、斋郎无(掌)[定]数。楷书四人,府吏二人,驱使官九人,庙直官一人,太庙、后庙、宫闱令三人,以入内内侍充。修玉牒官无定员,掌修皇帝玉牒,序宗派,纪族属,岁撰宗室子名以进。典三人,楷书四人。陵台令以京朝官一员知永安县,无令事。又诸陵有副使、都监,以内臣充。④

大中祥符八年(1015)二月,宗正寺发生大火,"有司奉《玉牒》、《属籍》置

---

① 参见李之亮《宋代京朝官通考》,巴蜀书社 2003 年版,第 4 册,第 728～756 页。该书极便检索,但资料引用及考订亦多有可商榷处,如赵仲御文献所载为同知大宗正事,实为大宗正司官员,并非知宗正寺;赵以权应系赵与欢,繁体字权、欢形近而讹。限于篇幅,此处具体不作细辨。

② 《宋史》卷一六一《职官志一》,第 3768 页。

③ 《续资治通鉴长编》卷六,乾德三年七月条记载,经宗正丞赵合奏请,朝廷"始令诸州录参与司法掾同断狱",第 156 页。

④ 《宋会要辑稿》职官二〇之一,第 2821 页。

他舍得免",判寺官并坐责黜。同时,朝廷徙宗正寺至福善坊,择地新建,并规定"自今判寺官不得携家属居之"①。这条材料说明,北宋前期判寺官不仅自身在宗正寺实任办公,且多携带家眷居住其内。新修宗正寺完工后,赐殿名曰"玉牒殿",堂名曰"属籍堂"。同时,朝廷对宗正寺的任官制度也重新做出调整与规范,寺卿之职若阙,便以宗正丞等主持寺务,不再常置知、判等名目。

> (大中祥符九年二月)出度支员外郎、权知宗正寺赵世长知河阳,令太子右赞善大夫赵廓权宗正寺丞。时本寺言:"陵庙行礼官令大宗正卿一员,少卿、丞各二员,主簿一员。时止[兵部侍郎]赵安仁兼卿,世长知寺事。"帝曰:"安仁尝参宰府,与世长列衔非便。"王旦请自今命京官兼主簿,郎中已上兼丞,给舍已下兼少卿,丞郎已上兼卿,以为永制。世长知事数年,忽令兼丞,亦似无谓。王嗣宗尝言(文)[世长父]用成坐赃死,不当使之司宗正,望授外郡,自是若卿阙,即丞以下行寺事,而无知、判之名。②

元丰改制实行新的官制,进一步厘正职事官与差遣官的关系,并明确了官员的职掌。宗正寺官设置变化不大,仍设宗正卿(正四品)、少卿(从五品)、丞(从七品)、主簿(从八品)等各一人,"卿掌叙宗派属籍,以别昭穆而定其亲疏,少卿为之贰,丞参领之"③。元丰六年(1083)九月,诏以监察御史杨畏为宗正丞,寺官渐次向异姓文官开放,不再以同姓为限。玉牒修纂因事体至重,通常由宰臣提举、侍从官兼修,而宗正卿以下寺官都参与修纂。元祐元年(1086)九月,宗正寺上奏:"既许主簿通管寺事,窃恐亦合依太常寺、国子监例止通管杂务,其编纂图书乞依旧例丞纂修。"④它明确宗正丞循例

---

① 《续资治通鉴长编》卷八四,大中祥符八年二月甲寅条,第1916页。

② 《宋会要辑稿》职官二〇之四,第2822页;《续资治通鉴长编》卷八六,大中祥符九年二月戊寅条,第1970~1971页。

③ 《宋史》卷一六四《职官志四》,第3887页。

④ 《宋会要辑稿》职官二〇之五至六,第2823页。关于宗正寺主簿的职责范围,南宋时也曾反复申明。如《宋会要辑稿》职官二〇之一四记载:"(绍兴)三十二年闰二月二十九日,宗正寺簿除不预修纂玉牒外,其余职事相兼管干,更不支破折食钱。"第2821页。不过,也有因阙官而临事权变的时候,同书职官二〇之四二记载:"淳熙元年十一月十一日,诏差宗正寺簿楼锷时暂点检《(宋)〔宗〕藩庆系录》并《真宗皇帝玉牒》,权以检讨为名。以《真宗皇帝玉牒》成书,阙官点检,本寺乞差官时暂通摄,故有是命。"第2841页。

参加皇族谱牒的修纂,但主簿只能通管其它杂务。实际上,北宋时宗正卿、少卿时阙,往往即由宗正丞主持工作,故后者与太常丞、秘书丞被时人并称为"三丞",在中央官僚体系中地位较为引人瞩目。

> (宣和)五年七月十一日,臣僚言:"宗正所以崇奉玉牒。元丰董正治官,虚长贰不除,专以丞听寺事,盖与太常、秘书号为'三丞',其选甚清,自来率用馆阁英俊,以重属籍之寄。比来用人寖轻,颇失本旨。请今后宗正丞依太常、秘书丞选差。"①

南宋以后,宗正卿更不常置。特别在南渡之初,为节约朝廷开支,中央机关和人员配置一切从简。建炎三年(1129)四月十三日,诏太常少卿李易兼宗正少卿,宗正丞、簿同时废罢②,其时名义上虽保留宗正寺官署,但除太常少卿一员兼职外,可谓有寺无官。绍兴三年(1133)六月,复置宗正少卿一人,以尚书右司郎中王珹为宗正少卿③。绍兴五年,又恢复宗正丞一人,宗正寺主簿旋置旋罢。绍兴十二年,朝廷为修玉牒,别创玉牒所。宗正寺下增设属籍、知杂二案,并置吏额六员,即胥长、胥史各一人,胥佐二人,贴书、楷书各二人④。宋孝宗隆兴二年(1164)闰十一月二十七日,"诏宗正寺丞、簿今后并依旧制",自此才算较为完整地恢复宗正寺官署,但通常仅以宗正少卿领寺事。

宋代宗正寺主要负责帝王宗庙、诸陵的荐享祭祀以及修纂、保管皇族属籍等事务。由于宗室婚姻牵涉皇族的体面和错综复杂的利益关系,特别是北宋前期宗室近属聚居京师,宗正寺还须负责重点审查宗室通婚之家的出身等情况,"应皇属议亲,并令具门阀次第,委宗正寺官审覆,须的是衣冠之

---

① 《宋会要辑稿》职官二○之九至一○,第 2825 页。
② 《宋会要辑稿》职官二○之一○,第 2825 页。
③ 李心传:《建炎以来系年要录》卷六六,绍兴三年六月甲寅条,上海古籍出版社 1992 年影印本。
④ 《宋史》卷一六四《职官志四》,第 3887 页。《宋会要辑稿》职官二○之一记载"楷书一人","胥史"作"胥吏",当误,第 2821 页。同书职官二○之一四至一五载:(隆兴元年)八月三日,宗正寺状:依指挥条具并省吏额,见管胥长一,胥史一,胥佐二人,贴书二人,楷书二人,今乞从下减楷书一。"第 2827～2828 页。

后,非阛冗庸贱之伍,富商大贾之门",要求宗室姻亲须是衣冠士族、有官之家,而不能与工商、杂类①或曾犯罪恶之家联姻。

> 天圣七年四月,诏宗正寺:"应官宅皇属男年十八、女年十五,令管勾官宅所申本寺,牒入内内侍省差勾当婚姻人计会本官宅,寻访衣冠士族非工商杂类及曾犯罪恶之家,人材年几相当,即具姓名、乡贯、住止并三代衔回牒本寺,本寺更切审访诣实以闻。候得旨,即送入内内侍省引见。"

> 嘉祐三年五月,诏宗正寺:"自今白身人娶宗室女,须三代有官或父祖(常)[尝]任升朝官而告敕见存者,仍召京朝官委保之。其已在任者,三代虽不尽官,亦听。"②

然而,宋代婚姻"不问阀阅",择财富之家以为婚媾的风气很盛,宗室为经济利益计,自也未能免俗。宋仁宗朝时,"开矾铺进纳授官人李绶男,与故申王宫承俊为亲",申王即赵廷美之子赵德文,名臣包拯对赵承俊的这门亲事极其不满,上疏极论李绶冒渎国亲,"请罢其婚姻,别求德阀"③。特别是神宗朝以后,宗室嫁娶更是无法统一管理,北宋朱彧就曾记载北宋宗室女争嫁京师富家甚至远嫁广州蕃族"夷部"的情况:

> 帝女号公主,婿为驸马都尉,近亲号郡主、县主,而婚俗呼郡马、县马,甚无义理。近世宗女既多,宗正立官媒数十人掌议婚,初不限阀阅。富家多赂宗室求婚,苟求一官,以庇门户,后相引为亲。京师富人如大桶张家,至有三十余县主。

> 元祐间,广州蕃坊刘姓人娶宗女,官至左班殿直。刘死,宗女无子,其家争分财产,遣人挝登闻院鼓。朝廷方悟宗女嫁夷部,因禁止,三代须一代有官,乃得娶宗女。④

---

① 杂类之家谓"舅曾为人奴仆,姑曾为娼,并父祖系化外及见居缘边两属之人","其子孙并不许与皇家祖免以上亲为婚"。参见徐规《宋代妇女的地位》,收入氏著《仰素集》,杭州大学出版社1999年版,第359页。

② 《宋会要辑稿》职官二○之四至五,第2822~2823页。

③ 赵汝愚:《宋朝诸臣奏议》卷三三《上仁宗论李绶冒渎国亲事》,上海古籍出版社1999年版,第326~327页。

④ 朱彧:《萍洲可谈》卷一《富家赂宗室求婚》、卷二《蕃坊人娶宗女》,中华书局2007年点校本,第112、138页。

此外,徽宗崇宁三年(1104),朝廷曾诏令宗正寺长贰提举诸宫学①。宁宗嘉定九年(1216),又以临安宗学隶宗正寺。故宗正寺在宫学、宗学等宗室教育领域也负有一定职掌。但要注意的是,上述如提举诸宫学等只是权宜之策,并非常制,而审查婚姻之家等职掌,后来也逐渐转移至大宗正司系统。综观两宋历史,宗正寺在宗室管理上主要还是主持属籍编修和人口管理等事务,即所谓"掌凡宗室赐名、立名、生亡、嫁娶注籍,纂修三祖(即宋太祖赵匡胤、太宗赵光义和赵廷美三兄弟)下宗藩庆系文字"②,关于这一点,后文还将专门讨论,此处先不赘述。

第二节　大宗正司

大宗正司始创于宋仁宗景祐三年(1036),此后一直到南宋灭亡为止,成为两宋时期最主要的宗室管理机构。为更好地认识大宗正司机关的职掌与地位,有必要先来考察其设立前后宋代宗室日常管理的变化。当然,具体的管理状况,不能仅就制度的记载来论,因为实际的运作过程与静态的制度规范之间,往往会存在一定差距。

北宋前期宗室人口不夥,但他们几乎都是皇帝的近属,动辄出入宫禁,遇事掣肘,管理起来殊为不易。当时,宗正寺作为皇族管理机构,所属官吏员数十分有限,且主持者又都是同姓外官,无亲属之威望尊崇,职权范围只能囿于皇族人口与属籍编修等方面,没有太多精力和太大权力来处理皇族内部事务。那么,北宋前期宗室的具体管理情况究竟如何呢?各典章制度对此缺乏详细系统的记载,不过参考诸史,仍可以察知其大致情况。

唐代亲王府官规模较大,尤其东宫官比附中央机构,官属十分庞大,俨

---

① 《翰苑新书》前集卷二二《宗正寺》。
② 《宋会要辑稿》职官二〇之一,第2821页。

如小朝廷,成为陵轹皇权的隐患。北宋亲王府名义上也沿用旧制,有亲王府傅、长史、司马、谘议参军、友、记室参军、翊善、侍读、侍讲、教授等,但"傅及长史、司马,有其官而未尝除"①,其它僚属也往往不备置,无定员,有的只是作为迁转官阶,不任实职。因此,无论从规模人数还是从政治影响来看,宋之亲王府官与唐时已不可同日而语。北宋初期,通理王府常务的则是亲王诸宫司,"总诸王宫出纳之事"②,其长官为亲王诸宫司使,以诸司使充任,若阙官则置都大管勾及都监,皆由内侍担任。

亲王府之外,针对一般宗室,则另有专门的管勾使臣任其事务。宋真宗朝初期,曾差遣文臣担任管勾南宫、北宅使。所谓南宫、北宅,其实是按三祖后裔的身份差异而作出的划分,南宫宗室是宋太祖、太宗后裔,北宅宗室是赵廷美的后裔。大中祥符二年(1009),供奉官赵承庆等两赴朝参不及,管勾南宫、北宅事赵湘等奏请按问勾当使臣③。次年,左屯卫将军赵允言非理捶笞女仆,其兄赵允升上前劝诲,赵允言不仅不听,反而出言不逊,有失孝悌之道,真宗察知此事后,"命管勾南宫、北宅事赵湘按其罪……责授允言太子左卫率府副率,绝其朝谒"④。大中祥符七年(1014),为应付日益庞杂的宗室事务,宋廷在开封宣德西道北又专门成立新的机构,即都大管勾南宫、北宅所。景祐二年(1035),宋仁宗以宗室各宫院散处,皇族燕集不便,"诏即玉清昭应宫旧地建宫,合十位居住,赐名睦亲宅"⑤,南宫子孙随后陆续迁入新修的睦亲宅集中居住,次年南宫吴王院(即赵德昭房)徙至睦亲宅后,都大管勾南宫、北宅所止称管勾北宅所,以诸司使、副二人管勾⑥。庆历七年(1047)九月,北宅又更为广亲宅,当时宋仁宗"以秦王子孙众多,而所居隘狭,乃命修王钦若故第增益之"⑦。南宫、北宅更名后,宗室

① 《宋史》卷一六二《职官志二》,第 3826 页。
② 《宋会要辑稿》职官七之三七,第 2553 页。
③ 《续资治通鉴长编》卷七二,大中祥符二年九月甲寅条,第 1632 页。
④ 《续资治通鉴长编》卷七三,大中祥符三年四月辛亥条,第 1662 页。
⑤ 《续资治通鉴长编》卷一一七,景祐二年九月己酉条,第 2757～2758 页。
⑥ 《宋会要辑稿》职官七之三七,第 2553 页。
⑦ 《续资治通鉴长编》卷一六一,庆历七年九月癸巳条,第 3887 页。

机构也相应地更为管勾睦亲、广亲宅。此外，针对公主、郡主、县主等，又有专门的管勾公主宅和提举郡县主公事所。天圣四年（1026），陈王赵元份女、华原县主为门客郑谏求补斋郎，真宗不许，同时下诏入内内侍省提举郡县主诸院公事所①。

管勾宗室宫宅、提举郡县主公事所等，一律都用宦官主事。于是，"宗室举动，皆为管勾内臣所拘制"②。大中祥符九年（1016）四月，朝廷以宗支渐广，日常开支不断增加，对婚聘财礼作出限制，遂责成入内内侍省厘定"群臣与诸宫院婚聘财物之数"③。前述皇族嫁娶议婚之事，也是先由入内内侍省差遣勾当婚姻人考察合适的对象，然后回牒宗正寺，待获旨批准后，最后仍通过入内内侍省引见④。嘉祐六年（1061），仁宗长女兖国公主出嫁李用和之子李玮，因管勾公主宅宦官梁怀吉、张承照等挑唆离间，加上公主恃宠骄纵，导致夫妇失和，仁宗一度斥梁、张二人于外，但以公主左右求情，不久即将他们召回本宅，反而出李玮于外州⑤。一时间物议喧腾，监察御史傅尧俞、知谏院司马光等人连章上疏，批评"主婿无过而被谴，隶臣有罪而得还"，反对仁宗召还前管勾兖国公主宅内臣⑥。公主家事孰是孰非姑且不论，这件事其实反映出管勾、提举等内侍在宗室日常生活中的重要性，也呈现出当时宗室管理的另一个面相。北宋前期，皇族凡有陈请或遇事辄呈报皇帝取旨裁断，但上传下达、内外沟通之间，实赖管勾使臣、入内内侍省等宦官群体。管勾宫宅使、提举公事所内臣，他们既是宗室日常生活的管理者和繁琐事务的承担者，同时也是皇帝俯察甚至监控宗室的中间介质，常年周旋于皇帝与宗室之间，管勾内臣对皇族事务有着举足轻重的影响。然而，以"隶臣"来拘制皇族，毕竟有碍宗室尊严，正史"职官志"等对宋代管勾内侍几乎未见

---

① 《续资治通鉴长编》卷一〇四，天圣四年五月辛丑条，第2408页。

② 《宋会要辑稿》职官二〇之一八，第2829页。

③ 《续资治通鉴长编》卷八六，大中祥符九年四月辛丑条，第1983页。

④ 《宋会要辑稿》职官二〇之四，第2822页。

⑤ 《宋史》卷三四一《傅尧俞传》，第10881页。

⑥ 《宋朝诸臣奏议》卷三三《上仁宗论召还兖国公主宅内臣》、《上仁宗论主婿无过被谴隶臣有罪得还》，第323～324页。

任何记载,其地位之尴尬可以想见。加上宦官们有时恃宠跋扈,趁机弄权,也容易激起外臣的非议①。因此,如何建立一套更透明、更规范、更有效的宗室管理制度,就成为迫切的需求。自宋仁宗朝创设大宗正司机构,再经过英宗、神宗两朝的不断调整,至熙宁三年(1070)五月,管勾睦亲、广亲宅以及提举郡县主宅所等终于废罢②,原有各项职能全部归大宗正司统筹负责。

自赵宋开国至宋仁宗亲政,经过六七十年的发展,宗室人口繁衍日盛。景祐三年(1036),因为参加乾元节宴会的宗室人员过多,参预安排的阁门不得不上奏请示道:“宗室自大将军至率府副率,预朝参者百四十余人。乾元节锡庆院宴席不能容,请大将军领刺史以上乃得预坐。”③人口增长的压力使宗室事务日益繁剧,皇帝无法再如先前那样,通过宦官的上传下达,做到事必躬察亲裁,又何况随着世系绵延,渐渐出现了关系较远的宗属,迫切需要加强宗室内部的自我管理。景祐三年(1036)七月,朝廷初创大宗正司,以皇兄宁江节度使、濮王赵允让知大宗正事,皇侄彰化军节度观察留后赵守节同知大宗正事。当时诸王子孙众多,又聚居于开封睦亲宅中,所以在太宗、太祖世系下各择一人为知、同知宗正事,“司训导,纠违失,凡宗族之政令,皆关掌奏,事毋得专达,先详视可否以闻”④。值得注意的是,大宗正司创立时间正好在睦亲宅修成以及太祖、太宗子孙乔迁新宅之后,首任知大宗正事赵允让是太宗之孙,同知大宗正事赵守节是太祖曾孙;而几乎与此同时,都大管勾南宫、北宅所改为管勾北宅所,后者不再管理原来南宫子孙事宜,只须负责主管赵廷美位下子孙。即便在大宗正司管辖范围全面覆盖睦亲宅、广亲宅等所有宗室后,知宗人选始终都在太祖、太宗子孙中轮替,北宋神宗朝以后,则集中在太宗一派特别是濮王(即英宗生父赵允让)子孙,时人即称:“本朝置大宗正(寺)[司]治宗室,濮邸最亲,嗣王最贵,于属籍最尊,世世知

---

① 《续资治通鉴长编》卷一九二,嘉祐五年十月庚申条记载:“时台谏官皆言主第内臣数多,且有不自谨者,上不欲深究其罪,但贬逐之,因省员更制。”第4646页。

② 《续资治通鉴长编》卷二一一,熙宁三年五月丁未条载:“废管勾睦亲、广亲宅并提举郡县主宅所,归大宗正司,从知宗正丞张稚圭请也。”第5131页。

③ 《续资治通鉴长编》卷一一八,景祐三年四月丙辰条,第2782页。

④ 《续资治通鉴长编》卷一一九,景祐三年七月乙未条,第2796页。

大宗正事。自宗晟迄宗汉,皆安懿王子,兄弟相继,宗字行尽死,诸孙仲字行复嗣爵判宗正(寺)[司]。"① 及至南宋孝宗入继大统,皇位重新转移至太祖血脉,大宗正司长官也倾向选用赵匡胤的后裔②。制度与人事安排的背后,透露出三祖下子孙地位轻重并不相同。

有别于宗正寺任用外官,大宗正司机构是在宗室之内选择属近行尊、德隆贤能者充当知宗,位高属尊者称判,如至和二年(1055)以知大宗正事赵允让为判大宗正事,同知大宗正事赵允弼为同判大宗正事③;嘉祐五年(1060)以安国公赵从古(太祖曾孙)有贤行,权同判大宗正事④。大宗正司以宗室属近行尊者为主管,有助于表励同族,强化对皇族的训导监督,也符合以皇族为宗正的历史传统,因此新机构很快获得内外认同和广泛支持,其管辖权力也迅速扩张。庆历四年(1044)二月,大宗正司"请自今后皇族凡有违慢过失,并从本司取勘施行"⑤。英宗即位后,非常重视宗室子弟的教育训导,除了增置诸宫教授外,更要求本位尊长"常加率励",使各房子弟不致懈惰,"若不率教,其令尊属同以名白大宗正司;教授不职,大宗正司察举以闻",实际上责成大宗正司切实监控宗子教育的过程。英宗还以宗室数倍于前,大宗正司事务日益繁剧,增置同知大宗正事一员,选赵允升子赵宗惠(太宗曾孙)领其职⑥。熙宁三年(1070)二月,神宗诏大宗正司置丞二员,选用庶姓文臣充任,初命都官员外郎张稚圭为知大宗正丞事,光禄寺丞李德刍同知大宗正丞事,于芳林园即治平元年拓建的睦亲、广亲北宅⑦所在地置治所。起初,神宗皇帝对用异姓为大宗正丞还犹豫不决,王安石"言前代宗正固有用

---

① 朱彧:《萍洲可谈》卷一《宗正寺敦宗院》,第 111 页。

② 有关大宗正司官员委任的具体人员,可参见李之亮《宋朝京朝官通考》,第 4 册,第 783 ~ 812 页。

③ 《续资治通鉴长编》卷一八〇,至和二年六月甲午条,第 4352 页。

④ 《续资治通鉴长编》卷一九二,嘉祐五年十二月壬申条,第 4653 页。按:仁宗称赵从古有贤行,盖指睦亲宅大火时,赵从古曾保救祖宗神御等事。

⑤ 《宋会要辑稿》职官二〇之一六,第 2828 页。

⑥ 《续资治通鉴长编》卷二〇二,治平元年六月丁未条,第 4890 页。

⑦ 杨仲良:《续资治通鉴长编纪事本末》卷五六《教养宗室》,台湾文海出版社 1967 年影印光绪十九年(1893)广雅书局本。

庶姓者,乃录春秋时公族大夫事",神宗仍以"无前代故事"为辞,王安石又劝道:"圣人创法,未必尽循前代所已行者。"①于是,神宗才决意用异姓任丞。皇族知宗与庶姓文臣互相参用,当然更加契合宋代内外相制、权力平衡的治国理念,另外神宗应该也有通过人事安排来更顺利地推进改革、裁减宗室恩数的用意。大宗正司原来"止领宗室事,宗室女中人主之,内外仆使隶管勾所",后知宗赵宗惠"请悉罢去,总于宗正"②,随后知宗正丞张稚圭又请罢去管勾诸宅内臣,于是熙宁三年废管勾睦亲、广亲宅并提举郡县主宅所,相关事宜并令大宗正司"依例一面管勾"③。熙宁宗室制度改革后,袒免以外亲始用外官法,但诏令宗室换官及外居者,依旧归大宗正司管勾。

大宗正司是北宋在宗正寺之外独立创设的宗室管理机构④。神宗朝改革官制,元丰五年(1082)明确规定大宗正司不隶中央六曹,即不统属于尚书六部及九寺五监等执行机关系统,其丞属听中书省取旨,除授归枢密院⑤。大宗正司与三司六部既"非相统摄",取会事务往来也都行用"公牒"这种平行文书,而不用统属关系中的"申状"⑥。明清宗人府独立于中央六部之外,地位特崇,追本溯源,其制度实已滥觞于赵宋。元丰改制后的大宗正司仍置知及同知官各一人,选宗室团练使、观察使以上有德望者充任;丞二人,以文臣升朝官以上充任。其属官原有记室一人,典笺奏;讲书、教授十二人,分位讲授,兼领小学之事。设丞之后,减省记室、讲授人员,而增给实禄。分案

① 王益之:《历代职源撮要》(不分卷),《丛书集成续编》本,台湾新文丰出版公司1986年版,第53册,第554页。知宗正丞设置一事,各史记载略有差异,可相互参证。黄以周等辑注:《续资治通鉴长编拾补》卷七,熙宁三年二月丙寅条,中华书局2004年点校本,第306页;《宋史》卷一六四《职官志四》,第3888页;《续资治通鉴长编》卷二二〇,熙宁四年二月壬戌条记载了同知大宗正丞李德刍言事,第5342页;王应麟:《玉海》卷一三〇,文渊阁《四库全书》本。

② 《续资治通鉴长编》卷二〇二,治平元年六月丙午条,第4891页。

③ 《宋会要辑稿》职官二〇之一八,第2829页。

④ 《宋史》卷一六四《职官志四》中将"大宗正司"附于"宗正寺"后,第3887～3890页。有学者据此认为宋代于宗正寺内设大宗正司统领皇族,实误。参见徐连达、朱子彦《中国皇帝制度》,广东教育出版社1996年版,第484页。

⑤ 《续资治通鉴长编》卷三三一,元丰五年十一月乙未条,第7976页。

⑥ 《宋会要辑稿》职官二〇之二〇,第2830页。有关宋代官府间"相统摄"、"非相统摄"两种关系下的文书制度不同,可参见平田茂树《由书仪所见宋代的政治构造》,收入邓小南、曹家齐、平田茂树主编《文书·政令·信息沟通:以唐宋时期为主》,北京大学出版社2012年版,第183～207页。

五,置吏十一人①。元祐年间,诏令宗室不许规避大宗正司越级申诉,并责令知宗检举宗室入学情况。绍圣年间,又令大宗正司验实宗室祖免外两世孤遗贫乏者,且规定"宗室若妇女自外还京",须通报宗司机构。徽宗政和三年(1113),诏以知大宗正事赵仲忽(太宗玄孙)提举宗子学事②。

北宋灭亡后,开封大宗正司也被迫跟随南渡大军奔波转徙。建炎初,宋高宗南奔之前,先敦促开封宗室徙于江淮,于是大宗正司迁至江宁府(江苏南京)③,部分南班宗室近属则徙至洪州(江西南昌)④。建炎三年(1129)扬州大溃败,长江沿线岌岌可危,宋高宗逃窜杭州,知大宗正事赵仲综请自江宁府移司虔州(江西赣州)⑤,其后又用知大宗正丞洪子阳的建议,计划将洪州南班宗室等都跟随转移至虔州大宗正司⑥。但当时金军渡江穷追,高宗被迫亡命海上。与此同时,建炎四年初,隆祐太后一行先避难到虔州,结果扈卫军士与地方乡民相争不断,军队作乱劫掠,导致虔州乡兵首领陈新率众数万围城,而扈从大将、主管侍卫步军司公事杨惟忠等人却坐视其乱,束手无策,邻近官军竟也无人救援,乱世之中官军百姓人心离散由此可见一斑。

> (建炎四年正月)乙卯,虔州从卫诸军作乱。初,隆祐皇太后既至虔州,府库所有皆尽。卫军打请,惟得沙钱及折二钱,市买诸物不售。军士与乡民相争,乡民以枪刺军士,有伤者,奔入所屯景德寺,被甲持仗保所居,百姓亦持器仗保坊巷。有虔化县民沈立率乡兵三百人,与城中相犄角,其将司全令甲军出于寺后,转杀乡兵。由是乡兵与将兵及百姓争门而出,军士遂纵火肆掠。虔多竹屋,烟焰亘天,不可向迩。太后以礼部尚书曾楙为抚谕使,楙迁延不行。
>
> 癸未,虔州乡兵首领陈新率众数万围虔州。隆祐皇太后震恐,赦其

---

① 《宋会要辑稿》职官二〇之一七,第 2829 页。

② 《宋史》卷一六四《职官志四》,第 3888 ~ 3889 页。

③ 李心传:《建炎以来朝野杂记》甲集卷一《大宗正司两外宗废置》,中华书局 2000 年点校本,第 58 页。

④ 《宋会要辑稿》职官二〇之二一,第 2831 页。

⑤ 《建炎以来系年要录》卷二二,建炎三年四月辛酉条。

⑥ 《建炎以来系年要录》卷二五,建炎三年七月己卯条。

罪，不听。权知三省枢密院滕康、刘珏，主管侍卫步军司公事杨惟忠，皆坐视其乱而弗能禁。先是惟忠之将胡友既叛去，犯临江军，统制官杨琪与战不胜，城遂陷。至是友以其众复犯虔州，与新战于城下，破之，新乃去。统制官张忠彦时在吉州，闻难不顾。①

在这种危急混乱的局面下，为了避金军压境和虔州内乱，大宗正司官员临时改变主意，奏请皇帝批准后继续南迁至更加安全的广州。

> 大宗正行司言："近被旨虔州置司，切虑到彼，官司无凭应副，道路迢远，难以旋行申请。候到吉州，或体访得虔州若有瘴气，或有盗贼逼近，欲乞临时择稳便州府，逐急迁移前去，其宗室并官吏等请给，令本路转运司并本州应副，有旨并依。先据知虔州守倅亲来报虏骑已至万安县，州民惊扰，势相逼胁，虑有不测，本司已往广州置司讫，其宗室并本司官吏等请给、屋宇等，令本路转运司并所至州府并令应副施行。"从之。②

然而，由于宗司机构和随行南班宗子唯坐食其禄，且容易招致金军追击，从而带来更大的政治风险，地方官员对此显然并不欢迎，广州"沮辱皇族，不支请给"的事屡见不鲜，甚至还发生过故意杀害皇族的骚乱事件。

> （建炎四年三月）右文殿修撰、广东转运副使赵亿言："本路地瘠民贫，仓廪皆竭，乞宗室自遥郡刺史以上，俸给、人从并减半。"从之。时大宗正司避敌，自虔州移广州，故亿以为请。绍兴八年四月庚申，臣僚上言："新知袁州江少虞为广州通判，会大宗正言以南班宗室避盗迁于岭外，少虞身为倅贰，为见敌兵渡江，附会运副叶宗谔，沮辱皇族，不支请给。乃反鼓唱广人兴起保甲，白昼操戈谋害宗属，一日杀宗司亲事官四人，尸填通衢。一城惊皇，几至生变。赖钤辖范寥喻以逆顺，罢归保甲，始得无事。"③

---

① 《建炎以来系年要录》卷三一，建炎四年正月丁卯、癸未条。
② 《宋会要辑稿》职官二〇之二二，第2831页。
③ 《建炎以来系年要录》卷三二，建炎四年三月丁卯条。

尽管如此，于内忧外患之中，大宗正司还是在广州勉强维持下来。当时庐州(安徽合肥)有宗子冒称兴德军承宣使、知南外宗正事、都大制置使，为地方官所揭发，诏该宗子除名，即送广州大宗正司拘管①。金军从江南撤兵后，高宗先是驻跸绍兴，不久返回临安，由于大宗正司远在广州，行在随行宗子无官管辖，因此权置行在宗正司，差赵仲湜(太宗玄孙)权行主管，并不辟置官属。

(绍兴二年)正月十四日，尚书省言："大宗正司在京日止系一司，差近上宗室主判。昨因巡幸，权移广州置司。续降指挥，以行在宗室无官管辖，权置宗正司，差官一员权主管。缘一司案牍并在广州，其宗子等陈乞请受、补官、恩泽、婚嫁等事行移取会，往复留滞。及有不遵条法赌博、私酝、搔扰官司宗子，合要近上宗室充正官弹压。兼广州见管南班宗室并系近属，理合移赴行在。"诏仲湜除兼判大宗正事，士㒥除同知，仍令仲湜将带濮安懿王园庙官属等，士㒥并见管宗室官属等并赴行在。②

可见，行在宗正司与广州大宗正司南北相隔遥远，在管理上带来极大不便。此外，按照"祖宗家法"，南班近属也合住行在，这样才能序班朝参，起到壮大朝廷的作用。于是，诏令大宗正司自广州徙至行在临安，濮安懿王神主及广州宗室一并迁移③。为安置大宗正司机构和北归的南班宗室，临安府紧急改造同文馆及明庆寺廊屋，新宫落成后，仍旧名为睦亲宅，作为行在宗室近属聚居之所④。但因为事出仓促，临安居处余地有限，绍兴三年(1133)，又新设绍兴府大宗正司，分寓南渡宗室。其后，以临安大宗正司南班宗室人数太少，遂就近从绍兴府大宗正司南班宗室内选择"循中规矩、别无疾病可以趁朝参之人"，补充临安阙员。绍兴三十一年，王十朋除绍兴府

---

① 《建炎以来系年要录》卷三九，建炎四年十一月壬寅条。

② 《宋会要辑稿》职官二○之二三，第2832页。

③ 《建炎以来系年要录》卷六二，绍兴三年正月庚午条。

④ 《宋会要辑稿》职官二○之二三，第2832页。当时营造之为难，可参见王明清《挥麈录》前录卷之三，上海书店出版社2001年版，第22页。

大宗正丞,陆游曾赋诗两首相赠,其中说道:"忽报分司去,还寻入幕初。宗藩虽旧识,莫遣得亲疏。"①孝宗时,宰相虞允文曾论及蜀中滞留宗室较多,但阙大宗正司统管,其时绍兴南班宗子不过二三员,孝宗遂拟移绍兴府大宗正司至成都。但这一计划没有真正实行,乾道七年(1171)十月十六日,"诏绍兴府大宗正行司可并归行在大宗正司,其见任并已差下官属并依省罢法"②,绍兴府大宗正司废罢合并到京师大宗正司。至于川蜀等地方宗室,"既无亲贤领之,但每州以行尊者一员检察钱米请受,由是往往蹈于非彝而不可训焉"③。

具体到官属设置上,南宋大宗正司与北宋中后期基本相仿,用位高属尊者为判大宗正事,知及同知官同旧制,大宗正丞仍以文臣充任,但偶或兼用皇族为丞。南宋初期,大宗正司长官多选自人数已很少的南班近属,往往不得其人,"无以表率,更事刻削,宗室皆患之"④,无法很好地应付南渡之后的复杂局面。因此,有时也会打破常规,从宗室文臣中临时拔擢贤能强干的子弟,风励皇族。淳熙初,大宗正司阙官,即特召江西转运判官赵不惎担任知大宗正事。不过,赵不惎任知宗前,仍须先由文转武,改任右监门卫大将军、忠州防御使。此前,右朝请大夫赵令畤主管行在大宗正司,大臣以赵令畤读书能文,元祐间又获得过苏轼的首肯力荐,似不必强求转为武官,但最终高宗仍坚持改易赵令畤为环卫官⑤。对这种拘于陈规、不知变通的做法,朱熹就曾批评道:

> 赵表之(即赵令衿)生做文官,才到封王,封安定郡王。便用换武。岂文官不可封王,而须武官耶? 又今宗正须以宗室武官为之,文官也只做得。世间一样愚人,便以此等制度为百王不可易之法!⑥

---

① 陆游:《陆游集》卷一《送王龟龄著作赴会稽大宗丞》,中华书局 1976 年版,第 1 册,第 13 页。

② 《宋会要辑稿》职官二〇之三二,第 2836 页。

③ 《建炎以来朝野杂记》甲集卷一《大宗正司两外宗废置》,第 58～59 页。

④ 《建炎以来朝野杂记》甲集卷一二《知大宗正事》,第 136～137 页。

⑤ 《建炎以来系年要录》卷五三,绍兴二年四月乙未条。

⑥ 《朱子语类》卷一二八《本朝二》,第 2774 页。

　　大宗正司机构设立之后,承担起宗室事务管理的主要职责。朝廷也屡次严申宗室有事不能擅自越过大宗正司,入内向皇帝面请诉求等。庆历七年(1047)正月,知大宗正事赵允让奏请"自今宗室辄有面祈恩泽者,罚一月俸,仍停朝谒"①,得到仁宗允可。神宗以后,祖免以外宗室允许担任外官和在外居住,于是宗室有违法之事,便想方设法规避大宗正司处置,试图通过在外宗室或母、宗妇、乳母等宫廷关系直接投递御前表状,或者经执政及其他在京关系四处陈请,希冀三省、枢密院等官员出面说情。各种各样的越诉托请严重扰乱了宗室的管理秩序,因此朝廷于元祐四年(1089)再下诏明令宗室"越本司诉者罪之"②。类似约束有利于减少宗戚滥请,防止他们利用皇族身份不断干扰朝政法纲。这也反映出宗室管理制度日趋完善,不再如北宋前期那样过度仰赖最高统治者的临事裁断。

　　大宗正司是宋代最重要的直接管理宗室的机构,有关其具体职掌,史料多见记载。《宋史·职官志四》称其"掌纠合族属而训之以德行、道艺,受其词讼而纠正其愆违,有罪则先劾以闻;法例不能决者,同上殿取裁。若宫邸官因事出入,日书于籍,季终类奏。岁录存亡之数报宗正寺。凡宗室服属远近之数及其赏罚规式,皆总之","凡南班宗室磨勘、迁转、袭封、请给,覆其当否;嫁娶房奁、分析财产,酌厚薄多寡而订其议。凡宗室除合该赐名外,皆大宗正定名而后报宗正寺。其余迁授官资、支给钱米,考覆以诏予夺。其不率教者以法拘之,岁久知悔,则除其过名"。熙宁年间废罢管勾睦亲、广亲宅以及提举郡县主宅所等宦官把持的机构,此后宗室男女婚姻及日常杂务,也由大宗正司实施统一管理。哲宗以后,又令大宗正司掌赈济"祖免外两世孤遗贫乏者",负责向宗正寺关报宗室事迹以备修纂图牒等。另据《宋会要辑稿》所载,宋徽宗宣和四年(1122)大宗正司曾

---

　　① 《续资治通鉴长编》卷一六〇,庆历七年正月甲申条,第3860页;卷一二九,康定元年十月戊子条,第3051页。
　　② 《宋史》卷一六四《职官志四》,第3888页;《续资治通鉴长编》卷四二七,元祐四年五月癸巳条,第10334页。

仿照尚书省六部规制,分设士、户、仪、兵、刑、工六案办公,其中士案系掌行南班宗室磨勘、转官、袭封及缌麻、袒免亲嫁娶房卧钱,宗室赐名授官,宗女夫乞官,郡县主奏荐遗表恩泽,宗室乞岳庙、差遣、换官、降生立名等事务;户案系掌行南班宗室请受,非袒免亲以下亲降生、分割财产,嫁娶房卧钱并宗室出磨添破,陈乞孤遗钱米并核实诸路孤遗钱米等事;仪案系掌行宗室朝参,主奉祠事,陈乞入道为尼,及太庙五飨三献奏告等行事差官,并宗室听讲、量试、赠官,南班差药院等事务;兵案系掌行宗室差亲事官、兵士、省马等事务;刑案系掌行宗室陈乞叙官、除落过名、作过犯罪拘管锁闭、年满放免等事务;工案系掌行宗室外住修造、本司应杂事务等。① 大宗正司六案的新置,盖与崇宁、政和以来徽宗标榜继承熙丰新法,在官制上多加更张有关。尽管数年之后就遭遇"靖康之难",这些举措也就随之废罢,但从中仍能窥知大宗正司确实已事无巨细地渗透到宗室管理过程的各个层面,其管辖范围和权限远远超过了宗正寺。进入南宋,大宗正司依然行使着宗室管理的主要任务,当时曾有士大夫将其权职范围归纳为"谨生始以防其伪,重婚族以厚其别,时衣廪以恤其困,隆道谊以明其教,严宪罚以禁其恶"②等。

综上所述,宋代大宗正司职掌可以概括为以下五个主要方面:第一,表率宗室,纠合族属,日书、季奏、岁录其日常出入以为监督;第二,制定皇属内赏罚法令规式,审理违犯宗室,加以训诫惩处;第三,兼管宗室教育,劝勉宗室向学并廉察教授官③;第四,负责宗室赐名授官、磨勘迁转、袭封赠官等任官事宜④;第五,办理宗室陈乞请给、发放嫁娶房奁、赈恤孤遗贫乏、分析财产等各项经济事务。

---

① 《宋会要辑稿》职官二〇之二〇至二一,第2830~2831页。

② 程珌:《洺水集》卷八《行在重建大宗正司记》,收入《全宋文》,上海辞书出版社、安徽教育出版社2006年版,第298册,第72页。

③ 《宋大诏令集》卷一九四《增宗学官仍令尊长率励诏》:"其子弟不率教约,俾教授官本位尊长具名申大宗正司,量行诫责,教授官不职,不能勉励,大宗正司察访以闻。"

④ 《续资治通鉴长编》卷三二七,元丰五年六月辛亥条记载诏令曰:"自今宗室防御使转观察使以上,听大宗正司磨勘,历任保明,奏降中书取旨。"第7864页。

第三节 外宗正司

　　外宗正司在宋代创设时间较晚,始置于北宋徽宗朝崇宁元年(1102)①,由于是在西京河南府(河南洛阳)和南京应天府(河南商丘)两地同时设立,故又分别称作西外宗正司和南外宗正司。南宋以后,"国家宗支日盛,散处郡国。而温陵、长乐犹循南、西二京之旧,各有司存"②,温陵、长乐即福建泉州、福州的别称,两地循袭北宋两京旧制,仍称南外、西外宗正司。

　　清代官修《历代职官表》认为宋代外宗正司乃承袭汉晋宗师之职而设立③。按宗师之职废置不常,最早见于西汉平帝元始五年(5),其时王莽摄政,在郡国设置宗师,纠察各地刘氏宗亲④。西晋沿袭,其主要执掌为训导观察,纠举非违,目的为监察宗室,但宗师并不载入《职官志》,没有任何属官,而且宗师监察权力有限,诸多宗室问题最终仍然要移交在京宗正处理⑤。唐武德(618～626)初,诸州各设宗师一人,试图管理散在地方州县的皇族成员,但不久便省罢。北宋徽宗朝上距唐初几近500年,期间未见恢复宗师官职的记录,喜欢引证典章故事的宋人在论及相关制度时,亦从未谈到外宗正司和宗师之间有任何的承续关系。实际上,宋代外宗正司是一个专门管理外居宗室的常设机构,既有知外宗正事,也有丞、簿等属

---

　　①　关于两外宗正司的初设时间,《宋史·职官志四》、《文献通考·职官考九》均系于崇宁三年,然《宋史》卷一九《徽宗本纪一》明确记载,崇宁元年十一月癸巳,"置西、南两京宗正司及敦宗院",第365页。考王益之《历代职源撮要》(不分卷)、《宋会要辑稿》职官二〇之三三以及《玉海》卷一三〇等典籍,也都系于崇宁元年。《宋史·职官志四》与《文献通考》的记载应该有误。

　　②　楼钥:《攻媿集》卷三五《赵不蓬知西外宗正事》,《丛书集成初编》本,上海商务印书馆1935年版,第488页。

　　③　永瑢等:《历代职官表》卷一,光绪二十二年(1896)广雅书局校勘本。

　　④　《汉书》卷一二《平帝本纪》,第358页。

　　⑤　周一良先生对魏晋南北朝时期宗师曾有专门考证,参见氏著《魏晋南北朝史札记》,中华书局1985年版,第330页。

官,所掌也不局限于监察地方宗室,"凡外住宗室事不干州县者",一律归外宗正司受理①。就设官任责而言,外宗正司与原来大宗正司管辖聚居京师的宗室诸务更相类似,关涉经济、法律、教育等方方面面,只不过由于外宗正司管辖对象主要是无官宗室疏属,故其经济赡养方面的职能较之大宗正司要更加凸显。因此,与其将宋代创立的外宗正司远溯汉晋,牵强比附于并不常置的宗师之职,不如说它是宋代大宗正司的一个延伸机构或派生机构。

北宋前期太祖、太宗以及秦王赵廷美位下所有子孙,一律要求聚族居住在开封宫宅之内,不得任意迁徙。其后,英宗、神宗、徽宗诸子即各世亲王又增设若干独立大宫宅,仍聚皇族近属于京师。李心传谓:

> 东都故事,宗室子皆筑大室聚居之。太祖、太宗九王后曰睦亲,秦王(按即赵廷美)后曰广亲,英宗二王曰亲贤,神宗五王曰棣华,徽宗诸王曰蕃衍。②

神宗时改革宗室政策,始允许皇族疏属出宫居外,效职州县,但实际上宗室担任外官要经过相当时间才逐渐形成规模,加上长期以来宗室过度依赖财政赡养,极少选择居住外地州县,因此宗室主要还是散布在京畿附近。五服以内的近属更是仍旧集中在开封,法令还规定"宗室缌麻以上者禁析居"③。延及徽宗一朝,即便从全国范围来看,也算是宋代户口臻于峰值的时期。吴松弟认为,大观三年(1109),全国总户数达20882258,至北宋末年总人口则已近1.3亿人④。与此相应,开封人口也在这个时候达到最大值。吴涛推测崇宁年间开封人口约140万⑤,周宝珠则估算北宋开封最盛时总人口当在150万左右⑥。关于徽宗朝的宗室人口,文献上没有留下确凿的

---

① 《宋会要辑稿》职官二○之三四,第2837页。
② 《建炎以来朝野杂记》甲集卷二《睦亲宅》,第78页。
③ 《宋史》卷一七《哲宗本纪一》,第334页。
④ 吴松弟:《中国人口史》第三卷"辽宋金元时期",复旦大学出版社2000年版,第352页。
⑤ 吴涛:《北宋都城东京》,河南人民出版社1984年版,第37页。
⑥ 周宝珠:《宋代东京研究》,河南大学出版社1992年版,第320~325页。

统计数值,但彼时皇族长期在京师养尊处优,其繁衍速度自当超过庶姓之家,如徽宗即生有 31 子,赵构只是其第九子①。笔者曾统计《宋史·宗室世系表》,以男性子孙为限,其中三祖下第一世仅 23 人,至徽宗一代即第五世有 3459 人,至钦宗、高宗一代即第六世已有 6023 人②,第六世较第五世竟接近翻了一番③,两世合计近万人。另据史籍所载,政和四年(1114)开封诸宫宅小学生合计已近 1000 人④,按照徽宗朝的规定,宗子 10 岁以上始入小学,20 岁以上则入大学,可见当时 10 岁至 20 岁之间的宗子人数已近千。因此,我们大致可以推测,自 960 年以来经过近一个半世纪的快速增长,至徽宗一朝,宗室子孙再加上宗女、宗妇等等,其全部人口或已逾万。

皇族人口遍布都下,加上禁军、百官以及工商业人口等等,开封的承受能力已逼近极限,城区"溢出"城墙⑤或者说城市空间的扩大⑥,毕竟也不可能无限制地发展。何况,随着人口的繁衍增长,睦亲、广亲、亲贤、棣华等各宫宅大第也难以继续容纳全部人员,而宗室居住一旦突破集中封闭的宫宅体系,必然又会给管理带来无尽的挑战。如何因应宗室人口膨胀和经济分化、居处扩散及监管不便等一系列的现实问题,是徽宗和朝廷大臣们亟须解决的难题。

于是,在崇宁元年(1102)十一月十二日,徽宗及宰臣、提举讲议司蔡京等往复讨论后,决定将五服以外两世等宗室疏属集中迁往西京河南府、南京应天府等近辅之地⑦。为加强管理,两京正式创置西外、南外宗正司,每司

---

① 《宋史》卷二三三《宗室世系表十九》,第 7729 页。
② 有关两宋宗室各世系人口统计情况,详见本书第二章第三节。
③ 明代徐光启就总结过:"生人之率大抵三十年而增加一倍,自非有大兵革,则不得减。"有学者对此提出质疑,认为三十年翻一番之说不具普遍性,但也承认较符合宗室这样的特殊群体的增长规律。参见王瑞平《论中国古代宗室人口增长的特殊性——兼评徐光启"生人之率"三十年翻一番的理论》,载《中州学刊》2000 年第 4 期。
④ 《宋会要辑稿》崇儒一之三,第 2164 页。
⑤ 包伟民:《宋代城市研究》,中华书局 2014 年版,第 71 ~ 85 页。
⑥ 〔日〕久保田和男:《宋代开封研究》,第 102 ~ 110 页。
⑦ 崇宁初的宗室改革,是当时政治改革的一部分。关于宋徽宗与蔡京政治改革的整体研究,可参考 Emperor Huizong and Late Northern Song China: the Politics of Culture and the Culture of Politics, edited by Patricia Buckley Ebrey and Maggie Bickford Emperor, Published by the Harvard University Asia Center, 2006, pp. 31 ~ 77。

各于宗室成员中选择一人为知宗，并"于本州通判职官内选二人"兼领丞、簿，协助管理。"凡外住宗室事不干州县者"，都统一划归外宗正司受理。故李心传称："蔡京为政，因即河南、应天置西、南二敦宗院，设宗官主之。"①《宋会要辑稿》对蔡京的奏议有较为完整的记录，生动地反映出当时宗室的实际状况以及管理制度的变革情由，不妨将主要内容逐录于下：

一、（祖）[衵]免外两世贫无官者，既不赐官，又不量试，故熙宁诏书惟赐田土，此服属既尽而恩有不可已者也。今宗室未食禄者，与夫宗女未嫁者甚众，世数既远，禄不可及，乞依熙宁诏书赐田。其田并于两京近辅沿流州军取应未卖官田物业拨充。每州府各置宗室官庄，转差文武官各一员与逐州通判同行管干，逐县仰县兼管，仍差指使二员。所收钱物并付系省仓库收贮，每岁量入为出，常于三分内桩留一分，以待水旱。约服属远近，每月量支俸料，宗女量给嫁资。仍立定则（列）[例]，量支婚嫁、丧葬之费。其逐州自今后应有没官田产物业更不出卖，并拨入官庄，其管干官并指使并增俸料。若能擘画增衍，量立赏典。或致亏欠，亦立罚格。仍先于京西北路拨田一万顷，并从本司立法行下。

一、宗室旧来在官有出入之限，有不许外交之禁，宫门有机察之义令。今属外居，仅遍都下，积日滋久，殆不能容。出入无禁，交游不节，往往冒法犯禁。其贫不能给者甚于齐民，无资产以仰事俯育，无室庐以庇风雨。若不居之两京，散之近郡，立关防机察之令，或一有非意犯法，则势有不可已者。今请非祖免亲以下两世除北京外，欲分于西京、南京近辅或沿流便近居止，各随州郡大小创置屋宇，仍先自西京为始。每处置敦宗院，差文臣一员、武臣一员管干，参酌在京官院法禁可施行者颁下。应无父母兄弟见任将军副使以上官者，许令前去。若有父母兄弟而愿去，或无而不愿者，听从便。依外官赴任立法，量破舟船接人。仍乞先下（太）[大]宗正司取索愿出外宗室职位及家属数目，行下西京并本路转运司，踏逐系官舍屋。如无官舍，即择宽广去市井稍远去处，相

---

① 《建炎以来朝野杂记》甲集卷一《大宗正司两外宗废置》，第58页。

度修盖,约人数计口给屋,量数先次盖造。

一、宗室今既许分两京辅郡,乞于两京置外宗正司,当择宗室之贤者管干,逐处各置一人。仍自朝廷于本州通判职官内选差二人,兼领丞、簿,以主其事。凡外住宗室事不干州县者,外宗正司受理,干涉外人即送所属推治。其宗正司官吏受乞财物,凡有违犯,并依外官法。其一宗约束及人从、俸给,并从本司参酌立法行下。

一、今虽置学立师,为量试之法,然所学未广,遽使出长入治,必未能守法奉令,而至瘝官废职。伏请依熙宁文武官试出官法,再试经义,中选者许令出官。若再试不中者,止许在官院使食其禄。其试法从本司参定。①

蔡京的这份奏议主要针对当时的宗室难题和管理困境,提出了一套系统性的解决办法,具体又分四条应对举措:一是设置宗室官庄,为无官宗室提供经济保障,宗室官庄设管勾官、指使若干,量入为出应付宗室每月俸料,并量支婚嫁、丧葬等专项费用;二是创置敦宗院,安置五服外无官宗室疏属,各地官员根据迁入人数盖造屋宇,解决贫困宗室安居问题。敦宗院仿照睦亲宅等聚居大第,每处亦设文、武臣各一员管勾伺察;三是西京、南京创设两外宗正司机构,以宗室贤者主管,同时参用各州通判兼领丞、簿,全面负责两地宗室事务;四是规范宗子量试出官之法,使德才兼备者能够任官自立,减少财政负担,其余宗室则仍由官方赡养于宫院之中。

此后,宋廷便按部就班地启动开封宗室的外迁计划,并建立起一套外居宗室疏属管理制度。近年洛阳发掘的富弼家族墓地整理出土了富弼之侄富绍荣(1065~1124)的墓志,志文称述富绍荣的生平事迹,其中写道:"堂除管勾西外宗室财用……未几,复除南外宗室财用,视其权与监司等。崇宁之初,上亲睦九族,分置敦宗,两院遴选官属,尤难其人。公以才荐被选擢,其措置条具,纤悉必备,以为成法,盖自公始也。"②这段志文主要是为表彰富

---

① 《宋会要辑稿》职官二〇之三四,第2837页。
② 洛阳市第二文物工作队编:《富弼家族墓地》,中州古籍出版社2009年版,第63~64页。

绍荣担任管勾西外、南外宗室财用时的重要贡献,但它也证实了一个事实,即崇宁初年两京敦宗院宫宅和两外宗正司等官署机构均已迅速地设置起来。至崇宁三年(1104)九月,据南京留守司奏报,当时迁徙过去的南外宗室已有325人,参照外宗正司法令,"宗室许于公使库寄造酒"。与此同时,朝廷又下诏:"诸州县宗室官庄租课,如人户愿计价纳当月中等实价者听。"①可见,无论宗室官庄,还是敦宗院和外宗正司等,崇宁元年的朝廷决议很快都一一落实。

不过,徽宗朝快速启动的宗室改革也并非毫无争议。一方面,开封宗室迁徙西京、南京过程中,其强制搬迁激起了部分皇族成员的抵制;另一方面,大量无官宗室骤然转移至两京,仓促之际管理未善,给地方治理和经济生活都造成极大的困扰。

　　[崇宁]五年正月十七日,诏:"两京近置敦宗院,所以亲睦宗族,爱养孤幼,法意甚善。有司督趣,不取情愿,致亲戚暌离,感伤和气。可看详元法宽舒立文。如只愿居(宗)[京]师,即不得抑勒发遣。令提举(而)[西]、南京外宗正司取责两敦宗院有无愿居京师之人,如有,即仰依条支破盘缠人般发遣上京。所属官司抑勒者,以违制论。今后依此。"

　　[大观]三年三月二十三日,诏曰:"比置院于别都,增学于宫邸,廪其无禄而教养其未命者,累年于兹。宗子之在别都,或轻犯法,吏弗能禁,民以为扰。师儒之官殆相倍蓰而就学者寡,官冗而事烦,宜有裁适以法永久。应两京敦宗院并官吏并罢,(左)[在]院宗室令所属限两月依官序差人般给驿券,津置赴阙,无官者依监当官例。其官庄财用并令常平司拘收封桩,舍屋并拨充公宇。应两京宗室到阙,许就睦亲、广亲宅并傍近舍屋居止,每员所占依自来条例。应宗学并博士、正录员数及南班官、无官宗室及第出身等推恩条格,令编修《圣政(禄)[录]》,所限十日,重加详定以闻。"②

---

① 《宋会要辑稿》职官二〇之三四至三五,第2837～2838页。
② 《宋会要辑稿》职官二〇之三五,第2838页。

另外,两京外宗正司知宗以宗室贤者充任,而不像开封大宗正司长官任用皇族尊属弹压,因此知宗莅官之初似乎也遇到宗室内部的一些阻挠行为。

> 崇宁初,分置敦宗院于三京,以居疏冗,选宗子之贤者莅治。院中或有尊行,治之者颇以为难。令郐初除南京敦宗院,入对,上问所以治宗子之略,对曰:"长于臣者以国法治之,幼于臣者以家法治之。"上称善,进职而遣之。①

针对可能来自宗室内部的故意刁难,赵令郐提出以国法、家法分治长幼的思路,固然显示其管理的智慧,但徽宗的担忧还是反映出皇族治理是一个烫手山芋。由于遭到多方面的压力,大观三年(1109),两外宗正司和敦宗院等一度废罢,相关宗室竟又回迁东京开封,允许他们在睦亲宅、广亲宅及附近地带居住,西京、南京所置宗室官庄和敦宗院宅第依法充公。政和二年(1112)七月,又下诏依崇宁法,重新恢复两京敦宗院和宗室官庄等。

> 政和二年七月八日,诏曰:"国家承平日久,宗族蕃衍盛大。服属既远,禄爵有所不及,而贫乏至或不能自存。昨诏有司分食两京,为立廪稍之格,申以庠序之教,朕心庶几焉。日者,有司将升等者削其令,给禄赐者裁其数。千钱石粟,试而后给。丁忧事故,阻格不与。废敦宗,罢学校,流寓荤毂,无室庐以居,失敦叙之意甚矣。应宗室并依大观三年四月以前处分,其敦宗院屋宇,可下所属,速令缮葺。岁收田租支外有余,婚嫁丧葬月给量与增数。丁忧事故,不得住给。"

同年八月十六日,知西外宗正事赵士㻛上奏:"乞应祖免亲宗女无祖父母、父母、夫殁无子孙、本官无期亲以上食禄者,许入敦宗院居住,身分料钱外,与量支钱米。至再嫁,比附非祖免亲宗女再嫁钱数支给。已上并支宗室财用。"可见,外宗正司机构也已恢复设置,敦宗院入住人员除崇宁法规定的"非祖免亲以下两世"无官宗室疏属之外,政和法还允许祖免亲宗女"无祖父母、父母、夫殁无子孙、本官无期亲以上食禄者"就养其中。此后,西外、南

---

① 朱彧:《萍洲可谈》卷一《宗正寺敦宗院》,第111页。

外徙居宗室规模日渐扩大。政和四年(1114),南外宗正司奏报已修葺敦宗院房屋共 1427 间,分作 16 宫院。朝廷赐诏:"知南京外宗正事、管勾宗室财用及博士等各特转官,宗正丞、管勾敦宗院各减三年磨勘。"其后,外宗正司约束两京宗室不许擅自前往东京,若确系省亲、参部、赴试等事,也要等待发给公据后才能动身离开,到开封后只能在所省亲处或本支宫宅等处居止,"如沿路违程不赴注籍,非时出入而不经申判者,即望遣还外司"。与此同时,为安抚搬迁过去的宗室,朝廷又不断提高其经济待遇,"廪给之厚,颇踰祖免亲",以至于宗室"合厘务人坐享厚禄,不复注授",由此给王朝的财政负担埋下无穷的隐患。宣和二年(1120),南外宗室官庄有田 44000 顷,敦宗院房廊 23600 余间,但还是"日患不给"[1],已无法满足当地宗室无止境的需求。当时西外宗室的每年食米量高达 30000 硕[2],都由上供米纲内拣发白粳米拨给。根据两外宗子"每一口月给米一硕、钱二贯"[3]的规定,30000 硕米可供养 2500 人。若按照宋代成年壮丁"日食二升(米)"[4]的较高标准,30000 硕米实际足够 4000 余成丁一年饱食所需。北宋末年两外宗司无官宗室分食之众、俸料之厚以及中央和地方财政负担之重,由此可见一斑。

前文已述,在开封宗室中,太祖、太宗后裔聚居睦亲宅,赵廷美后裔聚居广亲宅,各支界限分明。至于西外、南外宗正司所居宗室,两地是否也有具体的区分,史籍缺乏明确记载,崇宁法也只是说迁徙者主要是祖免亲外两世无官宗室疏属。后来,朱熹(1130~1200)与其弟子曾论及此事,朱熹特别指出:

> 徽宗以宗室众多,京师不能容,故令秦王位下子孙出居西京,谓之

---

① 《宋会要辑稿》职官二〇之三六,第 2838 页。

② 《宋会要辑稿》职官四二之四五,第 3257 页。

③ 《宋会要辑稿》职官二〇之三八,第 2839 页。

④ 杨联陞先生曾提及唐宋廪给之制大抵以"日给二升"为率,但未详细展开论证,参见氏著《汉代丁口、廪给、米粟、大小石之制》,载《国学季刊》7 卷 1 号,1950 年 7 月。又,赵汝愚谓:"吾曹盛壮时,日食二升米饭,几不满欲。"此处二升还是指米饭而言。参见马端临《文献通考》卷二二三《经籍考五十》之《食治通说》跋,中华书局 1986 年影印本,第 1798 页。又,陶宗仪等编《说郛》卷七三《赵清献公座右铭》记赵抃名言:"良田万顷,日食二升。"宛委山堂本,第 2 页。

西外,太祖位下子孙出居南京,谓之南外。及靖康之乱,遭金人杀戮掳掠之余,能渡江自全者,高宗亦遣州郡收拾。于是,皆分置福、泉二州,依旧分太祖、秦王位下而居之也。居于京师者皆太宗以下子孙。太宗子孙是时世次未远,皆有缌麻服,故皆处于京师。而太宗以下又自分两等,濮园者尤亲。盖濮邸比那又争两从也。濮园之亲所谓"南班宗室"是也,近年如赵不流之属皆是南班,其恩礼又优。故濮园位下女事人者,其夫皆有官。①

根据朱熹的说法,北宋徽宗朝徙居南京应天府的主要是太祖位下无官疏属,徙居西京河南府的主要是赵廷美位下无官疏属,而太宗位下子孙因为与皇帝关系最近,都还在五服范围以内,所以他们仍旧集中聚居于东京开封,并未迁徙分居。北宋晚期的这一宗室居住格局,也导致他们在"靖康之难"中不尽相同的命运。开封沦陷后,濮王(即英宗生父赵允让)位下子孙位高属尊,其遭遇打击也最大,少数幸存者一度随大宗正司一支南遁广州等地。需要指出的是,尽管迁徙两京的主要是太祖和赵廷美位下疏属,但北宋两外宗正司却都用太宗子孙担任知宗,如政和年间复置外宗正司,担任知西外宗正事的赵士㻫即是太宗五世孙,其他如赵仲忽②、赵仲湜③以及曾任知南外宗正事的赵仲芘④等都是太宗玄孙、徽宗皇叔。

赵构即位后,两外宗正司率领部分宗室,同样经历了一段仓皇南渡的逃亡岁月。先是,两司徙至江淮之间的扬州、泰州、高邮等地分居,方便供养避敌。后迫于形势危急,朝廷自顾不暇,只得放任两司"从便迁徙州郡,就请钱粮"。南外宗正司一支渡江途经镇江等地,于建炎三年(1129)年底自雇海船运载宗室,经海路移司泉州⑤。绍兴元年(1131)九月,嗣濮王赵仲湜奏裁

① 《朱子语类》卷一一一《论财》,第 2450 页。
② 慕容彦逢:《摛文堂集》卷四《皇叔黔州观察使知西京外宗正事仲忽可观察留后制》,文渊阁《四库全书》本。
③ 《宋史》卷二四五《赵仲湜传》,第 8714 页。
④ 洪迈:《夷坚志》之乙志卷二《赵士珧》,中华书局 1981 年点校本,第 202 页。
⑤ 《建炎以来朝野杂记》甲集卷一《大宗正司两外宗废置》,第 58 页。《宋会要辑稿》职官二○之三七,第 2839 页。

减南外宗正司官吏,较详细地讨论了外宗正司官属、吏员人数,其谓:

> 南外宗正司见在泉州置司,即今见受宗子一百二十二人,宗女一百二十六人,宗妇七十八人,所生母一十三人。官属:知宗令廛;主受财用(言)[官]韩协、陆机先,财用司指使贺琮、孙康,主受财用官并指使乞并罢;主受敦宗院官等邵圹、李泳只乞存留一员,敦宗院指使智修靖兼监亲睦库,敦宗院监门官王德,一员见阙,只乞差一员兼检察宗子钱米,余一员减罢;兼监亲睦库系财用司指使,已罢。人吏:宗正司六人,财用司四人,敦宗院二人,亲睦库子二人。只乞留书吏一名,副书吏一名,贴司一名,财用司人吏并罢,敦宗院留手分一名,亲睦库子留一名。①

与北宋时期相比,此次南外宗正司除裁减胥吏之外,在设官方面主要减少主管敦宗院和监门官各一人,同时省罢了原来为宗室官庄设立的主管财用官和财用司指使,所有宗室及宗司官吏请给,完全依赖泉州地方政府。与此同时,西外宗正司管辖"宗子九十五人,宗女四十九人,宗妇三十人,所生母二人",人数不多,赵仲湜等官僚甚至主张干脆将其并入南外宗正司,西外宗司官吏全部罢去,以节省财用开支。当时南外宗正司所领宗子、宗女、宗妇等共349人,每年费钱6万缗;西外宗正司所领共176人,岁费约3万缗。朝廷考虑两司一旦合并,合计人口达500余人,岁费缗钱9万②,泉州在钱粮供给上既捉襟见肘,城市空间一时也无法稳妥解决全部人口的居住问题,因此没有采纳这个建议,只是要求西外参照南外适当裁减官吏。于是,西外宗正司一支几经辗转,于绍兴三年(1133)正月移司福州,知宗正司事廨舍初寓太平寺,其余属官也只能征占寺庙为官署③。

从此,南外宗正司在泉州、西外宗正司在福州就逐渐稳定下来,"其纠合、检防、训饬如大宗正司",主要官属设置与职能范围大体类似徽宗时期,

---

① 《宋会要辑稿》职官二〇之三七,第2839页。

② 《建炎以来朝野杂记》甲集卷一《大宗正司两外宗废置》,第58页。按:李心传统计南外人口349人,而《宋会要辑稿》所载绍兴元年数据宗子女妇等合计为339人,略有出入,未知是李心传统计错误,还是《宋会要辑稿》传抄有误。

③ 梁克家:《淳熙三山志》卷七《西外宗正司》,《宋元方志丛刊》本,中华书局1990年版。

有所裁减的地方则参用绍兴初年的制度。泉州、福州两外宗正司各设长官知宗一人，遴选宗室环卫官担当；丞一人，由所在州通判兼领；主簿一人，系所在州签判兼任；主管敦宗院一人，差文臣担任；宗学教授一人，以课艺宗室。绍兴二十六年(1156)七月，从知西外宗正事赵士衎所请，以两外宗司距离较近，管束训导事体相同，允许西外、南外宗正司官每年往来一次，共同商议两地宗室管理事宜①。如果两司知宗阙员，令大宗正司选择保明而后授任②。绍兴三十一年，高宗以泉、福两外知宗在任年久，且无以表率，令大宗正司选择保明宗室二员替任，又以南班宗室(环卫武官)不过十余人，选择余地有限，因此不得不听从朝臣建议，破例选用"文臣宗室之廉正者"担任知宗，以左朝散大夫赵士衦知西外宗正事，直敷文阁、主管台州崇道观赵子游知南外宗正事③。自此之后，外宗正司长官遂多选任文臣宗室充当。但是，南宋两外宗正司知宗一般仍主要擢选自太祖、太宗子孙，赵廷美子孙仍不多见。以《淳熙三山志》所载为例，自绍兴三年至淳熙六年(1179)共47年间，南宋西外宗正司先后任用知宗12人，其中太宗一系7人，太宗五世孙赵士樽在绍兴年间甚至两次担任知宗职务，太祖一系4人，而赵廷美一系仅见其六世孙赵公廪1人④。又，《乾隆泉州府志》载录南宋知南外宗正司事共42人，其中太宗后裔26人，太祖后裔11人，赵廷美后裔5人⑤。

众所周知，南宋临安城市空间逼仄局促，京师南班近属人数也始终很少，许多时候只有寥寥数人，甚至经常不能满足朝参序班、礼赞祭祀等仪式性需要，影响十分有限，两外宗正司所在的泉州和福州反而成为最主要的宗室聚居地，尤其是南外泉州一地，至南宋理宗绍定(1228～1233)末年，南外

---

① 《宋会要辑稿》职官二〇之四〇，第2840页。

② 《宋史》卷一六四《职官志四》，第3889页。

③ 《建炎以来系年要录》卷一八八，绍兴三十一年二月甲子条；《宋会要辑稿》职官二〇之三〇至三一，第2835～2836页。《宋史》卷二四四《宗室传一》则载赵令廧之子赵子游："官至湖北提刑，用户部侍郎王俣荐，加直秘阁。会建宁节度使士㲄知南外宗正司，以事去官，言者请择宗室文臣之廉正者代之，遂以命子游。西、南外宗官用文臣，自子游始。"第8682～8683页。

④ 《淳熙三山志》卷二五《西外宗正司官》。

⑤ 怀荫布、黄任、郭赓武：《乾隆泉州府志》卷二六《文职官上·南外宗正司》，《中国地方志集成》本，上海书店2000年影印本。

宗正司宗子人数竟高达 2300 余人,地方财政每年支出超过 14 万缗①。这种情况显然有别于北宋时期,京师宗室管理的中心地位逐渐被泉州等重要区域超越。隆兴元年(1163)之后,从大宗正司之议,凡犯罪宗子不必先押解临安大宗正司处置,逢双月直接送往西外福州,单月则直接送往南外泉州②。由此可见,南宋时期两外宗正司在宗室管理过程中的地位和影响应该超过北宋晚期。

最后还要说明的是,为了应对宗室逐渐散居的现实问题,宋廷还曾计划在地方州县多设敦宗院,方便散落宗室聚居其中。崇宁初北京大名府(今属河北邯郸)敦宗院设置情况不详,比较明确的是,大观二年(1108)八月保州正式设立敦宗院③,专门安置“保州宗室”无官贫乏者 30 余人,其六房内每房各择二人授予三班奉职④。两宋之际保州敦宗院一度消息阻隔,至绍兴元年(1131)渡江避难者数十人,有官者四人而已⑤。所谓“保州宗室”指赵匡胤祖父赵敬的子孙,实系赵弘殷(赵匡胤父)兄弟的旁系血亲,不同于赵弘殷以下直系子孙,而且其人数也很有限,因此保州并没有相应地建立起外宗正司机构。南渡之际,幸存宗室仓皇逃窜,其人口很快散布全国各地。绍兴三年,诸州宗室各委行尊者一人,专门负责检察月俸钱米⑥。绍兴十三年(1142)九月,高宗曾下令诸路设置敦宗院⑦,显然希望能够将两外宗正司的集中管理模式推广至全国各地,从而解决地方宗室经济困难等一系列问题。然而,这一政策似乎并未真正落实,南宋史料所见主要只有两外敦宗院。直到后来因为避光宗(名惇)名讳,泉州、福州敦宗院遂又改称“睦宗院”⑧,也

---

① 刘克庄:《后村先生大全集》卷一六八《西山真文忠公行状》,四川大学出版社 2008 年点校本,第 4282 页。

② 《宋会要辑稿》职官二〇之四〇,第 2840 页。

③ 陈均:《皇朝编年纲目备要》卷二七,中华书局 2006 年点校本,第 696 页。

④ 《宋会要辑稿》职官二〇之三五,第 2838 页。

⑤ 《建炎以来朝野杂记》甲集卷一《保州宗室》,第 57 页。

⑥ 《建炎以来系年要录》卷六七,绍兴三年八月辛亥条。

⑦ 《宋史》卷三〇《高宗本纪七》,第 559 页。

⑧ 王益之:《历代职源撮要》(不分卷),《丛书集成续编》本,台湾新文丰出版公司 1986 年版,第 53 册,第 572 页。

称"厚宗院"。至于那些散居其他各地的大多数宗室,犯法入罪一般仍须移交宗司机构,无官贫困宗子或无依无助宗女的经济救助,则委托地方宗室尊长一员负责核实身份,检察孤遗钱米请受等事务。除此之外,各地宗室远属的训导监察等事,则因为缺乏如两外宗正司这样的专门管理机构,官权力对他们也是心有余而力不足,实际上只能顺其自然、放任自流了。

第二章　谱牒与人口

宋代是中国家族制度演变的一大转型时期,高达观早就从经济、政治、法律基础等多个层面分析指出:"近代中国的家族制度则是从宋代起。"①谱牒编修是家族制度的重要内容。魏晋南北朝时期,因门阀士族地位尊崇,士庶界限分明,门第观念极强,故各类官、私谱牒十分流行,以此来维持士族的声望不衰与地位不坠,包括谋求门当户对的婚姻关系。隋唐以降,随着九品中正制的废除和科举制度的兴起,原来的门第身份观念日趋式微。唐太宗曾痛批当时官修《氏族志》拘泥旧俗,"不解人间何为贵之",决意"以今日冠冕为等级高下"②,皇族和功臣之家遂能凭借权力与富贵凌驾于门阀旧族之上。再经五代入宋,谱牒之学则经历了一个由衰而兴、重新振起的起伏过程。郑樵(1104~1162)称:

> 自隋、唐而上,官有簿状,家有谱系,官之选举必由于簿状,家之婚姻必由于谱系。历代并有图谱局,置郎、令史以掌之,仍用博古通今之儒知撰谱事。凡百官族姓之有家状者则上之,官为考定详实,藏于秘阁,副在左户。若私书有滥,则纠之以官籍;官籍不及,则稽之以私书。此近古之制,以绳天下,使贵有常尊,贱有等威者也。所以人尚谱系之学,家藏谱系之书。自五季以来,取士不问家世,婚姻不问阀阅,故其书

---

①　高达观:《中国家族社会之演变》,《民国丛书》第三编,上海书店 1991 年影印正中书局 1946 年版,第 13 册,第 71~80 页。

②　参见陈寅恪《唐代政治史述论稿》,上海古籍出版社 1997 年版,第 76 页。

散佚而其学不传。①

面对五代以来谱牒之学渐废的尴尬现状，北宋时便不断有人提出反思和批判，如谓："宗子法废，后世谱牒，尚有遗风。谱牒又废，人家不知来处，无百年之家，骨肉无统，虽至亲，恩亦薄。"②不仅如此，一些儒家士大夫还积极回应社会变迁和现实需要，开始修纂新的家族谱牒以为示范，欧阳修、苏洵就分别编修过《欧阳氏谱图》和《苏氏族谱》，记录世系绵延，苏洵还宣称："是不可使独吾二人为之，将天下举不可无也。"③此后，宋代谱牒修纂陆续增多，以亲睦同姓、敬宗收族为宗旨，呈现出与过去标榜门第迥然相异的新特点。可见，宋代谱牒之学在社会转型冲击下并未真正中绝，维系门阀士族的旧谱学衰绝了，维系一般家族制度的新谱学又逐渐兴盛起来④。据学者最新统计，目前存世中国家谱总数达 47000 余种⑤，存世族谱虽绝大多数都是明清以后赓续递修，但它们的编纂理念和书法体例，其实仍然深受宋代规范的影响。⑥

宗室群体身份特殊，皇权政治决定了其谱牒之学与一般庶姓家族有较大的不同。除记录世系、敬宗收族等基本功能外，宋代的宗室谱牒会更加凸显标识名分、分别源派、区划亲等、防止伪冒等致用功能，以此来展示皇帝之家的独尊地位，同时确保不同支派世系的皇族成员能够依法享有经济、政治、法律等各项特权。正因为如此，宋代责成官方机构专门负责皇族谱牒的

① 郑樵：《通志二十略·氏族略·氏族序》，中华书局 1995 年点校本，第 1 页。
② 程颢、程颐：《二程遗书》卷一五《伊川先生语一·入关语录》，上海古籍出版社 2000 年版，第 209 页。
③ 苏洵著，曾枣庄、金成礼笺注：《嘉祐集笺注》卷一四《谱·谱例》，上海古籍出版社 1993 年版，第 372 页。
④ 徐扬杰：《宋明家族制度史论》，中华书局 1995 年版，第 23~24 页。
⑤ 王鹤鸣：《中国家谱的数量》，收入缪其浩主编《新技术背景下的图书馆》，上海科学技术文献出版社 2009 年版，第 292~294 页。
⑥ 有学者强调指出："宋元族谱学之启例，宗法之创新，实奠明清两代斯学之基础。以族谱言：明代而后，取欧、苏体例，采正史义法，范围扩大，义例加严。凡属一族之大事，无所不载。用之于史，可补正史之阙；用之于世，可收移风易俗之效；诚为吾国近世文化之一奇葩。至今作族谱者，未能脱此范畴。详见盛清沂《试论宋元族谱学与新宗法之创立》，收入联合报基金会文献馆编印《第二届亚洲族谱学术研讨会会议纪录》，台湾联经出版事业公司 1985 年版，第 97~159 页。

编纂,并建立起一整套严密的规范制度,其重要者更须由宰相提举编修。通过完善的连名呈报与谱牒编修制度,王朝能够随时掌握宗室各世系的人口、生卒、官爵、婚姻等动态变化。

值得珍惜的是,宋代官修皇族谱牒还有手抄原本残卷流传至今,主要是南宋手抄残本《仙源类谱》和《宗藩庆系录》两种,现都庋藏北京中国国家图书馆。王德毅研究指出,罗振玉(1866～1940)撰《宋玉牒写本残叶跋》已提到清内阁大库中存有宋玉牒残本,后移存于学部图书馆,罗氏题跋又援引了曾亲眼目睹之缪荃孙(1844～1919)所记:

> 一曰仙源类谱,前署少保右丞相、提举编修玉牒、提举修四朝国史、提举修四朝会要、提举详定三司敕令、卫国公食邑八千五百户、食实封三千七百户史浩奉敕编修,款凡二行(原注:敕字以下提行),存太祖位下第六世二卷,第七世五卷;太宗位下第六世六卷,第七世十五卷,又零叶一册,不知卷数。二曰宗藩庆系录,存太祖位下第六世一卷,第七世二卷;太宗位下第六世一卷,第七世八卷;魏王位下不叙世数一卷,第六世四卷,第七世五卷。①

众所周知,缪荃孙是著名的藏书家、校勘家和目录学家,清末成立京师图书馆,调取清廷内阁大库等图书充实基本馆藏,缪荃孙即为首任监督。缪荃孙、罗振玉二人是较早注意到南宋官修皇族谱牒存世残卷的学者。1928年,京师图书馆更名为国立北平图书馆,1933年所编馆藏《善本书目》也著录了上述南宋残卷目录,后来罗香林在研究中国族谱问题时,便据此书目充实了唐宋元族谱撰写与留存等相关信息②。另外,元人在编修《宋史·宗室世系表》过程中,也主要参考利用了赵宋皇族谱牒的原始资料。因此,综合各方面的文献史料,我们能够了解宋代宗室行辈联名制度、谱牒修纂制度等基本情况,丰富对宗室事务管理的认识,并揭示宋代不同于唐代的新特点。

---

① 转引自王德毅《宋代的日历和玉牒之研究》,收入宋史座谈会编《宋史研究集》第17辑,台北编译馆1988年,第117页。

② 罗香林:《中国族谱研究》,香港中国学社1971年版,第53～54页。

此外,依据相关资料,还可以进一步考察和估测两宋三祖下宗室人口数量的大致变化,这也有助于我们更好地理解宗室人口激增下的宋代财政压力及相应政策的改革调整。

第一节　行辈联名制度

明清以后流传下来的大量族谱材料显示,同一家族内部男性取名通常都采用两个字,各世系上下之间存在行辈联名的习惯约束。所谓行辈联名,是指一个人名字中的首字为家族内共同约定的排行字派,另一个字才属个人性的,即完整的姓名由"姓 + 行辈字派 + 个人名"构成。这对于避免重名泛滥、明辨昭穆远近显然有其积极作用。中国家族中的行辈联名制度最早起源于何时? 这是一个仍然存在争议的问题。有人以为先秦已先发其端,但无法提供确凿的证据。先秦所谓"伯仲叔季"不过是兄弟长幼之间的排序,所谓"父子联名"①则主要关涉到早期姓氏制度的形成,两者都明显异于同一代人共享同一字派的后世惯习。也有学者说汉代已经确立行辈联名制度,认为当时"每一地每一姓都有自己的字辈谱,每一个男性都有自己的字辈"②。这一说法恐怕也难免夸张之嫌。众所周知,汉魏间中国人多用单名,如刘邦、萧何、韩信、王莽、刘秀、曹操、刘备、诸葛亮、周瑜、孙权等等莫不如此,既然是单名,行辈联名问题自然无从谈起。如刘梁、刘桢为汉末三国之际的重要作家,同属刘姓宗室后裔,然而史籍对两人关系的记载十分淆乱,《后汉书》称梁、桢为祖孙,《三国志·魏书》本传却谓二人是父子关系,由于没有联名字派可资参考,迄今仍难

---

① 关于春秋时期"孙以王父字为氏"等广义的汉族父子联名问题,可参见杨希枚《联名与姓氏制度的研究》,载"中研院"历史语言研究所集刊第 28 本下,1957 年 5 月,第 717 ~ 724 页。实际上,父子联名制度,在后世中国少数民族如契丹族内仍然长期存在,参见刘浦江《契丹名、字初释——文化人类学视野下的父子连名制》,载《文史》2005 年第 3 辑。

② 欧阳宗书:《从字辈谱透视中国传统文化的内涵》,收入中国谱牒学研究会编《谱牒学研究》第 1 辑,书目文献出版社 1989 年版,第 37 页。

以论定①。再往后考察《新唐书·宗室世系表》，同样没有发现一贯的行辈排序，许多宗室甚至仍采用单名，足见李唐皇族层面仍未建立行辈联名制度。家族行辈联名制度的真正确立应该就是在宋代。赵匡胤兄弟已共用"匡"为同一字辈②，及其兵变夺国，昆仲连名遂递相承袭，北宋期间虽有反复，但最终赵宋宗室内部率先完善了行辈联名制度，并通过谱牒体例与法律规范等明确下来。这种宗室制度一旦确立下来之后，风气所及，又逐渐被其他庶姓家族所效仿，对后来的明清家族社会产生持续的影响。清乾隆九年（1744），皇帝特赐孔府三十个字作为行辈联名，规定孔氏家族要严格遵照"希言公彦承"等字序取名，否则一律不准修入家谱③。可见行辈联名制度在后世的重要意义。

两宋宗室取名都有统一的行辈联名约束，并不限于五服以内的皇亲近属。关于这一点，最直接有力的证据即来自《宋史·宗室世系表》，该表详细记录了三祖下凡十三世宗室子孙之名。其前言称：

> 《周官》宗伯掌三族之别以辨亲疏，于是叙昭穆而礼法之隆杀行焉。此世系之所以不可不谨也。后世封建而宗法坏，帝王之裔，至或杂于民伍，沦为皂隶，甚可叹也。宋太祖、太宗、魏王之子孙可谓蕃衍盛大矣，支子而下，各以一字别其昭穆，而宗正所掌，有牒、有籍、有录、有图、有谱，以叙其系，而第其服属之远近，列其男女婚（因）[姻]及官爵叙迁，而著其功罪生死岁月，虽封国之制不可以复古，而宗法之严，恩礼制厚，亦可概见。④

这段文字很明确地指出，宋太祖、太宗、赵廷美等三兄弟以下宗室子孙，"各以一字别其昭穆"，以保证世系绵延后仍然易于辨识彼此之间的身份关

---

① 杜贵晨：《刘梁、刘桢故里及世系、行辈试说》，载《岱宗学刊》2002 年第 3 期。
② 按：与赵宋宗室相似，东莱吕氏家族自后唐户部侍郎吕梦奇而下，入宋有吕梦奇之子吕龟祥、吕龟图，其后更有蒙、简、公、希、问、中、大、祖等字辈连名，参见杜海军《吕祖谦年谱》，中华书局 2007 年版，第 325 页。可见，五代纷乱之际北方一些家族已逐渐采用字派联名的做法，但相沿成习、蔚然成风，特别是在族谱修纂中完全确定字派排序，应该还是在入宋之后。
③ 镇里：《孔氏家族的行辈取名》，载《人文杂志》1996 年第 3 期。
④ 《宋史》卷二一五《宗室世系表一》，第 5661 页。

系。《宋史·宗室世系表》保留了相对完整的赵宋各个世系的宗室人名,元人在编修过程中,充分利用了前朝陆续修纂珍藏的皇族谱牒,所以才会有"因载籍之旧,考其源委,作《宗室世系表》"的说法。这些史料对于研究宋代宗室行辈联名、宗室人数等问题都有相当高的价值。兹将两宋宗室各世系字派联名列表如下。

表2-1　宋代宗室各世系行辈联名表

	第一世孙	第二世孙	第三世孙	第四世孙	第五世孙	第六世孙	第七世孙	第八世孙	第九世孙	第十世孙	第十一世孙	第十二世孙	第十三世孙
太祖	德	惟	从守	世	令	子	伯	师	希	与	孟	由	宜晋
太宗	元	允	宗	仲	士	不	善	汝	崇	必	良	友	—
廷美	德	承	克	叔	之	公	彦	夫	时	若	嗣	次	—

　　资料来源与说明:(1)该表主要依据《宋史》卷二一五《宗室世系表一》至卷二四一《宗室世系表二十七》,同时参照《庆元条法事类》卷三《名讳令式申明·杂令》等;(2)北宋真宗以后,皇帝之子取单名以示尊重,但以偏旁相连①。宋英宗、神宗、徽宗等诸子之后又别立字派,如宋英宗二世孙起以"孝、安、居、多、自、甫、绍"等为行辈联名;宋神宗二世孙为"有"字行辈;宋徽宗二世孙起以"卿、茂、中、孙"等为行辈联名;(3)所有宗室行辈联名中,"之"、"夫"、"甫"、"卿"、"中"、"孙"等字下连,如赵深之、赵文夫、赵遵甫,其余字派皆系上连,如赵不流、赵师渊等。

　　宋代宗室联名在排行字辈上应该不存在太多争议,南宋末年福建士人陈元靓所编《事林广记》中也记载了"宋朝世系图",三祖下宗室字派与《宋史·宗室世系表》所列基本一致②。然而,关于宋代宗室行辈联名制度确立的时间和具体过程,仍有继续探讨的余地。贾志扬认为,宋太祖赵匡胤在位时,便已将宗室联名制度正式确立下来,他引证的依据是《赵氏族谱》的材料,主要是《南外天源赵氏族谱·宋太祖御制玉牒序》③和《山阴华舍赵氏宗

　　①　《宋史》卷二四五《宗室传二》,第8707页。《宋会要辑稿》帝系七之二三至二四,第158页。
　　②　陈元靓:《事林广记》甲集卷一〇《宋朝世系·宋朝世系图》,中华书局1999年影印本,第291~292页。《事林广记》所记赵廷美位下字派为"夫时若古嗣",这一点不同于《宋史·宗室世系表》所记"夫时若嗣次",前者或为误传,当以正史世系表为准。
　　③　泉州赵宋南外宗正司研究会编:《南外天源赵氏族谱》,1994年12月编印,第31~32页。

谱·太祖遗嘱》。这两篇家谱文献标题不同,尾署时间也有分歧,前者署建隆元年(960)正月,后者署乾德二年(964)八月。按建隆元年正月乃是"陈桥兵变"发生的时间,刚刚黄袍加身的赵匡胤尚未稳定政权,于情于理应该都没有闲情来安排宗室字派,其真实性已大可怀疑。但是,尽管标题、尾署和正文行文都有不同,《宋太祖御制玉牒序》和《太祖遗嘱》的基本内容和表达的中心意思却非常一致,即赵匡胤将自己和赵光义、赵廷美三兄弟下子孙全部纳入皇族谱牒,但别为三支,同时分别为各支宗室子孙亲自拟定了十四个字派,希望用此维系皇族关系,子孙后代历千万世犹能相识相扶。宋太祖订立字派具体如下:

> 太祖派曰:德、惟、守(从)、世、令、子、师、希、与、孟、由、宜、顺;
>
> 太宗派曰:元、允、宗、仲、士、不、善、汝、崇、必、良、友、季、同;
>
> 魏王派曰:德、承、克、叔、之、公、彦、夫、时、若、嗣、次、古、光。①

　　如果扩大文献搜集范围,我们会发现,目前存世的很多《赵氏族谱》都收录了这篇太祖御制及钦定的宗室字派,《宋太祖御制玉牒序》或《太祖遗嘱》在有的族谱中又称作《太祖玉牒大训》。由于这份文献流传甚广,国内外学术界对此也往往深信不疑。除贾志扬之外,国内也有学者以此为证据,认定中国家谱字辈确立于宋初②。然而,正如葛剑雄所指出的,家谱是一种重要的、特殊的史料,我们必须本着实事求是的精神和科学的态度,充分注意到它的局限性。对家谱史料的利用,应当结合其他的资料和研究,来验证其真实性③。为此,我们不妨以贾志扬等学者征引过的《山阴华舍赵氏宗谱·太祖遗嘱》为例,对其稍加考订验证。该宗谱始修于清嘉庆(1796~1820)间,光绪十年(1884)续修,附录的《太祖遗嘱》据称引自南宋景定四年(1263)修纂的《庆源类谱》。为讨论的方便,兹将《太祖遗嘱》全文迻录于下:

> 惟人本乎祖,水本乎源,水流长而河异,人分远而派疏,理固然也。

---

① 泉州赵宋南外宗正司研究会编:《南外天源赵氏族谱》,第45页。

② 徐建华:《中国的家谱》,百花文艺出版社2002年版,第42页。

③ 葛剑雄:《在历史与社会中认识家谱》,收入王鹤鸣、马远良、王世伟主编《中国谱牒研究——全国谱牒开发与利用学术研讨会论文集》,上海古籍出版社1999年版,第42~48页。

夫朕祖宗积德数百年，爰及僖祖，聿修厥德，宽裕含宏，至于四世而延及朕身，应天欢人，恭受周禅而有天下。遥思上世祖宗族属蕃多，或宦游异邑，或散居他邦，各占籍焉，今已疏远，因无统叙，昭穆难分，纵然相遇，亦若途人，心有憾焉！朕以祖宗视之，本同一气，若子孙聪明，颇能读书，许其科举入官，共享禄位，庶可以慰祖宗之心矣。朕观祖宗如周之文武，为历代圣德之明君。彼时奄有天下，开心见诚，大封同姓，宗室或为藩镇，或为王侯，此固不负祖宗之初心也，惜乎无字派以别后世之昭穆！历至春秋战国之间，子孙相攻，甚如仇敌，良可痛哉！朕恐后世亦犹是也。朕兄弟有五，兄曹王匡济，弟岐王匡赞，俱蚤逝无嗣，<u>惟朕与晋王匡义、秦王匡美，鼎分三派，各立玉牒十四字，以别源流，以序昭穆，虽后世辙历疏远，不失次序</u>。朕以一人之身传至千万人之身，务同朕心，以一世之近传至千万世之远，如同一世。故曰："朕族无亲疏，世世如缌麻。"俱各遵守，奉行无替。然自古国家兴废，何代无之？倘天命无常，后世变易，朕之源流虽疏远，各以玉牒自重；或游宦，或行商，各以在处相会，合符当昭穆分别。勿恃富而轻贫，勿倚贵而骄贱，勿以轻慢而无礼，勿以纵恣而矜奢，若有家贫无依，富盛者当加意抚恤，勿使流离失所，有玷辱于吾祖宗也。各宜念之，无负朕嘱。

大宋乾德二年甲子八月朔旦　太师魏国公记室臣赵普稽首①

宋太祖若真的立下类似遗嘱或者"玉牒大训"，至少在《续资治通鉴长编》、《宋会要》等典籍中应当有所记述，然而竟全不见载。对此，贾志扬已意识到难免有孤证之嫌，但他仍坚持族谱资料的可信，"因为赵氏宗族谱通常谈到要珍惜所有年代久远的宗族文献。再有，《赵氏宗谱》的质量不同一般的好"②。根据落款，《太祖遗嘱》立于乾德二年（964）八月初一日，并由宋初名臣赵普记录。然考诸史实，上述《太祖遗嘱》错谬百出，其实不足凭

---

① 赵寿祺纂辑：《山阴华舍赵氏宗谱》卷一《太祖遗嘱》，萃华堂珍藏光绪十年（1884）刻印本，浙江大学西溪校区图书馆古籍部藏。

② 贾志扬：《天潢贵胄：宋代宗室史》，第21页注释3。

信。姑举数端论之：

其一，赵匡胤于显德七年（960）正月兵变即位，更年号为建隆元年，同年三月即"改天下州县名犯庙讳及御名者"①，其弟赵匡义、赵匡美也分别更名为赵光义、赵光美。《太祖遗嘱》既称立于乾德二年，却毫不避忌，直称"匡义"、"匡美"，与皇帝联名。

其二，乾德二年五月赵光义为开封尹、同平章事兼中书令，赵光美为山南西道节度使、同平章事。至开宝九年（976）太祖去世时，赵光美只是永兴军节度使兼侍中，迟至太宗登位、从征太原以后，才进封为秦王②。乾德二年，何来"秦王匡美"之说？

其三，乾德二年，赵普为门下侍郎、平章事、集贤殿大学士，其进拜太师、封魏国公，已是太宗淳化三年（992）之事③。至于记室，北宋一般用来指称王府属官，官仅从八品，与赵普更不相关。

其四，北宋前期宗室聚居京师王府宫宅，养而不用，除赵廷美贬斥等特殊情况，一般不许擅自散居于外，亦不许与工商杂类等非官宦之家通婚往来，但《太祖遗嘱》用赵匡胤口吻反复称述宗室子弟"或宦游异邑，或散居他邦"，"或游宦，或行商"，莫名所以。又，北宋前期宗室近属只是赐名授官，不与科举，直到熙宁二年（1069）改革宗室制度，始允许五服外疏属应举入仕，逐步放开出官限制④。《太祖遗嘱》却谓赵匡胤已允许宗室"科举入官，共享禄位"，显然也有悖宋初事实。

以上仅从避讳、职官及宗室政策等若干方面略加考订，已可以断定这份所谓由赵匡胤钦定、赵普记录的《太祖遗嘱》纯属胡编乱造。其中所论"自古国家兴废，何代无之？倘天命无常，后世变易……若有家贫无依，富盛者当加意抚恤，勿使流离失所"数语，全然不似一个开国皇帝的语气，倒更像后世历

---

① 《续资治通鉴长编》卷一，建隆元年三月乙巳条，第10页。

② 《续资治通鉴长编》卷五，乾德二年五月辛巳条，第127页。同书卷一七，开宝九年十月癸丑条，第380页。《宋史》卷二四四《赵廷美传》，第8666页。

③ 《宋史》卷二五六《赵普传》，第8939页。

④ 杨仲良：《续资治通鉴长编纪事本末》卷六七《裁定宗室授官》，台湾文海出版社1967年影印清广雅书局本。

尽艰难、劫后余生的感慨之辞。族谱称《太祖遗嘱》最初见载于南宋景定四年（1263）所修《庆源类谱》，按景定四年去乾德二年（964）已整整 300 年，而且两宋各种官修皇族谱牒中并没有名为《庆源类谱》者，行文细节又多违背宋制常识，因此基本可以推断该文献出自后世赵氏子孙的伪托，其作伪时间虽不可详考，但最早也当在南宋灭亡以后，明代之后杜撰的可能性更大。

既然族谱文献并不可靠，那么宋初太祖早已明确宗室行辈联名制度的说法，也就需要重加检讨。我们可以进一步来考察相关历史事实。资料显示，赵匡胤为诸子命名时虽有一定的字辈概念，但他还没有虑及"家天下"的长远利益，在宗室内部确立大小尊卑的等差制度。宋太祖对赵光义、赵廷美等兄弟的子女一视同仁，诸房男女一律都称作皇子、皇女，宗室行辈联名也未加区分，赵光义、赵廷美之子与赵德昭、赵德芳一样通用"德"字行辈。甚至当有人质疑这种无差别的政策会紊乱规矩时，太祖仍极力辩称："犹子即子也。新得天下便生分别，朕不欲为也。"①另外，宋初的行辈联名显然还比较混乱，如太祖因钟爱赵德昭之子，视如己出，竟取名为德雍，与父辈通用字派。太宗即位之初，仍重申太祖和赵廷美之子并称皇子，女并称皇女②。等到赵德昭、赵德芳和赵廷美等人相继去世后，他才开始明确区分名号，削夺赵廷美子女封爵，赵廷美长子赵德恭、次子赵德隆改称"皇侄"，唯己子称皇子，皇子"德"字行更改为"元"字行，太祖之孙赵德雍则更名为赵惟吉③，目的是抬高自己这一支的地位，而与赵匡胤、赵廷美子孙严格区别开来。故南宋岳珂（1183～1243）谓：

> 国朝宗属本未定联名之制，艺祖友悌因心，凡宣祖本支之在子行者皆冠"德"字，赐名授爵俱无等差。熙陵继序初更用"元"字，以别大统。④

可见，宋太祖因友爱兄弟，对子、侄名分几乎完全未加分别，彼此联名，同

---

① 李心传：《旧闻证误》卷一，中华书局 1981 年点校本，第 6 页。
② 《宋史》卷四《太宗本纪一》，第 54 页。
③ 《续资治通鉴长编》卷二四，太平兴国八年十月戊戌条，第 555 页。
④ 岳珂：《愧郯录》卷一《近属名制》，《四部丛刊续编》本，上海商务印书馆 1934 年版。

称皇子,而且存在父子通用一个字辈等紊乱现象。太宗以后始分别皇子、皇侄名称,厘正大宗、小宗关系,但各支宗室子孙一般都是临时赐名,也没有像《太祖遗嘱》杜撰所称,早就对后世十四代字派都预先做好了安排。据陆游(1125~1210)所载,直到仁宗时,才由皇帝赐名确定三祖下第四世的字辈。

> 仁宗赐宗室名:太祖下曰“世”,太宗下曰“仲”,秦王下曰“叔”,皆兄弟行,“世”即长也。其后“世”字之曾孙又曰“伯”,则失之。①

正因为宗室行辈连名没有完全制度化,后来宋神宗朝一旦不再给非祖免亲赐名授官,皇族疏属自由取名,便立即陷入异常混乱的局面。元祐七年(1092),宗正寺官员为通盘着手解决宗室取名无序的难题,屡屡上奏:

> 宗正寺言:“本寺令:宗室无服亲,连名非上下同者,如‘立之’与‘宗立’之类,及音同字异,皆听撰。祖宗袒免以上亲,见依上件令文撰赐名外,今来非祖免亲,既许本家撰名,切虑员数日增,取名渐多,若皆令依上条一一照对回避,必至拘碍训撰不行。今欲乞令太祖、太宗、秦王下子孙无服亲,各于本祖下即依令文撰名。若系别祖下无服亲,除所连名自合别取字外,余虽犯别祖下本字,并许用。所贵久远训撰得行。”从之。

> 又言:“宗室撰名,自来并用两字,内取一字相连,所以别源派,异昭穆也。昨自熙宁中立法,非祖宗袒免亲,更不赐名、授官。后来逐时准大宗正司关到本家所撰名,多是重叠,至有数人共一名者。又或与别房尊长名讳相犯,或兄弟不相连名,或只取一字为名,而偏傍不相连者,名称混淆,难以分明昭穆之序。窃恐年祀寖久,流派愈远,谱籍渐无统纪。除重叠共一名者,昨来寺司申请已得朝旨,见令改撰外,所有犯别房尊长名讳,兄弟不相连名,并以一字为名,恐亦合改撰。欲乞宗正司告示逐官院,将见今名犯尊长讳并字不相连及单名者,并令改撰。仍从本寺定取一相连字取名稍宽者,关宗正司告示,令依仿撰名,所贵稍得齐一。”从之。②

---

① 陆游:《老学庵笔记》卷一,中华书局1979年版,第5页。
② 《续资治通鉴长编》卷四七七,元祐七年九月甲午条,第11371~11372页。

于是，朝廷命三祖下无服宗亲，各于本祖下依照令文约束取名。先前名字重叠，或犯讳、兄弟不相连名以及单名等情况，全部重新改撰，并明确规定由宗正寺统一训名，拟定相连字辈，再通过大宗正司要求各房遵照取名。至此，北宋宗室行辈联名制度才算基本确定下来①。政和三年（1113）正月，宗正寺训撰宗室名，"之"字子从"公"，"子"字子从"伯"，"不"字子从"善"②。南宋初期宗正寺机构减省，直到绍兴六年（1136）终于重新恢复宗正寺训名之责③，次年确定太祖下"与"字辈、太宗下"必"字辈、赵廷美下"时"字辈④。宋孝宗淳熙元年（1174），宗正寺又新拟三祖下第十世孙、十一世孙等字辈，太祖下"与"字子连"孟"字，太宗下"必"字子连"良"（按：原文误"艮"）字，亲贤宅"多"字子连"自"字，棣华宅"茂"字子连"中"字，赵廷美下"时"字子连"若"字⑤。至宋理宗宝祐三年（1255）正月，宗正寺又拟定三祖下第十三世孙字辈⑥。大概要到南宋末期，才继续往后推演，确立宗室第十四世字辈，但当时内忧外患，皇族谱牒修纂更新已不及时，故《宋史·宗室世系表》中也只记录到第十三世孙为止。

行辈联名对于确认两宋宗室的特殊身份无疑有着重要影响。在熙宁八年（1075）赵世居一案的判决中，除赵世居本人被赐死之外，其子孙除落皇族属籍，同时赵世居和他的儿子赵令少等名字也被勒令削除"世"字、"令"字，不许再与宗室联名，故李焘《续资治通鉴长编》在该案件判决以后的行文当中止称"赵居"⑦。剥夺行辈联名资格，摒弃于皇族身份之外，这可以说是对宗室成员极为严厉的一种惩罚。靖康元年（1126）闰十一月，金人围攻汴京，

---

① 岳珂：《愧郯录》卷一《宗室联名》。

② 《宋会要辑稿》职官二○之八，第 2824 页。

③ 《宋史》卷二八《高宗本纪五》，第 525 页。

④ 《宋会要辑稿》职官二○之一三，第 2827 页。

⑤ 佚名：《宋史全文》卷二六上，淳熙元年四月条，黑龙江人民出版社 2005 年校点本，第 1772 页。

⑥ 《宋史》卷四四《理宗本纪四》，第 854 页。

⑦ 《续资治通鉴长编》卷二六三，熙宁八年闰四月壬子条记载赵世居案判决情况，第 6445 页；同书卷二六四，熙宁八年五月丙寅条已改"赵世居"名为"赵居"，中华书局点校本误为"世"字脱漏，并根据阁本补上，不当，见第 6459 页。

宋钦宗遣使求和，金军统帅粘罕等人要求以亲王为质，宋廷遂以赵仲忽长子赵士诩假装亲王出城议和，岂料粘罕对宋代皇族联名制度有所了解，因此质问道："既是亲王，何不与皇帝连名？"赵士诩辩解道："人臣不敢与君父连名。"但粘罕预先知道"士"字辈宗室与燕王赵俣等同辈，真亲王当与宋哲宗（原名赵佣）、徽宗（赵佶）一样只取单名，并以人字偏旁联名，因此很快就识破宋廷以宗室伪冒亲王之举，结果导致宋金议和遭受重挫①。

南渡之初，宗室流离四散，因为时局动荡和其他因素的推波助澜，许多宗室成员悬隔地方，并不能及时反馈生育、训名等具体情况，而另有一些居心叵测的庶姓成员却假冒宗室身份，或铤而走险搞政治投机，或诈冒皇族谋取经济利益②。在这种情况下，绍兴年间先是重申宗正寺训名制度。此后，宗司立法规定："宗室降生，限一日报所属，限一季陈乞立名，以革伪冒之弊。"但因为南宋宗室散落各地，具体管理已无法做到像北宋那样严格、方便，地方宗室"自立私名"、"不陈乞训据"的现象屡禁不止。为此，淳熙二年（1175）朝廷曾临时调遣博通古今的江西运副程大昌（1123～1195）来专门处置宗室命名问题，按照程大昌的建议，"令宗正寺、大宗正司各将礼部韵字内大为编册，自首至尾，择其可用字，每字空留行数，却检照前后已命名之人，于逐字所留行内填写何人已命名讫，其未曾用以为名者即空留行数，候本家具到所撰名字，即将编册参照无重叠字点定保明，报宗正寺给据"。其后还特别编类完成《宗支名谱》，以方便检核宗室训名。③ 嘉定五年（1212）又立式申明：

今后宗子降生男女，仰具三代家状，声说其父曾不训名，系第几男，实排行第，于何年月日在甚处厢界（防）[坊]巷生长。收生老娘、抱育人同本家尊长共状结罪保明。召承信郎或迪功郎保官一员，所在州军

① 徐梦莘：《三朝北盟会编》卷六八，靖康元年闰十一月十九日庚戌条，上海古籍出版社 1987 年影印光绪三十年（1908）刻本。

② 张明华：《南宋初假冒皇亲案发覆》，载《浙江学刊》2012 年第 6 期。

③ 徐松辑、陈智超整理：《宋会要辑稿补编》"宗室"，全国图书馆文献缩微复制中心 1988 年版，第 12 页。

厢邻次第勘验,委无伪冒,批书保官印纸,保明申司置籍,出给降生文帖。如有自获指挥之后续陈乞者,亦照格式施行,方与给据。①

宗室生子及时申请训名,官方勘验核实后才能获取立名公据,上述法令对规范宗室联名制度起到了一定的作用,但旧弊并不能完全革除,有的地方宗室甚至四五十岁还"不曾训名,父无名籍,子无训据"。究其原因,除了管理不便的问题,还有人口膨胀带来的难处和贫富分化导致的尴尬。至于科场冒名顶替等风气,在其他庶姓士子中本也屡见不鲜,只不过因为宗室特权的存在,诱使他人加剧了冒充宗室投机作弊等行为。

[嘉定]十六年正月十九日,臣僚言:"仰惟祖宗睦族,超越前代。宗室之始生也,有降生以纪其实;既长也,有训名以示其别。分潢析派,整整有伦。今日本支蕃衍,视昔盖数十倍,降生训名,法非不备,然富者十不一二,贫者不啻七八。彼其经营一据,自县保明,至于州,然后上之宗司,道(理)[里]往来,费不知其几。所以家贫无力者每不暇训名,甚而降生有据,亦未必尽由宗司陈给。存亡之数,在宗司且不得尽知;名称之误,在宗寺亦安得尽革?臣尝见近日奏牍,有以'泽夫'为名者,考其三代,则父名'郴夫'。若此舛讹,往往非一。矧名既得不训,则他日应试,变易冒滥,岂无以一人而计会两降生据,而冒二人之试者乎?又岂无兄弟同试,而逊一得于文笔优长之人者乎?盖本名无定,则虚实难稽,其势固应尔也。乞申饬大宗正司,遍牒所在州军,移文各处尊长司:凡宗室,不问寄居见任,其未经宗司出给降生,与年及五岁而未经训名者,限以半年,并无勘会著实类聚申上宗司,次第出给公据。所有召保批书等事,悉准旧制。仍令宗司著为定令,每三年一次检举施行。庶几振振之盛,无不登名宗牒,而冒滥应举之风亦可少革。"②

但总体来说,南宋法律对加强宗室训名、维护宗室内部的行辈联名制度可以说相当重视。绍熙元年(1190)四月九日,诏:"应命官同国姓、与宗室

---

① 《宋会要辑稿》帝系七之二五,第159页。
② 《宋会要辑稿》帝系七之二六至二七,第159~160页。

连名相犯之人,令经所属陈乞改避。所有宗子如无立名公据,经所在州军陈乞保明,申所属出给。限半年,四川、二广限一年,经所在州军陈乞。如仍前不曾给到公据,不许参选,州军并不得放行请给。经由官司去处人吏违滞,从条科罪。令礼部具条式下诸路州军遵依施行。"①现存《庆元条法事类》中就专门针对宗室丢失立名、改名公据问题作出规定,其谓:"诸宗室无官同亡失立名、改名公据水溺、火焚、被盗之类亦是限给日经所在州陈乞,下尊长司保明,召升朝官一员委保,申州勘验诣实批书,保官印纸讫,保明申大宗正司,报宗正寺别给。"②同书卷三《名讳令式申明·杂令》中更对赵姓非宗室者取名作出限制,严格避免皇族与其他同姓庶族之间造成混乱:

> 诸同国姓者立名不得与宗室连名相犯谓如延、光、咸、德、惟、从、守、世、令、子、伯、师、希、与、孟、由、元、允、宗、仲、士、不、善、汝、崇、必、良、友、承、克、叔、公、彦、时、若、嗣、嘉、文、可、修、景、遵端、广、继、大、孝、安、居、多、自、有、茂字系上连;之、夫、甫、卿、中、孙字系下连,单名与式内名讳偏旁相犯者亦不许用。

行辈联名制度对中国家族社会影响深远③,明清之后家族常见预制行辈字派,而且联字成句,周而复始循环使用,而追本溯源,赵宋宗室在该制度形成和确立过程中可以说起到了很重要的示范导向作用。不过,宋代宗室行辈联名制度并非确立于宋太祖立国之初,而是经历了一个复杂渐进的变化过程,族谱所谓《太祖遗嘱》等文本荒诞不经,孤证诳言不能匆匆定谳。事实上,北宋前期宗室近属虽大体按行辈赐名,但宋太祖和太宗之初都未分别宗源支派,而且还存在子孙通用字派等不规范行为。中间经神宗改革宗室政策,不再为祖免以外亲赐名授官,又导致宗室取名制度陷于混乱,直到哲宗元祐年间才基本确定宗室联名制度,规定所有宗室子孙都由宗正寺机构统一训名并陆续排定各世字派,宗司机构审核检察。南宋继承北宋制度,并

---

① 《宋会要辑稿》帝系七之一四,第 153 页。

② 谢深甫:《庆元条法事类》卷一七《文书门二·毁失》,日本静嘉堂文库本。

③ 中国家族行辈联名制度其实还广泛影响到东亚、东南亚等周边国家,具体参见白惇仁《东亚诸邦族谱行辈命名考》,收入联合报基金会文献馆编印《第二届亚洲族谱学术研讨会会议纪录》,台湾联经出版事业公司 1985 年版,第 281～323 页。

针对地方散居宗子训据失范和假冒宗室等问题,不断完善相关法令,严格规范宗室联名及限时呈报流程,除宗正寺和大宗正司互相配合外,本位尊长等相关人员须结状保明,地方官员要参与勘验核实。两宋立国三百二十年,宗室子孙人口繁衍极盛,行辈联名及呈报给据制度保证了皇族内部昭穆世系的分明有序,同时将皇族与其他士庶家族清楚区别开来,既突出了皇族宗亲的特殊性和优越性,又有利于防止他人伪冒混淆,为宗室在法律、科举、任官以及申请经济补助等各层面享受特权提供比较确凿的凭据。

第二节　皇族谱牒编修

上自《帝系》、《世本》,下迄明清《玉牒》,历代统治者都非常重视帝王家族的谱牒修纂,这是维系血缘世袭政治的必然要求,宋代自然也不例外。宗正寺是两宋负责编修皇族谱牒的主要机构,官署中有专门的"属籍"一案,以登记宗室世系支派、辈分、行次、职官、婚姻、生卒年月等项。南宋以后又专门建立玉牒所(北宋真宗时已沿袭唐制设修玉牒官,隶宗正寺),由宰执充任提举,选任侍从充修玉牒官,宗正寺少卿、丞等共同修纂《玉牒》等宗室谱牒,典藏犹如国宝,外人不易轻窥。时人谓:"玉牒所事干国体,最为机密。今检准御宝令,漏泄玉牒宗枝,并依军法。"[1]由于深藏宫禁内阁,缺乏公开透明,尽管宋廷非常重视皇族谱牒编修,但两宋士大夫其实并不谙熟繁复隐晦的相关典制[2],文献所记多语焉不详,混淆矛盾之处也在在皆有。

宋代宗室谱牒的修纂,肇端于北宋太宗晚年。据《宋会要辑稿》职官二〇之五五记载,至道(995～997)初,太宗即诏命翰林学士张洎(934～997)、史馆修撰梁周翰(929～1009)共同编修《皇属籍》,这是文献所见宋代启动

---

①　《宋会要辑稿》职官二〇之五九,第 2850 页。

②　王巩《闻见近录》曰:"予初白执政官,乞修寺书,自司马丞相、吕丞相而下,无一人知此典制者,皆曰玉牒用玉简刊刻如册者也。其玉牒典制尚不悉知,书之废亦宜矣。"大象出版社 2006 年版,第 28 页。

编修皇族谱牒的最早记录。张、梁二人都是博通文史的老儒,张洎是南唐旧臣,太宗曾赞许为"江东士人之冠"①,故由其领修宗室谱牒。但此事竟拖延多年未成。随后张洎去世,由梁周翰总领其事。直到真宗咸平四年(1001)正月,宗正卿赵安易、翰林学士梁周翰才进呈新修《属籍》三十三卷,"凡(白)[玉]牒书以销金花白罗纸、金轴、销金红罗襟带、腹黑漆金饰匣、红锦里金锁钥;属籍诸王书以销金白绫纸、银轴头、红锦襟带、红罗腹黑漆涂银饰匣、锦里银锁钥;公侯以下白绫纸、牙轴,余如诸王"②。这段描述显示,《皇属籍》体例最初分作皇帝、诸王和公侯以下若干等级,书写规格和装帧形式也都存在明显差别,尊卑等差之意跃然纸上。

然而,为什么北宋第一次修纂皇族谱牒竟拖延了数年之久,要真宗子承父志才督促完成呢?关于这一问题,李焘(1115~1184)给出的解释是:"唐末丧乱,《属籍》罕存,无所取则,[梁]周翰创意为之,颇有伦贯。"③他认为经历安史之乱及五代分裂,李唐皇族谱牒散亡殆尽,宋人一时无所取法,这是导致新朝修纂困难的根本原因。钱大昕(1728~1804)在批评《新唐书·宗室世系表》阙载脱漏严重时,同样指出:"盖唐中叶以后,宗室嗣王入仕之途益狭,谱牒散亡,史家无所征信矣。"④应该说,李、钱诸家之说都有一定道理,但考察北宋人得见前代谱牒的情况,事实也不尽然。检北宋嘉祐年间官修《新唐书·艺文志》,其中至少收录了李衢、林宝撰《皇唐玉牒》一百一十卷、李衢《大唐皇室新谱》一卷、李匡文《天潢源派谱》一卷以及《唐皇室维城录》一卷、《玉牒行楼》一卷、《皇孙郡王谱》一卷、《元和县主谱》一卷等近十种唐代皇族谱牒目录。清代学者赵翼(1727~1814)在比较新旧《唐书》得失时,曾评论说:

> 《旧[唐]书》当五代乱离、载籍无稽之际,掇拾补葺,其事较难。至

---

① 《宋史》卷二六七《张洎传》,第9212页。
② 《宋会要辑稿》职官二〇之五五,第2848页。
③ 《续资治通鉴长编》卷四八,咸平四年正月己亥条,第1044页。
④ 钱大昕:《十驾斋养新录》卷六《宗室世系表脱漏》,上海书店1983年影印商务印书馆1937年《国学基本丛书》本,第140页。

宋时，文治大兴，残篇故册，次第出现。观《新唐书·艺文志》所载唐代史事，无虑数十百种，皆五代修《唐书》时所未尝见者，据以参考，自得精详。①

《新唐书·艺文志》较之五代所修《旧唐书·经籍志》增补了 2 万多卷唐代著述。这些增补的材料中，当然可能采撷唐五代以来尚存书目，未必都有完整的书籍流传，但根据王重民等研究，其中相当部分应该也是依据宋代藏书或宋代藏书目录②。其中，《崇文总目》无疑是新修唐史重要的参考文献。宋代家法崇尚文治，自祖宗以来便广搜天下图书，征求散亡，补葺所缺，蓄之于三馆（昭文馆、史馆、集贤院）、秘阁。《崇文总目》正是对三馆、秘阁等朝廷藏书加以整理的一部总目录，于庆历元年（1041）编制成书，全书共66 卷，著录北宋前期存世图书 3445 部、30669 卷。该书后来散佚不全，现存清人所辑残本仅析为 12 卷，但在"氏族类"下仍可考见有《唐皇室维城录》、《天潢源派》、《元和县主谱》、《皇孙郡王谱》、《玉牒行楼》、《大唐宗室新谱》、《帝系图》、《唐书总记帝系》、《大唐宗室新谱》等多种李唐帝谱，且《玉牒行楼》、《大唐宗室新谱》、《唐皇室维城录》等书目下并未特别标注"阙"字③，足证它们在北宋馆阁中确实藏有其书。可见，宋人编修当朝宗室谱牒时，李唐一朝的相关资料也并非全无凭借。

实际上，在所谓文献无征这重客观因素之外，可能还有一大原因就是受到当时政治生态的左右牵制。太祖、太宗"兄终弟及"之后，皇帝与朝臣对如何恰当地安顿各支派子孙的名分存在巨大的分歧，这种分歧会阻碍编修进程，使得相关工作徘徊不前。《枫窗小牍》是袁褧、袁颐父子在南渡初完成的一部重要的笔记，作者出生于地位较高的官宦之家，故多记载汴京宫禁旧闻、朝野故事，其中写道：

> 皇朝玉牒，昉于至道，所载自太祖、太宗、秦王以下子孙凡六百六

---

① 赵翼著，王树民校证：《廿二史札记校证》卷一六《新唐书》，第 342 页。
② 张固也：《论〈新唐书·艺文志〉的史料来源》，载《吉林大学学报》1998 年第 2 期。
③ 王尧臣等：《崇文总目》卷四《氏族类》，文渊阁《四库全书》本。

人,公主附之。书以销金花白罗纸,黄金轴,销金红罗标带,复墨漆饰金匣,红绵裹,金锁钥。宗室始本支,次女氏,次始生,次宗妇,次宗女,次官院,次官爵,次寿考,次赐赉。然秦王以下、太祖本支第云同姓,惟太宗已来称宗室云。①

　　袁氏提到的皇朝玉牒应该就是始修于太宗至道初年、成书于咸平四年的《皇属籍》,大中祥符六年(1013)正月真宗特赐嘉名更改为《皇宋玉牒》②,笔记对装帧样式的描述与前引《宋会要辑稿》所记也几乎完全一致。据袁氏见闻,北宋首部皇族谱牒尽管将三祖下子孙都罗列其中,但唯独太宗一支称作宗室,其余只是称作同姓。这一惊人听闻的书写体例,当然不会是宋真宗的发明,而是出自其父皇太宗临终前处心积虑的安排。如果结合当时的其它事实,我们就能更好地理解太宗这位权力欲强、猜疑心重的皇帝的晚年心境。太宗在至道初年启动皇族谱牒的编修工作,而恰恰在至道元年(995)四月,太宗之嫂、太祖宋皇后去世,年仅四十四岁③。令人错愕的是,宋皇后死后,太宗竟不许百官服丧。李焘《续资治通鉴长编》在至道元年四月记事中对宋皇后驾崩事不着一字,仅在同年五月论及翰林学士王禹偁事时附带提到:

　　开宝皇后之丧,群臣不成服,禹偁与宾友言:"后尝母天下,当遵用旧礼。"或以告,上不悦。甲寅,禹偁坐轻肆,罢为工部郎中、知滁州。上谓宰相曰:"人之性分固不可移,朕尝戒勖禹偁,令自修饬。近观举措,终焉不改,禁署之地,岂可复处乎。"④

　　王禹偁突然贬斥外放,固然与他上疏沙汰僧尼而得罪"贵僧"有关,但非议宋皇后丧礼当是激怒太宗的直接导火索⑤。须知,太祖驾崩之夜,宋皇后急忙派遣宦官王继恩召太祖之子赵德芳入宫,结果王继恩却径趋开封府叫

① 袁褧撰,袁颐续:《枫窗小牍》卷下,《丛书集成初编》本,第28页。
② 《宋会要辑稿》职官二〇之五五,第2848页。
③ 《宋史》卷二四二《后妃传上》,第8609页。
④ 《续资治通鉴长编》卷三七,至道元年五月甲寅条,第813页。
⑤ 徐规:《王禹偁事迹著作编年》,商务印书馆2003年版,第142~144页。

来了赵光义,宋皇后见到赵光义后,知道扶立赵德芳大势已去,惊慌失措中只能对赵光义"遽呼官家",曰:"吾母子之命,皆托于官家。"①官家是宋代对皇帝的流行尊称,一般谓集取"三皇官天下,五帝家天下"之意。对这一段关系到皇位落入谁家的重大过节,直到宋皇后去世,太宗仍然还无法释怀,以至于他竟不肯率群臣为宋氏服丧,也因此迁怒于王禹偁的"轻肆"妄议。

　　太宗可谓两宋时期一位极强力的独裁天子②,但皇位继承的合法性问题却始终纠缠困扰着他。在这种郁闷纠结的心境下,他晚年特意安排忠诚唯诺的老儒来修纂皇族谱牒,唯独自己子孙称宗室,兄弟子孙都仅称同姓而已。对太宗而言,他当然是期待借此在皇族内部完全地分别大小本支,一举确立自己子孙独占皇位的合法性。但对编修官来说,这却是一件冒天下之大不韪的棘手事。"礼莫大于分,分莫大于名"③,名分在传统社会是极严肃的事,关系到纲纪礼法大义,也关系到尊卑上下秩序,开国皇帝太祖的子孙止称同姓而不得称宗室,谁敢悖逆历代规矩和天下公议,为当朝的天潢贵胄如此乱定名分? 即便数百年之后,明人姚士麟读至袁氏笔记"宗室、同姓"一段,还忍不住刻薄地评论宋朝国运道:"上果忘其创业,下自信其背盟,知靖康之祸、高嗣之斩所从来矣!"④由此我们可以大胆推测,太宗与张洎、梁周翰(可能包括更多朝臣)等君臣之间的分歧,应该是赵宋皇族谱牒迟迟不能完稿的关键因素。也正因为如此,宋真宗先是顺承父志,"三年无改于父之道",催促旧臣完成了《皇属籍》,但到大中祥符八年(1015),他就趁新建玉牒殿属籍堂的时机,"命宗正卿赵安仁重修《玉牒》、《属籍》"⑤。次年,宗正寺又创修《仙源类谱》、《仙源积庆图》等宗室新谱。就像备受诟病的官制一样,北宋自真宗大中祥符以后也陆续构建起一套叠床架屋、丛脞繁复的宗室谱牒体系,并通过这种委曲变通的方式,明确了三祖下子孙在谱牒中并称宗

---

① 《续资治通鉴长编》卷一七,开宝九年十月癸丑条,第380~381页。
② 刘静贞:《皇帝和他们的权力——北宋前期》第二章《君主独裁制的建立》,第41~90页。
③ 司光马:《资治通鉴》卷一《周纪一》,上海古籍出版社1987年版,第1页。
④ 《枫窗小牍·叙》,第1页。
⑤ 《宋会要辑稿》职官二〇之五五,第2848页。

室的基本格局,终于将太宗朝始终存在、至死不休的皇族内部的纷争芥蒂悄悄掩过。

后来,随着宗室人口的不断增长,各种谱牒资料又相互配合,逐渐成为宋廷强化皇族管理的重要手段,用此来全面掌握宗室子孙瓜瓞延绵、生卒嫁娶以及承袭、升迁、功过等变动情况。故《宋史·宗室世系表一》称述宗正寺所掌,"有牒、有籍、有录、有图、有谱,以叙其系,而第其服属之远近,列其男女昏因及官爵叙迁,而著其功罪生死岁月"。《宋史·职官志四·宗正寺》则有更进一步的阐述,清晰分列出宋代形式不同、名目繁多的宗室谱牒。其谓:

> 凡修纂牒、谱、图、籍,其别有五:曰玉牒,以编年之体叙帝系而记其历数,凡政令赏罚、封域户口、丰凶祥瑞之事载焉。曰属籍,序同姓之亲而第其服纪之戚疏远近。曰宗藩庆系录,辨谱系之所自出,序其子孙而列其名位品秩。曰仙源积庆图,考定世次枝分派别而系以本宗。曰仙源类谱,序男女宗妇族姓婚姻及官爵迁叙而著其功罪、生死。凡录以一岁,图以三岁,牒、谱、籍以十岁修纂以进。①

这段文字勾勒出两宋宗室谱牒的基本面貌,它具体又可以分为《玉牒》、《属籍》、《宗藩庆系录》、《仙源积庆图》、《仙源类谱》五种,书写的体例规范、内容侧重、详略程度等彼此都有所不同,各自的编修周期、编修情况也存在一定的差异。下面分别就上述五种宗室谱、牒、图、录等情况作一具体论述。

一、玉牒

在两宋所有的皇族谱牒当中,玉牒的情况最为复杂。一方面,玉牒之名本身就存在歧义。王善军指出,广义的玉牒指整体上的皇族谱牒,而狭义上仅指皇族谱牒之一种②。不仅如此,宋人有时甚至直接就用玉牒来代称宗

---

① 其他相互佐证之文献,如《宋会要辑稿》职官二〇之五,第 2823 页。罗大经:《鹤林玉露》丙编卷三《玉牒》,中华书局 1983 年点校本,第 292 页。
② 王善军:《宋代皇族谱牒考述》,载《历史档案》1999 年第 3 期。

室,如李攸《宋朝事实》卷八以"玉牒"为卷目,内容却主要涉及授官、换官、转官等宗室任官转授情况,与皇族谱牒没有实质性关联。另一方面,最初作为皇族谱牒一种的《玉牒》,后来在编修内容和体例上发生了较大的变化,更趋近于特殊的史书体裁,与谱牒相去甚远。因此,如果不细究使用语境或前后演变,我们很容易对玉牒问题造成误解。

玉牒之名并非始于宋代,最早特指帝王封禅泰山时所制玉版文书,以寓"上通神明",《史记·封禅书》已有记载,至李唐封禅仍有玉牒、玉策、玉检等礼制。但从唐代开始在宗正寺设修玉牒官,后将皇族谱牒名为《玉牒》,《新唐书·艺文志》著录有开成二年(837)李衢、林宝撰《皇唐玉牒》110卷等书目①,唯具体情况已不可详考。宋受唐制影响,真宗咸平初,已用玉牒概称帝籍,故谓诏宗正寺督修玉牒,编修人员亦称修玉牒官,后来第一部修完的皇族谱牒《皇属籍》又更名为《皇宋玉牒》。据《续资治通鉴长编》卷八〇所载,大中祥符六年(1013)正月辛酉,"诏宗正寺以《皇属籍》为《皇宋玉牒》,从判寺赵世长等之请也"。此前赵世长等人奏称:"有唐修玉牒官李衢等奏,以圣唐玉牒与史册并驱,乞于玉牒之上特创嘉名,寻诏以《皇唐玉牒》为名。今乞于《皇属籍》之上别崇懿号。"②随后,宗正寺又请将皇后三代祖先名氏编入谱牒,其记录对象已有所扩大。大中祥符九年,宗正卿赵安仁言:"唐朝《玉牒》首载混元皇帝,今请以御制《圣祖降临记》冠列圣《玉牒》,及别修皇朝新谱如唐《天潢源派谱》,并以《降临记》冠篇,仍别制美名。"于是将新谱命名为《仙源积庆图》③。自此以后,《玉牒》记录的内容与宗室谱牒更进一步分化。天圣三年(1025),宗正寺又请将皇后事迹编入《玉牒》,从之④。庆历年间,宋仁宗加其生母李宸妃皇太后尊号,即"遵旧制,易崇名,镂于《玉牒》,藏于金匮"⑤。

---

① 《新唐书》卷五八《艺文志二》,第1501页。
② 《宋会要辑稿》职官二〇之五五,第2848页。
③ 《续资治通鉴长编》卷八六,大中祥符九年三月癸亥条,第1980页。
④ 《续资治通鉴长编》卷一〇三,天圣三年正月乙巳条,第2375页。
⑤ 《宋大诏令集》卷一四〇《庄懿皇太后改谥册文》,中华书局1962年版,第505页。

继大中祥符八年重修《皇宋玉牒》后,康定元年(1040)仁宗又再次下令重修祖宗《玉牒》并顺利完成。仁宗朝后,一般每朝都单独作一《玉牒》,牒前冠以皇帝庙号,若是在位皇帝,则称《今上皇帝玉牒》或径称《皇帝玉牒》,所记载的内容也越来越趋向史书化。李心传称:"每朝为一牒,乃载人主系序及历年行事,如帝纪而差详,其后附以皇后事迹。"①由于仁宗朝修玉牒官多兼修国史、会要,两边修纂的内容又恰好要相互参照,所以当时玉牒修纂就干脆设置在编修院,方便参取资料。元丰厘正官制,修玉牒事归宗正寺,与国史等编修逐渐分离,于是修玉牒官经常要借取相关图籍。如元丰五年(1082),宗正寺以修神宗皇帝《玉牒》,"借登位以来至熙宁十年《起居注》、《时政记》、《日历》照用"②。《起居注》、《时政记》、《日历》等史书主要记录帝王言动和善政③,系秘藏史册,取借并不方便,于是从元祐末年开始,《玉牒》事迹关涉内容"遂令史院官修撰,送宗正寺书录"④。另外,《玉牒》既取材于各类史书,有时又能反过来为朝廷编修国史提供史料,元符二年(1099)宗正寺就将神宗《玉牒》内圣政抄出,封送国史院⑤。李焘在撰写《续资治通鉴长编》的过程中,则常常利用《玉牒》资料来考查史事。如《续资治通鉴长编》卷四四九元祐五年十月癸巳条,在"导河水入汴"一事下,李焘按曰:"《玉牒》有此,《实录》无之。"又卷四七二元祐七年四月己未条记哲宗纳孟元孙女为皇后,李焘对《玉牒》所谓"上春秋盛,未议纳后者久之。由奸臣擅权,惧其复辟故也"等语深表不满,批评《玉牒》"不知谁撰,必邪党也"。

故此,南宋绍兴年间担任过宗正丞的邵大受就说:"《玉牒》实与《时政纪》、《起居注》相为表里。"⑥关于《玉牒》具体所述内容,南宋时人多见记

① 《建炎以来系年要录》卷一四五,绍兴十二年七月辛丑条。
② 《续资治通鉴长编》卷三二九,元丰五年八月壬子条,第7915页。
③ 内藤湖南指出,由于宋代天子权力的扩大,《起居注》等只是片面地记录天子善行,而无法写入他们的恶行了。参见氏著《中国史学史》,马彪译,上海古籍出版社2008年版,第194~196页。
④ 王巩撰,戴建国整理:《闻见近录》(不分卷),收入朱易安、傅璇琮等主编《全宋笔记》第二编(六),大象出版社2006年版,第27~28页。
⑤ 《续资治通鉴长编》卷五〇五,元符二年正月己巳条,第12044页。
⑥ 洪适:《盘洲文集》卷二五《皇宋玉牒序》,《四部丛刊初编》本,上海商务印书馆1922年版。

载。《玉海》卷五一《玉牒凡例》分列"赦令、御札、圣旨、亲笔处分、郊祀、行幸、大臣拜罢、试贤良、大议论、更革废置、大祥瑞灾异、户口增减、官虽卑因事赏罚关治体者"等细目。而《群书会元截江网》一书更直接将《玉牒》放在"国史"类目中叙述，并附修纂事例十一条，其谓：

> 我朝之制，有纪载之史，有修撰之史。曰时政，曰起居，纪载之史也……而修撰之名目不一：合记注而系之以年月者，曰历也；合奏报门而分之者，会要也；采纪录之所及、备记载之所不及者，实录也；而国史则旁搜博取，较定是非，列为帝纪志传者也。有《玉牒》以纪其大事，有《圣政》以书其盛美，有《宝训》以珍其可行。其书详矣，其事重矣……其玉牒旧例所书之条凡十有一，其在绍兴以来，臣僚所定例：凡皇子出阁、公主下降、封建皇子、册拜妃王、天地宗庙之祠祀、天子之巡幸、宰相之除罢、藩国之入贡、凡大刑罚、大庆赏之事、系朝廷大节者，皆书之。①

《山堂考索》续集卷一六同样将《玉牒》作为"纂修之史"的一种。可见《玉牒》自北宋中后期以后便逐渐转变成一种编年体史书，其内容与宗室并没有太大的直接关系，而是围绕皇帝活动为核心载录一朝大政事，堪与《圣政》、《宝训》等相提并论。关于这一点，不仅在宋代士大夫中已形成共识，从皇帝的反映来看，同样也可以看出端倪。如崇宁三年（1104），徽宗"命刑部尚书管师仁重修《神宗皇帝玉牒》及看详《哲宗皇帝玉牒》"②。蔡崇榜指出，因为政治权力作祟，宋朝实录往往一修再修，随意编造、篡改历史被有宋一代援为故事③。实际上，当《玉牒》史书化之后，其影响也早已越出皇族家事，背后的政治干预同样造成它容易被反复审查、重修、篡改的糟糕命运。至于《玉牒》史书化的原因，与宋代宗室谱牒一分为五当然有一定关系，随着谱牒名目的增多，《玉牒》功能得以转变演化，但就其体例内容突出历朝帝王政事而言，宋代天子权力的强化应该是主要内因。皇权的至高无上，在朝廷

---

① 佚名：《群书会元截江网》卷三〇《国史·事实源流》，《四库类书丛刊》本，上海古籍出版社1991年版。
② 《宋会要辑稿》职官二〇之五七，第2849页。
③ 蔡崇榜：《宋代修史制度研究》，台湾文津出版社1991年版，第76页。

上下如此,在皇亲宗族之内也是如此。这一点,其实在至道年间已初露端倪,《皇属籍》以尊卑为序,分皇帝、亲王、公侯以下等若干等级。墨守"祖宗家法"的宋代诸帝,遂将这种名为谱牒、实近国史的《玉牒》体例承袭下来。

宋《玉牒》原则上每十年纂修一次呈进,这一编修周期初步确定于仁宗时期。康定元年(1040)因"重修《祖宗玉牒》成,继而修玉牒所言,请自今每岁一贴修,十岁一编录,仍以其副留中,奏可"①。元祐元年(1086),宗正寺丞王巩奏:"宗正寺条例,《皇帝玉牒》十年一进……臣以十年进书之期尚远,恐寺官因循,异时复成旷坠,请别立法:宗正寺修纂成书,其玉牒官每二年一具草缴进,如会问未足,不得过进期两季;《[仙源]类谱》等亦二年一具草,候及十年,类聚修纂成书,进呈奉安如故事。庶几国朝大典,永无废坠。"②此后,《玉牒》、《仙源类谱》每二年一具草、每十年一成书,几成定制。根据《宋会要辑稿》职官二〇之五八等文献统计,北宋咸平四年初修、大中祥符八年和康定元年先后重修《祖宗玉牒》,宝元二年(1039)修毕《仁宗玉牒》二卷,熙宁元年(1068)修《仁宗玉牒》、《英宗玉牒》各四卷,元祐元年(1086)修《神宗玉牒》及《哲宗玉牒》③,崇宁三年(1104)重修《神宗玉牒》,政和五年(1115)重修《哲宗玉牒》。两宋之际,先是部分宫禁秘藏图书被金人掠取,其他图籍又因南渡途中"寺官失守",全部散佚江湖。因此南宋时期,一方面要继续递修新牒,另一方面还要艰难补修恢复北宋旧牒。新修者有绍兴二十七年(1157)《高宗玉牒》,乾道六年(1170)续修《高宗玉牒》,乾道九年再续修《高宗玉牒》及《(孝宗)皇帝玉牒》,淳熙四年(1177)、绍熙元年(1190)及绍熙三年接续修成《孝宗玉牒》,嘉泰四年(1204)、嘉定六年(1213)及嘉定十三年陆续修成《宁宗玉牒》,淳祐二年(1242)修成《宁宗玉牒》、《理宗玉牒》,此后淳祐十一年、宝祐五年(1257)、景定二年(1261)又递修《理宗玉牒》。一直到咸淳四年(1268),续修完成《理宗玉牒》及新修《(度宗)皇帝玉牒》,这是文献所见两宋最后一次编修《玉牒》工作。至于补

---

① 《续资治通鉴长编》卷一二七,康定元年四月庚子条,第3006页。
② 《续资治通鉴长编》卷三九〇,元祐元年十月己酉条,第9491页。
③ 王巩:《闻见近录》(不分卷),第27~28页。

修旧牒,则从高宗朝绍兴年间直至宁宗开禧元年(1205),才终于全部补齐北宋九朝玉牒。①

元人在编修《宋史·艺文志三》时尚能看到的《宋玉牒》三十三卷、《仁宗玉牒》四卷、《英宗玉牒》四卷,至明清亦已不传。不过,《后村先生大全集》中尚存《玉牒初草》二卷②。《玉牒初草》由南宋刘克庄(1187~1269)在理宗端平(1234~1236)年间担任宗正寺主簿时修纂,记载的是宁宗嘉定十一年(1218)、嘉定十二年(1219)两年之事,主要是记录朝政大事,但较正史本纪更为翔实,间有涉及宗室授官任职等情况。这两卷草稿可谓是唯一遗存的赵宋皇帝《玉牒》原始文献,它对于我们辨明《玉牒》体例以及研究南宋宁宗一朝历史都有不可忽视的重要价值。因为文献俱在,加上前人对此已多有专门探讨③,此处不再赘述。

二、属籍

宋朝第一次编修的皇族谱牒便称作属籍。前文已经详细交代,此次属籍编修始于宋太宗至道初年,但直到太宗去世时也没有最后完成。宋真宗即位后,命相关人员于秘阁设厅继续编纂,又诏在宗正寺建造"属籍楼"以待供奉。至咸平四年(1001)正月辛丑,修玉牒官赵安易、梁周翰始进呈新修《皇属籍》三十三卷,仍诏令宗正寺接续编纂④,整个过程费尽周折。大中祥符六年(1013)正月,真宗"诏宗正寺以帝籍为玉牒"⑤,但同时"又令《属籍》别录一本,送秘阁收藏,用备检讨"。大中祥符八年,又"诏建玉牒殿、属籍堂于新寺(按即宗正寺),命宗正卿赵安仁重修《玉牒》、《属籍》"。可见最初修定的《皇属籍》虽被更名为《皇宋玉牒》,但宋代《属籍》名目本身并未因此被

① 详情可参见王瑞来《宋代玉牒考》,载《文献》1991 年第 4 期。
② 刘克庄:《后村先生大全集》卷八二、八三《玉牒初草》,四川大学出版社 2008 年版,第 2167~2198 页。
③ 王瑞来:《宋代玉牒考》,载《文献》1991 年第 4 期。王德毅:《宋代的日历和玉牒之研究》,收入宋史座谈会编《宋史研究集》第 17 辑,台北译馆 1988 年,第 93~124 页。
④ 《宋会要辑稿》职官二〇之五五,第 2848 页。
⑤ 《宋史》卷八《真宗本纪三》,第 153 页。

《玉牒》所取代。两者从此并行不悖,只不过《玉牒》更侧重表彰皇帝(附皇后)事迹,而《属籍》则以记录宗室情况为主。宝元二年(1039),宗正寺修玉牒官李淑上所修《皇帝玉牒》二卷、《皇子籍》一卷①,《皇子籍》应该是为区别一般宗室《属籍》而特立。

关于宋代《属籍》的编修周期,初如康定元年(1040)所定《玉牒》规矩,采取十年一次定期修纂的制度。因为宗室人口繁衍过快,一旦时间间隔太久,信息更新不能及时,容易给宗室管理带来被动。因此,宋廷有时候也会打破惯例,要求适时补修《属籍》。如至和元年(1054),宋仁宗诏书中就提到,宗正寺故事"《属籍》十年一修","今虽及八年,而宗支藩衍,其增修之"②。然而,北宋《属籍》常因事耽搁,修纂并不及时。元祐元年(1086)正月,玉牒官黄履经宗正寺奏请续修《属籍》,其称:"自神宗皇帝登位以来,《玉牒》、《属籍》、《类谱》并未修,欲乞将合编年分,自熙宁十年至元丰八年三月初五日终,准式编修。"③前节提到熙宁初实际编修过《仁宗玉牒》、《英宗玉牒》,但《属籍》耽搁失修情况应该是实情。当时担任宗正寺丞的是王巩(1048~1117),据他回忆,自庆历八年(1048)至元祐元年,《属籍》等始终未能完整修定:

> 至予为丞,方建明修完。其间最难取会者,官禁中事与皇族女夫官位耳。盖庆历前皇族女尚少,至元祐间不下万员。予请于朝,官禁事乞会内侍省、御药院;皇族女夫附于《属籍》,不必书其官,但书某适某人可也。朝旨从之,遂获成书。④

宋英宗、神宗两朝如此疏忽《属籍》编纂,背后也有复杂的原因,期间大刀阔斧的全面改革无疑会带来巨大冲击,另外英宗以后也遭遇新的困扰即该如何准确定位濮王一支的宗室地位。众所周知,英宗以宗室子入继大统,治平年间闹得沸沸扬扬的"濮议"即是围绕究竟该追尊濮王为皇考还是皇伯

① 《续资治通鉴长编》卷一二四,宝元二年十月甲午条,第2935页。
② 《续资治通鉴长编》卷一七七,至和元年十一月丙戌条,第4293页。
③ 《续资治通鉴长编》卷三六四,元祐元年正月戊戌条,第8698页。
④ 王巩:《闻见近录》(不分卷),收入《全宋笔记》第二编(六),第27页。

而引发,吕诲、吕大防、范纯仁、司马光等百官主张英宗应该遵循礼法传统,
"为人后者为之子",宜隆大宗而杀小宗、重社稷而降私亲,故止宜称其生父
为皇伯,但韩琦、欧阳修等大臣却揣摩迎合英宗的心思,坚持追尊濮王为皇
考。英宗最后如愿达到了自己的目的,生父称皇考,且作园立庙,不断抬高
自己这一支宗室的地位。此举显然造成两宫之间、朝臣之间的进一步对立,
使得英宗及其后的神宗都不得不有所顾忌。因此一直到哲宗亲政,他终于
下旨续修《属籍》,重点是修濮王以下《属籍》,专崇濮王子孙。据《续资治通
鉴长编》卷四〇〇元祐二年五月丙子条记载,宗正寺言:

> 被旨修纂濮安懿王以下属籍。故例,以宣祖皇帝之子为卷首,次即
> 以宗从高下为之序。今若以濮王为卷首,则先后不伦,请以庆历已前薨
> 卒宗室《属籍》,与今所修《属籍》相照,通计卷第。应籍已进者,更不重
> 进,止于目录逐卷增注"旧籍"二字,及将旧籍卷目改贴,与新籍通计其
> 数,庶有所分别,及不失昭穆次序。将来接续更修,并请依此。

《属籍》体例主要为"序同姓之亲,而第其服纪之戚疏远近",所录包括
全部宗室男女,即便那些未及赐名而夭亡早逝者也要如实注明"未及名",同
时按出生先后顺序列于谱牒当中①。根据前引王巩所述,《属籍》最初要求
详载宗室女夫官位等资料,后因为皇族人数太多,加上内外沟通不便,遂将
宗室女夫情况附录于《属籍》之后,不再书写官称,只要简单标注"某适某
人"即可。政和六年(1116)六月,朝廷以宗正寺所掌《属籍》祖簿仅 21 秩,
已不能尽录宗室事,"宗室蕃衍而迁除、婚姻等,有司全阙关报,致注凿失实,
无所稽考。修纂《玉牒》、《类谱》、《宗藩庆系录》、《仙源积庆图》,每旋行取
索,祖簿几成虚文"②,于是要求重新增广续修祖簿,"内则吏部、大宗正司、
诸宫院,外则外宗正司及宗室所任州军日下关报销凿,稽迟者严立法禁",责
成宗正少卿闾丘籲措置。同年八月十四日,闾丘籲上奏:

> 修纂玉牒《属籍》,欲自祖宗以来每朝皇子、皇女及亲贤、〔棣〕华宅

---

① 《续资治通鉴长编》卷四七七,元祐七年九月丁未条,第 11375 页。
② 《宋会要辑稿》职官二〇之八,第 2824 页。

各为一秩，三祖下十九宫院，太祖皇帝下以德、惟、从、世、令、子、伯、师，太宗皇帝下以元、允、宗、仲、士、不、善、汝，魏王下以德、承、克、叔、之、公、彦，各依昭穆次序，分位增广秩数。如有不连名及连名与别祖字行称呼交互有碍者，并限三日改正。①

此处亲贤宅、棣华宅分别是指英宗、神宗诸子宫院。由于充实增广内容太多，宗正寺不得不将原来祖簿的通谱编法重新调整，将宣祖之后分作太祖、太宗、魏王（即赵廷美）三大支编纂，三祖下各支又依宫院、世系依次编纂，以确保本支分明、世次清晰，故后来《属籍》又称《宗支属籍》②。根据宗正寺所报，此次《属籍》增补至少包括"宗室、宗女生亡、迁转、出适，宗妇成礼，合其三代名衔、成礼月日等"丰富内容。徽宗朝的这次增广补修大概是两宋时期《属籍》修纂规模最大的一次，编修时间从政和六年六月至政和八年九月，持续两年多，总共修成"太祖下九十九秩，太宗下二百六十九秩，魏王下一百四十八秩"③，三祖下合计《属籍》516秩，内目录9秩④，较原来祖簿21秩扩增十数倍。

只可惜两宋之际，这次大力增修的《属籍》散亡殆尽⑤。绍兴五年（1135），宗正少卿范冲等修纂《仙源庆系属籍总要》，将《仙源类谱》、《宗藩庆系录》和《属籍》三种皇族谱牒合编为一书，统一记载三祖位下宗室、宗妇、宗女姓名及其生卒、官爵、赐谥等各项内容⑥。绍兴八年，宗正少卿张绚曾请续修《总要》。数年之后，《属籍》等三书重又分别编修。绍兴十一年，以宗正寺编修进呈太祖皇帝下《仙源类谱》、《宗藩庆系录》和《属籍》三书，诏宗正少卿江公亮、宗正丞邵大受各与减磨勘二年，其余人吏量行犒赏⑦。南宋孝宗之后《属籍》具体修纂情况已不明。大概由于各种皇族谱牒重叠繁

① 《宋会要辑稿》职官二〇之九，第2825页。
② 《宋史》卷一六四《职官志四·玉牒所》，第3890页。
③ 《宋会要辑稿》职官二〇之五七，第2849页。
④ 《宋会要辑稿》帝系五之二八至二九，第125～126页。
⑤ 《建炎以来系年要录》卷二，建炎元年二月癸酉条引《中兴会要》语。
⑥ 王应麟：《玉海》卷五一《绍兴仙源庆系属籍总要》。
⑦ 《宋会要辑稿》职官二〇之一三，第2827页。

复,尤其是《属籍》与《仙源类谱》等体例日益趋近,《属籍》编修工作因此逐渐被边缘化。

三、宗藩庆系录

《宗藩庆系录》原名为《宗藩庆绪录》,"辨谱系之所自出,序其子孙而列其名位品秩",即主要记录各世宗室子孙名位,内容非常简洁明确,一般每年一修。据《玉海》卷五一《艺文》引《两朝志》所载,该体例创始于仁宗景祐五年(1038),当时规定:"岁写皇族名位一编,黄绫装,题《宗藩庆绪录》,与《仙源积庆图》同上,并在有司。"熙宁三年(1070)六月,宗正寺言:"每岁正月一日装《仙源积庆图》、《宗藩庆绪录》各一本,供送龙图、天章、宝文阁。"①元祐六年(1091)八月,监察御史安鼎言:"宗正寺属籍有号《宗藩庆绪录》者,按'庆绪'二字是唐安禄山子之名,今以为皇朝本支牒谱之目,其为缪戾甚矣。乞特赐改易。"②由此之故,朝廷下诏改名为《宗藩庆系录》,此后陆续递修。

靖康之后,《宗藩庆系录》等皇籍同样散亡江湖。绍兴五年(1135),经宗正少卿范冲推荐,以知婺州金华县孙纬除任宗正寺丞,以其"收得宗枝事迹,谙晓编类修纂属籍次第"之故。同年,集取《仙源类谱》、《宗藩庆系录》和《属籍》三种皇族谱牒形式,分太祖、太宗、赵廷美、母氏、始生、宗妇、宗女、宫院、官爵、寿考、赐谥等具体内容,合纂成《仙源庆系属籍总要》③。绍兴八年十二月,宗正寺续修三祖下《仙源庆系属籍总要》。次年八月,诏令东京留守司搜访散落的皇族谱牒,缴送尚书省。绍兴十年闰六月,宗正少卿江公亮等言:

> 承朝廷送下搜访到东京已经进呈《宗藩庆系录》并宗室班位、宗女、宗妇簿共一十五册,约二千余板。本寺再行参照得与近来取会应诸路

---

① 《续资治通鉴长编》卷二一二,熙宁三年六月丁丑条,第5151页。
② 《续资治通鉴长编》卷四六四,元祐六年八月己亥条,第11077页。
③ 《宋会要辑稿》职官二〇之一一至一二,第2826页。

报到事迹等各有异同,及缺文差讹去处颇多,委是文字浩大,卒难尽行编修。今欲乞依绍兴五年本寺丞孙纬已编修进呈体例,将《太祖皇帝庆系》先次进呈,其《太宗皇帝庆系》并《秦王庆系》续行编修进呈。兼契勘绍兴五年系修写二本,一本进入,一本在寺崇奉。今检准在京日进呈《玉牒》条例,系入内内侍省差承受官一员进呈毕,迎奉安奉。今来编修到亦系《祖宗庆系》,今乞比附进《玉牒》条例,更不乞差承受官外,止乞(今)[令]本寺官进呈讫,迎奉赴寺安奉。①

可见,宋高宗曾派人到开封寻求到部分北宋所修《宗藩庆系录》,此后对三祖以下《宗藩庆系录》进行了一系列重修、续修工作。绍兴十一年(1141),宗正寺呈进太祖皇帝位下《宗藩庆系录》。绍兴二十八年四月,诏宗正寺继续修纂太宗、赵廷美位下《宗藩庆系录》。宋孝宗淳熙元年(1174)十二月十六日,玉牒所上新修《三祖下上五世宗藩庆系录》,淳熙十三年(1186)十一月修成《三祖下第六世宗藩庆系录》②。宋宁宗嘉定十三年(1220)五月又修毕呈进《三祖下第七世宗藩庆系录》。③

北京国家图书馆善本古籍库现藏《宗藩庆系录》22卷22册,属南宋官修原抄本,保留了太祖、太宗和魏王赵廷美以下第五世、第六世、第七世《宗藩庆系录》的部分内容,实际上分别是前文所述孝宗、宁宗三次编修完成的三祖下《宗藩庆系录》残卷。该帙虽已残缺不全,但仍有益于我们了解800年前南宋《宗藩庆系录》的装帧形制与内容体例。从装帧上看,其书衣为黄色织绫,与《玉海》所谓仁宗朝以来的"黄绫装"完全一致。开本阔大,高约40厘米,宽约28厘米,朱丝栏,白口,四周单边,页五行十三字,正楷墨书④。《宗藩庆系录》残本按照每一世代来记录,如《[太祖]皇帝下第六世宗藩庆

---

① 《宋会要辑稿》职官二〇之一三至一四,第2827页。
② 《宋会要辑稿》职官二〇之四二至四三,第2841~2842页。
③ 《宋史》卷四〇《宁宗本纪》,第774页。
④ 杨印民、林世田:《谱牒双璧:国图藏〈仙源类谱〉与〈宗藩庆系录〉》,载《中国典籍与文化》2013年第1期。但该文个别地方将《三祖下上五世宗藩庆系录》误为《三祖下五世宗藩庆系录》,南宋《宗藩庆系录》分太祖、太宗、赵廷美三支编纂,其中淳熙元年修成的是第一世至第五世的五世合谱,故称"上五世"。其后,第六世、第七世《宗藩庆系录》则按每个世代划分。

系录》卷四载:

> 世宣八子二子不及名
>
> 建州观察使赠开府仪同三司和国公谥孝荣令铎
>
> 右千牛卫将军赠右屯卫大将军令进
>
> 右监门卫大将军赠洺州防御使广平侯令祷
>
> 右武卫大将军嘉州防御使赠郓州观察使东平侯令栲
>
> 右武卫大将军舒州刺史赠镇安军承宣使奉化侯令憎
>
> 右金吾卫大将军抚州防御使赠建武军节度观察留后永宁郡公令变

这是《宗藩庆系录》编写内容的基本格套,可见其记载文字相当简略,不登录宗女、宗妇、婚姻等信息,只记录宗室男性成员之名、生子人数(统计总人数中还包括不及名者)、宗室子终官、赠官、爵位及赐谥诸项内容。若宗室子弟并无官职公爵,则仅记其名而已。这正与《宋史》等史籍所谓"辨谱系之所自出,序其子孙而列其名位品秩"相吻合。值得注意的一个细节是,有学者研究残卷后发现,《宗藩庆系录》对出继宗室子孙不书名,如太祖下第六世《宗藩庆系录》卷四记赵世融诸子,书有"世融子出继"等字,然后下方用一块方形黄绢覆盖原名①。这应该是宋代处理宗室过继的一种常规措施,使宗室世系本源清晰可查,又避免了宗子过继后两边名字重出的问题。

四、仙源类谱

《仙源类谱》创修于宋真宗大中祥符九年(1016)。当时,宗正寺在《玉牒》、《属籍》之外,别修皇室新谱二十卷,故特赐名《仙源类谱》②。按宋制,它原则上应该也是十年一修。但元祐元年(1086),宗正寺丞王巩以"《仙源类谱》自翰林学士张方平庆历年进书之后,已五十年,并无成书",于是始为续修。《玉海》卷五一《庆历仙源类谱》记《天源类谱》一卷,"起僖祖讫英宗,以

---

① 杨印民、林世田:《谱牒双璧:国图藏〈仙源类谱〉与〈宗藩庆系录〉》,载《中国典籍与文化》2013年第1期。

② 王应麟:《玉海》卷五一《祥符仙源类谱》。

熙宁庙系图附其后",或即为王巩续成之谱,《宋史·艺文志三》亦载此谱书目。当时,王巩还通过尚书省奏准,欲遵照《玉牒》编修制度,规定《仙源类谱》也须"二年一具草,候及十年,类聚修纂成书"①。但在实际过程中,二年初草、十年类聚的修纂制度也没有得到严格执行。宣和四年(1122)二月二十九日,宗正少卿赵子崧奏:"神宗、哲宗两朝帝系《类谱》未曾编纂,乞就寺委官。"②宋徽宗诏命赵子崧负责修纂。当年九月成书进呈,送宗正寺玉牒殿宝藏,赵子崧特转一官。综合来看,《仙源类谱》在北宋时期修纂时断时续,而且哲宗朝续成仅一卷,所记却涵盖僖祖至英宗各朝宗室状况,大概可以推知在北宋后期其内容体例应该比较简略,徽宗时期大概最看重的皇族谱牒还是增广补修的《属籍》,《仙源类谱》的地位尚不凸显。或许正因为如此,南渡初宗正寺丞邵大受奏称宗正寺所掌"四书",唯曰《皇帝玉牒》、《仙源积庆图》、《宗藩庆系录》、《宗支属籍》,竟未提《仙源类谱》③。但根据《宋史·职官志》,《仙源类谱》是"序男女宗妇族姓婚姻及官爵迁叙而著其功罪、生死",在诸谱之中,所记最为全面翔实。这种变化应该发生在南宋时期,特别是宋孝宗之后,大概《仙源类谱》成为记录内容最为详备的宗室谱牒,并最终取代了北宋《属籍》的重要地位,故《属籍》修纂自孝宗朝之后反而湮没无闻。

两宋之际,《仙源类谱》同样散亡无存。如前所述,绍兴五年(1135),始合纂《仙源庆系属籍总要》。绍兴八年,续修《仙源庆系属籍总要》。绍兴十一年,又分别编修《仙源类谱》等三书。绍兴二十七年(1157)三月,宰臣沈该上奏,太祖、太宗、魏王等三祖下"各宗《仙源类谱》、五世昭穆,今已修写进本,乞择日进呈"④,这应该即南宋重修《三祖下上五世仙源类谱》,包含第一世至第五世宗室谱牒,此后宋廷还为此举行了隆重的进书礼仪。淳熙五年(1178)十月,史浩提举进呈《三祖下第六世仙源类谱》⑤,据《东莱吕太史

---

① 《续资治通鉴长编》卷三九〇,元祐元年十月己酉条,第 9491 页。
② 《宋会要辑稿》职官二〇之九,第 2825 页。
③ 《宋史》卷一六四《职官志四·玉牒所》,第 3890 页。
④ 《宋史》卷一一四《礼志十七·嘉礼五·进书仪》,第 2713~2714 页。
⑤ 《宋史》卷三五《孝宗本纪三》,第 669 页。

文集》卷二所记,当时在朝的吕祖谦还分别为此撰写了致孝宗皇帝和太上皇帝赵构的两份进书贺表。嘉定六年(1213)闰九月,史浩之子史弥远又提举编修完成《三祖下第七世仙源类谱》①。又,据李心传(1167～1244)自述,他参修《玉牒》时曾依据宗正寺《仙源类谱》资料来统计宗室数量,其对象已延至三祖下第十一代即"与"、"必"、"若"等字辈宗室②,可以推测南宋后期对三祖下第八代以降的各世《仙源类谱》仍续有编修。

与北宋时期不同,《仙源类谱》在南宋时期备受重视,其所录宗室情况也最称周密完备。关于这一点,我们同样能够通过现存南宋《仙源类谱》原本残卷得以印证。上海图书馆是国内外收藏中国家谱(原件)数量最多的单位③,其所藏最早者即为南宋写本《仙源类谱》,不过只有 3 页残页(含封面 1 页)。另据笔者检查,该馆还藏有清抄本《仙源类谱》,自《太祖皇帝下第六世仙源类谱》卷第一至《太宗皇帝下第七世仙源类谱》卷第一百四十,故目录称 140 卷 452 页,但实际多为阙卷,且次序淆乱,残存各卷排比后仅得太祖、太宗下第六世、第七世《仙源类谱》共 27 卷,包括太祖下第六世卷第一、第二十二;太祖下第七世卷第二、第二十二、第二十六、第四十五;太宗下第六世卷第四、第六、第二十一、第三十九、第四十一、第五十六;太宗下第七世第二十七、第三十、第四十四、第五十、第六十二、第九十六、第九十八、第一百、第一百十一、第一百十四、第一百二十二、第一百二十五、第一百三十一、第一百三十八、第一百四十。再比较国家图书馆善本古籍库所藏《仙源类谱》南宋抄本 30 卷 30 册④,上海图书馆清抄本各卷号与国家图书馆南宋抄本残卷完全吻合,可知清抄本实以后者为底本。下面仍以国家图书馆藏书

---

① 《宋史》卷三九《宁宗本纪三》,第 759 页。佚名:《两朝纲目备要》卷一三,嘉定六年闰九月甲午条,中华书局 1995 年点校本,第 246 页。

② 李心传:《建炎以来朝野杂记》甲集卷一《三祖下宗室数》,中华书局 2000 年点校本,第 56～57 页。

③ 王鹤鸣等主编:《上海图书馆馆藏家谱提要》,上海古籍出版社 2000 年版。该书赵氏族谱中尚未及整理收录馆藏《仙源类谱》残卷情况。

④ 此谱应该是前文所述史浩、史弥远父子先后提举编修并呈进的《三祖下第六世仙源类谱》和《三祖下第七世仙源类谱》残卷。关于其编修、装帧等具体情况,可参考杨印民、林世田《谱牒双璧:国图藏〈仙源类谱〉与〈宗藩庆系录〉》,载《中国典籍与文化》2013 年第 1 期。

示例,《太祖下第七世仙源类谱》卷四十五记载(标点为笔者所加):

> 令剖
>
> 子五人
>
> > 长子觌(中略)
> >
> > 次子靓(中略)
> >
> > 次子晛(中略)
> >
> > 次子觏(中略)

次子觌,绍兴七年八月二十二日生。该遇三十二年六月十一日孝宗皇帝即位,量试合格推恩。隆兴元年二月授承信郎。乾道三年六月磨勘转承节郎。八年八月转保义郎。淳熙四年四月转成忠郎。转忠翊郎,转秉义郎,累转训武郎。庆元元年八月十三日亡。

> 女二人
>
> > 长适进士詹云
> >
> > 次绍兴五年十月十六日生,适修武郎方琮

通过这段材料,我们不难发现南宋《仙源类谱》记述宗室内容相当全面。它不仅登录宗室所生男女子嗣人数、人名等信息,且记载宗女生日、宗室女夫(包括再嫁)姓名及任官等项。尤其重要的是,《仙源类谱》中对所有宗室子孙的生卒年月、入仕、转官、赠官、勋爵等情况记录非常详细,实近似于人物小传。因此说《仙源类谱》为所有皇族谱牒中记载最为详备的一种,是确凿无疑的。唯有一点,现存残卷中未见宗妇的任何记载,《宋史》所谓"序男女宗妇族姓婚姻"不知是表述失当还是《仙源类谱》体例曾有较大改动,存疑待考。

五、仙源积庆图

大中祥符九年(1016),宗正卿赵安仁奏请仿唐朝《天潢源派谱》,另外编修宗室新谱,这个新谱,就是最早的《仙源积庆图》①。《天潢源派谱》是李唐宗室谱牒之一,《宋史·艺文志三》录李匡文《天潢源派谱说》一卷,陈乐

---

① 《续资治通鉴长编》卷八六,大中祥符九年三月癸亥条,第1980页。

素先生根据《唐志》、《崇文总目》等书考证，《天潢源派谱说》即《天潢源派谱》，又作《天潢源派》①，可见当时其书尚存，为宋人编修本朝宗室图牒提供了参考范本。神宗时规定，每年正月一日录《仙源积庆图》与《宗藩庆绪录》各一本供送龙图、天章诸阁。徽宗崇宁三年（1104）十月十四日，宗正丞徐处仁在奏折中提到《仙源积庆图》每三年"于岁旦关送内阁"②，则一年一修的周期在这之前已调整为三年一修，所以元人在编修《宋史·职官志四·玉牒所》时有"图以三岁"之说。

两宋《仙源积庆图》今已荡然无存，但它既以图牒形式，为"考定世次枝分派别而系以本宗"，其图录之精简大概可以想象。《宋史·艺文志三》录有宋《仙源积庆图》一书，起自僖祖迄于哲宗，历北宋七朝亦只厘为一卷。据《续资治通鉴长编》卷四七七元祐七年（1092）九月丁未条记载，宗正司（按：当为"宗正寺"之误）言："《玉牒》、《宗藩庆系录》、《仙源积庆图》内，宗室子有未及立名而卒者，亦皆开列，以其无可称呼，故但曰不及名。缘宗支蕃衍，图、牒卷帙渐已浩大，既不及名，即无官爵事迹可考。又其生出先后之序，已各载于《属籍》、《类谱》，复列图、牒，颇见冗长。宜于《玉牒》、《宗藩庆系录》内，凡不及名者，止于其父名下总计其数注入，《仙源积庆图》更不开具。"从之。本来宗室不及名者，要在图录中逐一标识就勉为其难，加之其他各色谱牒中已加标注，因此《仙源积庆图》从此删去"不及名"这项内容。可以推测，《仙源积庆图》重在揭示宗室内部世系传承、长幼亲属之目，在所有的两宋皇族谱牒中，它当属最为简略的一种。当然，上述引文也揭示出宋代皇族谱牒的重出冗滥，当时的宗正寺官员也深感厌烦无谓。

南宋以后实际编修完成者主要有两次，分别是高宗绍兴二十八年（1158）三月沈该等上《三祖下仙源积庆图》③，乾道三年（1167）五月癸卯叶颙等上《三祖下仙源积庆图》④。赵希弁补撰《郡斋读书志》附志载录有《仙

---

① 陈乐素：《宋史艺文志考证》，广东人民出版社 2002 年版，第 132 页。
② 《宋会要辑稿》职官二〇之八，第 2824 页。
③ 《建炎以来系年要录》卷一七九，绍兴二十八年三月丁卯条。熊克：《中兴小纪》卷三八。
④ 《宋史》卷三四《孝宗本纪二》，第 640 页。

源积庆图》三卷,只说是"三祖下宗室派系"①,具体情况不明,或即南宋高、孝所修宗室图谱。此后,大概因为记录太过精简,对宗室管理事务缺乏实质性影响,未见有再修《仙源积庆图》的记载。但这种简明的世系宗枝图后来在私修族谱中反而成为常见体例。

两宋皇族谱牒一分为五,固然可称完备,但的确也有名目混淆、重复冗滥等种种陋弊,反映出囿于祖宗法度、缝缝补补的宋代制度特色。另外,尽管修纂制度三令五申,规定十年、三年或每年递修,但大半形同具文,及时修纂者少,断断续续者多。大体而言,在五种皇族谱牒中,北宋所重者主要是《玉牒》和《属籍》两种,唯《玉牒》更近国史,虽宋人最为尊崇,其进书之仪无比隆重,但其实内容转抄各史,又与宗室事务关涉无多,在当时关系天子体面尊严甚大,在后人来看则殊为可笑。南宋始终所重者则主要是《玉牒》、《仙源类谱》和《宗藩庆系录》三种,也正是这三类谱牒,迄今仍有刘克庄《玉牒初草》或南宋抄本残卷流传至今。至于《属籍》、《仙源积庆图》,则因为重出累赘、特色不显,南宋孝宗以后终于渐渐失修不传。

最后需要说明的是,熙宁年间宋廷对五服以外宗室疏属"合不合修入图册"的问题曾有激烈争议,诏下礼院讨论。《续资治通鉴长编》卷二一二熙宁三年六月丁丑条载礼官言曰:

> 圣王之于其族,上杀下杀,而弹于六世,所以明亲疏之异也。亲道虽尽,犹且记其源流,百世不紊,所以著世系不同也。亲疏异则恩礼不得不异,世系同则图籍不得不同。二者并行不悖……况朝廷厘改皇族授官之制,而祖免外亲统宗袭爵、进预科选、迁官给俸,事事优异,悉不与外官匹庶同法,则属虽疏而恩礼不偏。若图籍湮落,则无以审其所从,而为久远之证。

朝廷讨论的结果是,所有祖宗非祖免亲仍依旧修入各类宗室谱牒,后来又试图建立一套疏属及时呈报制度,规定:"宗室祖免已下亲男女生亡,外任限三

---

① 晁公武著,赵希弁补:《郡斋读书志》附志卷五上《谱牒类》,《四部丛刊三编》本,上海商务印书馆1935年版。

日申所属州县,州县限三日申大宗正司,在京限三日报本祖下袭封宗室注籍。"①孝宗时,有归正宗子赵不骄自中原沦陷区回来,朝廷特与补正承信郎,但必须"候本人召到知识保官,委有干照,方隶玉牒"②。宋廷不惜耗费人财来编纂宗室谱牒,这既与其他士庶家族有相同之处,是为了统录源流世系以敬宗收族,但更重要的是虑及宗室身份的特殊性,所谓"统宗袭爵、进预科选、迁官给俸,事事优异,悉不与外官匹庶同法",皇族宗亲哪怕世系渐远,仍能享有各种身份特权,绝非庶姓他族、匹夫匹妇能比。兹事体大,故有官员会对宗正失守提出批评:"宗正之掌图牒,所以分源流之远近,定世次之戚疏。比年以来,虽间置卿,漫不省察。宣和之间,有乞附属籍而非宗室者,令国是也。近年以来,亦有诈称宗室而兴兵者,不覆是也。"③又有人称:"皇族本支,谱牒具严,岂贱姓所宜诈冒;朝廷官爵,名器所谨,岂下流所可伪为。"④两宋官修宗室属籍,主要还是为辨别宗室内外亲疏名分,据此配给特殊化待遇,并防止伪冒滥取等舞弊行为。

第三节　人口变化情况分析

宋代宗室谱牒形式多样,卷帙相当庞大,登录的人口资料也比较全面,皇族男女包括早殇未及名都会在不同图牒册籍中注入人口总数。这些谱牒可谓构成了相对完整的宗室人口资料库。此外,元丰年间国史院编修官赵彦若(约1033～约1095)在与司马光同修《百官公卿年表》时,还曾编纂《宗室世表》三卷⑤,保留了神宗朝以前的宗室世系人口资料。遗憾的是,由于

---

① 《宋会要辑稿》帝系五之二四,第123页。

② 《宋会要辑稿》帝系七之一〇,第151页。

③ 《宋会要辑稿》帝系六之四,第132页。

④ 佚名:《名公书判清明集》卷一一《人品门·假宗室冒官爵》,中华书局1987年点校本,第400页。

⑤ 《续资治通鉴长编》卷三一五,元丰十年八月辛巳条,第7634页。按《宗室世表》为赵彦若所修,《宋史》卷二〇四《艺文志三》误系为司马光,第5149页。赵彦若系青州临淄(今山东益都西北)人,并非宗室,熙宁中曾任知宗正丞。

战乱、王朝更迭等因素的影响,上述资料绝大多数已散佚不见,侥幸仅存者如《仙源类谱》、《宗藩庆系录》也只是断续零散的残帙,虽有极高的版本及文献价值,但若要依托它们来研究宗室人口的前后消长,显然帮助不大。

两宋各类史籍及时人文集、笔记等文献对宗室人口间有涉及。据《续资治通鉴长编》记载,景祐三年(1036)宗室得预朝参者便有 140 余人,为皇帝庆生的乾元节宴席已不能容纳①。范镇(1007～1088)撰《东斋记事》曰:"予尝修《玉牒》,知国家庆绪之繁衍。治平中,宗室四千余人。男女相半,存亡亦相半。"②可见,英宗治平年间,宗室男女又迅速繁衍数千人。方勺《泊宅编》从任官情况统计了宗室人数,记录元丰(1078～1085)初年朝廷"文武现任官二万四千五百四十九员,文一万一百九十三,武一万二千八百二十六,宗室九百四十四,内臣五百八十六"③,此处所指宗室 944 人,应该主要还是赐名授官的宗室环卫武职人员,占 24549 名文武官员的 4%。另外,《续资治通鉴长编》、《宋会要辑稿》等还统计过北宋宗室就学人数,其中英宗治平元年(1064)宗室三十岁以上入学者 130 人,十五岁至二十九岁之间 309 人,十四岁以下未计其数④;徽宗政和四年(1114)开封诸宫宅十岁以上宗室小学生已近 1000 人,二十岁以上大学生未计其数⑤。

南宋李心传曾任宗正主簿参修《玉牒》,因此得见宗正寺藏《仙源类谱》,利用当时亲见的这些宝贵资料,他以世系先后为序,仔细统计过宗室子孙的人口数量,其曰:

> 宗正寺《仙源类谱》,太祖下:德字行四人,惟字行八人,从字、守字行二十四人,世字行一百二十九人,令字行五百六十四人,子字行一千二百五十一人,伯字行一千六百四十五人,孝宗同此行。师字行一千四百九十人,希字行一千一百四十人,与字行一百十人,凡六千三百六十

① 《续资治通鉴长编》卷一一八,景祐三年四月丙辰条,第 2782 页。
② 范镇:《东斋记事》卷一,中华书局 1980 年点校本,第 11 页。
③ 方勺:《泊宅编》卷一〇,中华书局 1983 年点校本,第 56 页。
④ 《续资治通鉴长编》卷二〇二,治平元年六月己亥条,第 4889 页。
⑤ 《宋会要辑稿》崇儒一之三,第 2164 页。

五人。孟字行、由字行未见数。太宗下：元字行九人，允字行十九人，宗字行七十五人，英宗同此行。仲字行三百八十八人，士字行一千四百九十九人，不字行二千一百三十人，善字行二千四百三十一人，汝字行一千二十二人，崇字行四百一十三人，必字行一十九人，凡八千有五人。良字行、友字行未见数。魏悼王下：德字行十人，承字行三十二人，克字行一百二十七人，叔字行五百六十一人，之字行一千四百二十五人，公字行一千七百七十四人，彦字行一千八百二十四人，夫字行一千六百六十六人，时字行二百五十三人，若字行二十四人，嗣字行未见数，其见数者，凡七千二百九十六人。以淳熙八年计之，三祖下合二万一千六百六十有六人。英宗子吴王、益王下，孝字行十三人，安字、居字、多字行皆为南班官，未见数。淳熙初，诏"多"字行之子连"自"字。绍熙初，诏"自"字行之子连"甫"字。徽宗子棣华宅诸王下连"卿"字，"卿"字下连"茂"字，"茂"字下连"中"字，"中"字下连"孙"字。然棣华子孙自靖康以来，皆隔异域，但遥为排连而已。①

后来，马端临等人在阐述宗室问题时都会引用李心传的这份资料。李氏统计数据截止孝宗淳熙八年（1181），列出三祖下第一世孙至第十世孙的各世人数及合计总数，我们可以用表格形式将其更加清晰地呈现出来。

表 2-2　南宋淳熙八年（1181）统计宗室人口数量表（单位：人）

	赵匡胤系	赵光义系	赵廷美系	合　计
第一世	4	9	10	23
第二世	8	19	32	59
第三世	24	75	127	226
第四世	129	388	561	1078
第五世	564	1499	1425	3488
第六世	1251	2130	1774	5155

---

① 李心传：《建炎以来朝野杂记》甲集卷一《三祖下宗室数》，中华书局 2000 年点校本，第56~57页。

（续　表）

	赵匡胤系	赵光义系	赵廷美系	合　计
第七世	1645	2431	1824	5900
第八世	1490	1022	1666	4178
第九世	1140	413	253	1806
第十世	110	19	24	153
合　计	6365	8005	7696	22066

资料来源：李心传：《建炎以来朝野杂记》甲集卷一《三祖下宗室数》。

列表显示，赵廷美位下总人口实为 7696 人，李心传原来统计失误作 7296 人，最后的三祖下总数也当修正为 22066 人，而不是原书所称 21666 人。《建炎以来朝野杂记》甲集完成于南宋宁宗嘉泰二年（1202），距李心传统计《仙源类谱》资料截止的淳熙八年已过去 20 余年，淳熙八年去南宋灭亡更有百年之遥，因此该统计并不能反映宗室人口在南宋最后一百年的变化情况，重构两宋宗室人口发展还有很大空白。有不少学者据李氏统计数据猜测，三祖下第八世孙后宗室人口锐减，乃是因为靖康之乱中赵宋宗室遭到毁灭性打击，以致南渡十无一二，枝叶飘零①。其实这是很大的误解，根据行辈联名，第八、九、十世孙已是南宋光宗、宁宗、理宗对应的辈分。两宋之际徽宗、钦宗高宗、孝宗正好对应第五世至第七世孙，他们这三辈受到靖康之乱的影响最为直接，可表格显示这三代宗室人口仍不断在增长，因此我们需要重新评估北宋灭亡对宗室的影响。至于第八世以后所谓人口锐减，那不过是数字的假象，1181 年上距 960 年有 220 余年，以三十年一代的人口更迭规律估算，当时第八世孙作为新一代人口远未迎来出生高峰，这才是统计人口骤然减少的根本原因。问题是，我们能否弥补南宋最后一百年的宗室人口数据呢？

很庆幸，元修《宋史》尽管芜杂，却留下了比较完整的赵宋《宗室世系

---

① 杨印民、林世田：《谱牒双璧：国图藏〈仙源类谱〉与〈宗藩庆系录〉》，载《中国典籍与文化》2013 年第 1 期。

表》。《宋史》自卷二一五至卷二四一共 27 个宗室表①,卷帙浩繁,以中华书局点校本论,《宗室世系表》煌煌 8 册,占全书 1/5,可惜长期以来极少为人关注和利用。《元史·世祖本纪六》记载:"至元十三年(宋德祐二年,1276)二月丁未,诏:秘书省图书、宗正谱牒、天文、地理图册,凡典故文字并户口版籍,尽仰收拾。"可知南宋投降后,宗室谱牒连同其他馆阁典藏悉数被元人运往北方,为后来修史制表提供了重要参考。考《宋史·宗室世系表八》列有赵孟頫(1254~1322)等名,赵孟頫系宋太祖第十一世孙,生于理宗宝祐二年,此时距南宋灭亡已不太远,且表中还记载太祖下第十三世孙即宜、晋字辈宗室 13 人,显然已近南宋末年。可见,《宋史·宗室世系表》所载两宋宗室各世系人口应该较为完整。另外,笔者还抽查了国家图书馆藏《仙源类谱》、《宗藩庆系录》两部残本的部分卷目,将宗室世系名字与表格内容互相参校,发现除个别人名字形稍有出入外,基本都能彼此印证。当然,由于《宋史》诸表内容浩繁,兼之元明以来辗转传抄,漏载、误记等问题肯定不可避免②。可以确定无疑的是,迄今为止我们所见史料当中,《宋史·宗室世系表》最完整地保留了两宋三百余年宗室人口的信息。

《宋史·宗室世系表》在三祖之下分房、按世系登记宗室人名,宋太祖 4 子:长滕王赵德秀,次燕王赵德昭,次舒王赵德林,次秦王赵德芳。赵德秀、赵德林无后,故表中只分燕王、秦王 2 房;太宗 9 子:长汉王赵元佐,次许王赵元僖,次真宗,次商王赵元份,次越王赵元杰,次镇王赵元偓,次楚王赵元偁,次周王赵元俨,次崇王赵元亿。真宗生仁宗,仁宗无后,加上赵元亿一系嗣绝,故表中实分汉王、许王、商王、越王、镇王、楚王、周王 7 房。赵元僖、赵元杰、赵元偁

---

① 按:《永乐大典》(中华书局 1986 年影印本)第 6 册,卷一三○一七至一三○二○,存《宋宗室》一八至二一,分别对应《宋史·宗室世系表》十五至十八,彼此文字互有不同,亦可资对照研究。

② 如《宋史》卷三九二《赵汝愚传》谓赵汝愚有子九人,第 11990 页。但在《宋史》卷二二五《宗室世系表一六》中仅记子八人,漏载赵崇模之名,第 6689~6692 页。赵崇模于宝庆二年(1226)至绍定四年(1231)间曾任广南西路安抚使,颇有官声。参见广西统计局编《选印广西统计丛书之二:古今旅桂人名鉴》,杭州古籍书店选印广西统计丛书 1934 年版,第 162 页。另外,如《临海墓志集录》附《跋赵彦熙及其妻陶氏圹志》显示赵彦熙及其三子六孙,第 217 页。但核之《宋史·宗室世系表》,皆阙漏无考。

生子皆早夭,后分别以赵元佐孙入继;赵廷美 10 子:长高密郡王赵德恭,次广平郡王赵德隆,次颍川郡王赵德彝,次广陵郡王赵德雍,次郧国郡公赵德钧,次江国公赵德钦,次原国公赵德润,次申王赵德文,次姑臧侯赵德愿,次纪国公赵德存。赵德润、赵德愿无子,因此表中实际只有 8 房。上述三祖下 17 房为世系表主体部分,英宗 4 子、神宗 14 子、徽宗 31 子别为列表。此外,钦宗 2 子、高宗 1 子、孝宗 4 子、光宗 2 子、宁宗 9 子,因皇子不盛且多夭亡,仅作文字说明附于表后①。三祖下第一世孙至第六世孙在人名之下简明载录其终官、赠官或者封爵等情况,第七世孙以下则只记名而已,不再登记官位。

为探讨两宋宗室人口的变化实情,笔者利用《宋史·宗室世系表》所载全部人名来做人口统计。统计表不再细分各房,而以赵匡胤、赵光义、赵廷美三祖下每一世系为准,既方便对照比较三支宗室的人口差异,也符合宋代三祖下分支修谱的习惯。需说明的一点是,元人在编修《宗室世系表》时,没有记载宗女,也没有计入早殇不及名人数。兹列表如下。

表2-3　两宋宗室人口数量统计表(单位:人)

	赵匡胤系	赵光义系	赵廷美系	合　　计
第一世	4	9	10	23
第二世	8	12	32	52
第三世	23	71	124	218
第四世	127	372	557	1056
第五世	543	1469	1447	3459
第六世	1336	2403	2284	6023
第七世	1920	3173	3074	8167
第八世	2893	5031	3700	11624
第九世	4498	5835	3163	13496
第十世	4586	4034	1868	10488
第十一世	2494	1335	475	4304
第十二世	417	126	29	572
第十三世	13	—	—	13
合　计	18862	23870	16763	59495

资料来源:《宋史》卷二一五《宗室世系表一》至卷二四一《宗室世系表二十七》。

---

① 《宋史》卷二三三《宗室世系表十九》,第 7737～7738 页。

　　表中统计数据显示,两宋三祖下宗室子孙人口总数为 59495 人,男性人口即已接近 6 万人①,是李心传统计时总人口的 2.7 倍。从三祖合计人口变化的整体趋势看,第一世孙至第五世孙人口增长速度最快,这段时期大致可以对应太祖朝至徽宗朝(太宗第五世孙)的几乎整个北宋时期,从第一世到第五世,人口增长率依次为 126.1%、319.2%、384.4%、227.6%。自第六世至第九世,人口增长速度相对趋缓,增长率分别是 74.1%、35.6%、42.4%、16.1%。而第十世较之第九世人口开始出现负增长率,为 −22.3%,第十一世以后更是不断剧减,其原因与前面分析的李心传统计时的情况相似。应该承认,由于史料记载的限制,我们无法了解宗室人口数及宗子出生、死亡的逐年变动情况,以世系人口做统计存在一定的局限,因为不同宗支的繁衍速度并不同步,同一世系子孙的实际生活年代也并不完全一致。尽管如此,各世系人口增长率的变动,总体上仍揭示出宗室人口呈现明显的阶段性差异,亦与两宋历史的整体发展相契合。北宋时期宗室总体上以闲养为主,尤其神宗朝以前基本都是五服内近属,集中定居京师,经济待遇等十分优厚,导致人口迅速激增。神宗以后调整宗室政策,徽宗时将无官疏属外迁西、南两京,但为笼络宗子,赡养政策仍相当周全,有时甚至超过京师近属的待遇。因此总体而言,在北宋超过一个半世纪的时间里,宗室基本生活在衣食无忧、和平闲养的环境里,促使其人口始终保持很高的增长率。北宋末年经靖康之役,给宗室带来的损害之一就是濮王一系近属急剧减少。南宋太祖一支重新入继皇统,但皇帝近属子孙繁衍也不乐观,不惟诸帝生养不广,即如孝宗本生父秀安僖王赵子偁,用濮王故事以子孙嗣袭爵位,但"其间以傍宗入继者,盖十居五六焉"②。自靖康劫难后,南宋宗室近属人口一蹶不振,由此可见一斑。一方面近属凋零,另一方面远属在南渡后纷纷散落地方,居住、赡养以及各类请给、赏赐等等,都已不能与北宋时相比,这是造成第六世孙(钦宗、高宗即太宗六世孙)以后人口增长率递减的重要原因。但我们也

---

　　① 贾志扬称《宋史·宗室世系表》按顺序记录有 30000 个名字,参见氏著《天潢贵胄:宋代宗室史》,第 14 页,此处统计误差较大。

　　② 周密:《齐东野语》卷九《秀王嗣袭》,中华书局 1983 年点校本,第 169～170 页。

应该看到,经历北宋灭亡,南宋时期宗室人口整体仍是不断增长的,只是增长速度明显趋缓而已。

此外,我们还可以对三祖下宗室人口进行一番比较,这将有助于澄清一些重要史实。在59495人的宗室总人口中,宋太宗一系人数最多,有23870人,占总数的40%,宋太祖和赵廷美位下子孙则分别占32%和28%。详见下图。

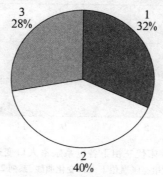

图2-1 宋代三祖下宗室人口比例图
说明:1 表示太祖位下总人口;2 表示太宗
位下总人口;3 表示廷美位下总人口。

过去因为缺乏相对准确完整的人口统计,研究者很容易把北宋灭亡对宗室人口的影响扩大化,有的甚至以为太宗一系子孙从此告绝①。但上面的数据说明,太宗子孙自第七世至第九世,其人口就几乎翻了一番,"告绝"一说并非事实。据《宋史·钦宗纪》,靖康元年(1126)闰十一月,金兵攻陷汴京。次年三月,金人索取宗室,"开封尹徐秉哲令民结保,毋藏匿"。宗正寺官黄唐传"以宗室簿籍献于虏,虏依簿搜索,无一人能逃匿者"。又如宋徽宗诸子,"皆是宦者指名索取"②,除赵构一人在外躲过,其余亲王几无幸免。随后"妻孥三千余人,宗室男、妇四千余人,贵戚男、妇五千余人,诸色目三千余人,教坊三千余人"被俘北迁③。其中被掳的宗室主要都是皇亲近属,尤

① 周良霄:《皇帝与皇权》,第165页。
② 《朱子语类》卷一一一《论财》,第2450~2451页。
③ 确庵、耐庵编,崔文印笺证:《靖康稗史笺证》之七《宋俘记笺证》,中华书局2010年第2版,第243~244页。

以濮王位下南班宗室居多。濮王一支宗室在北宋后期最称显赫,靖康之难遭遇祸害也最大,这对南渡以后太宗一支的发展确实造成一定的影响。不妨参见下图例示。

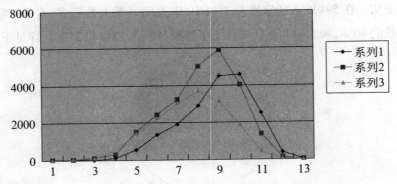

图2-2　宋代三祖下各世系宗室人口变迁比照图

说明:系列1为宋太祖赵匡胤位下人口变化曲线,系列2为宋太宗赵光义位
下人口变化曲线,系列3为赵廷美位下人口变化曲线。

该图显示赵匡胤、赵廷美一系人口变迁曲线相对平缓,而赵光义一系人口起伏最大,特别是第七世至第十一世间人口波动最剧烈,第十世以后,太祖一系人口甚至超过了太宗一系,这也在一定程度上证实了北宋灭亡对后来三祖下人口发展的影响并不平衡。不过,即便在开封沦陷后,当时还是有民间义士冒险藏匿宗室700余人,这些人在金军北撤后全部获救[1]。此外,北宋晚期宗室已陆续散处西京河南府和南京应天府等地,另有一部分开始出仕于外,也没有都像开封宗室那样被根刷俘虏。正因为如此,南渡后包括太宗一支在内的宗室人口仍都获得持续的增长。前文已多次提到,南宋时还有大量太宗后裔担任大宗正司、两外宗正司知宗等职。周密(1232~1298)记载,绍兴二十一年(1151)十月,高宗幸张俊清河郡王府,随行除普安郡王、恩平郡王外,有宗室观察使以上3人:安庆军承宣使、同知大宗正事赵士街,建州观察使赵士剧,琼州观察使赵居广;宗室环卫官9人:右监门卫大将军、贵州刺史赵居闲,右监门卫大将军、福州防御使赵士辅,右监门卫大

---

① 陆游:《老学庵笔记》卷一,第6页。

将军、荣州团练使赵士邳，右监门卫大将军、贵州团练使赵士歆，右监门卫大将军、宣州刺史赵士铢，右监门卫大将军、宣州刺史赵士赫，右监门卫大将军、吉州刺史赵士陪，右监门卫大将军、吉州刺史赵士暗，右监门卫大将军、吉州刺史赵士闸①。12 位宗室全部都是太宗子孙，第五世孙"士"字辈 10人，第七世孙、濮王位下"居"字辈 2 人。高宗最终从太祖子赵德芳一系遴选宗室继统，与太宗这支人口减少没有必然关系，主要还是出于高宗个人的政治谋略②，也是为顺应内外人心，用禅让这种"高尚"之举来弥缝太宗留下的巨大裂痕③。

至于那些被金人掳去的数千宗室，结局都十分悲惨。据徐梦莘《三朝北盟会编》卷九八记载，宗室嗣濮王赵仲理以下人口行至燕山仙露寺，"养赡口给米一升，半月支盐一升，自嗣王与兵卒无异，拘縻点看，监视严密，困于道涂，苦于寂寞，一岁之间死及八分，止存三百九十八人"。后来，完颜亮挑起事端南侵，又故意残杀徽宗（当时贬称天水郡王）子孙，"天水郡王嗣一百余口，并以无罪，横遭杀戮"④，被俘北迁的徽宗直系子孙因此遭到灭顶之灾，金世宗时已谓"天水郡王本族已无在者"⑤。而成功南渡者，部分近属跟随大宗正司奔遁广州，结果广人"大白昼操戈谋害宗属，一日杀宗司亲事官四人，尸填通衢"⑥。嘉定十四年（1221）宋金战事再起，金人攻克蕲州（湖北蕲

---

① 周密：《武林旧事》卷九《高宗幸张府节次略》，中华书局 2007 年评注插图本，第 236～237页。

② 何忠礼：《宋高宗的"禅位"及其对南宋政治的影响》，载《岳飞研究》第四辑，中华书局 2004年版。

③ 后世赵姓虽以溯源攀附皇族为荣，但对太宗竟也不乏刻薄批评。福建漳浦《赵家堡谱牒》就记载："岂意太宗悖逆天伦，故违母命，自贪富贵，骨肉相残，谋其兄长，谋其弟侄，传位子孙，得无愧乎？惜哉！人之不善，天理所不容，神人所共鉴。观金人入汴，拘其王子、王孙、公主、驸马、后宫诸嫔，前后三千余人皆被杀戮。天理昭彰，得此重报，不亦宜乎！"参见高聿占《从赵家城皇族改姓说起》，载《台湾源流》1999 年春季刊（总第 13 期）。赵家堡与南宋末年皇族的关系复杂，此处不作具体讨论。参见叶子《赵家堡：南宋王族的皇城》，载《中华遗产》2012 年第 3 期。

④ 《建炎以来系年要录》卷一九三，绍兴三十一年十月丁未条。《三朝北盟会编》卷二三三，绍兴三十一年十月八日条，收入董克昌主编《大金诏令释注·世宗即位大赦改元诏（大定元年）》，黑龙江人民出版社 1993 年版，第 5 页。

⑤ 《金史》卷八九《梁肃传》，第 1985 页。

⑥ 《建炎以来系年要录》卷三二，建炎四年三月丁卯条。

春），杀掠不可胜计，并俘去赵宋宗室男女七十余口①。南宋末，泉州提举市舶蒲寿庚又屠杀南外宗室三千余人，南宋聚集宗室人数最多的地方又重复发生了北宋末开封的悲剧，至于其屠杀之酷烈甚至可以说是有过之而无不及②。元灭宋之后，忽必烈一方面派人前往江南"搜访遗逸"，将赵孟頫等人召至北方，另一方面对留在南方的宗室遗民仍戒心重重。当时，绍兴路总管府判官白絜矩有言："宋赵氏族人散居江南，百姓敬之不衰，久而非便，宜悉徙京师。"③为此，忽必烈一度想要尽迁江南赵氏皇族遗民于北方。据《新元史·叶李传》，该计划后来在南宋降臣叶李（1242～1292）等人劝阻下似并未实施，但揆诸其他文献，仍有赵宋宗室遗民任职元廷者上奏批评江南"移括大姓"、"丘垄暴露"④诸事，"丘垄暴露"当针对发掘南宋六陵而言，"移括大姓"很可能也包含严厉打击前朝宗室等行为。元代之事严格说已无关宋代宗室命题，姑附记以见战争与政治对宗室命运的持续影响。历史总是不断地在警醒世人，特权是一把十分危险的双刃剑，无事之时宗室当然可以凭借特殊身份获取更多利益，但一旦事出非常，他们一般也容易成为罹祸最惨的那个群体，于内于外都是如此。

---

① 《金史》卷一〇二《仆散安贞传》，第 2247 页。
② 桑原隲藏著，陈裕菁译订：《蒲寿庚考》，中华书局 2009 年版，第 144～147 页。
③ 《元史》卷一五《世祖本纪十二》，第 328 页。
④ 阎复：《静轩集》卷五《翰林学士赵公（与票）墓志铭》，收入缪荃孙编《藕香零拾》，中华书局 1999 年版，第 378 页。

第三章 亲 亲 之 法

据《宋史》记载,庆历八年(1048)宗室迎奉宣祖、太祖、太宗御容(肖像)于睦亲宅①。但十年之后即嘉祐三年(1058),朝廷突然停修睦亲宅神御殿,然后撤走了宫院里面供奉的皇帝御容。对这件事情的背后原因,《宋朝事实》记载道:

> 初,翰林学士欧阳修言:"神御非人臣私家之礼,若援广亲宅例,当得兴置。则是沿袭非礼之事。"诏送两制、台谏、礼官详定。上言:"汉韦元成奏议:《春秋》之义,父不祭于支庶之宅,君不祭于臣仆之家,王不祭于诸侯。其后,遂罢郡国庙。今睦亲宅所建神御殿,不合典礼,悉宜罢。"②

不过,早在庆历七年,另一处宗室宫宅即广亲宅内已建成太祖、太宗神御殿③,因此宋仁宗此次虽然罢修睦亲宅神御殿、撤出宫宅的御容,却没有马上毁废广亲宅里供奉的神御。广亲宅其实主要是赵廷美子孙居住于内,宋廷反而破格允许太祖、太宗神御日日供奉其内,应该隐含固结人心、强化认同的意图。一直到熙宁四年(1071),新任大宗正丞的李德刍再次上疏论奏:"窃详礼法:诸侯不得祖天子。今宗室邸第并有帝后神御,非所以尊事严

---

① 《宋史》卷一一《仁宗本纪三》,第 225 页。
② 李攸:《宋朝事实》卷六《广亲宅神御殿》,台北文海出版社 1967 年版。
③ 宋人记载仁宗"好雅乐,又严天地宗庙祭祀之事及崇奉神御……宦侍建言修饰神御,岁月不绝,然为之终身不衰"。详见范镇《东斋记事》卷一,中华书局 1980 年点校本,第 10 页。

奉。盖缘诸王当时供奉,后来自合寝罢。"于是,再经礼院详议,神宗下诏撤走了所有宗室宫院中的御容,"诸宫院祖宗神御,令入内内侍省差使臣迎入内藏天章阁"①。摆放神御不是一件小事,而是关系到皇族之内名分安顿的大问题。依照礼法,贵为亲王者也不能擅自祖祭天子,否则就是僭越,是凌驾大宗的非礼之举。《礼记·曲礼上》明白地说过:"夫礼者,所以定亲疏,决嫌疑,别同异,明是非也。"神御之争的背后,折射的还是皇帝与宗室之间决不容逾越的鸿沟。

类似的礼法拘束,再加上许多制度的限制,都吸引学术界对宋代宗室防范问题格外关注。宋代对宗室婚姻、出入宫禁或京师、宾客交游以及任官差遣等各个方面,可谓都有严密的制度约束。关于防范和限制宗室的重要制度,学者已多有阐述②,此处还可以补充若干生活小节。如至和二年(1055)六月一日,以华原郡王赵允良同知大宗正事,大宗正司知宗一般只设两位,赵允良"以燕王遗表自陈,故特添置"。燕王就是当年仁宗皇帝都很敬畏的太宗之子赵元俨,也是赵允良之父。然而仅仅数日之后(六月八日),赵允良就被罢去知宗,并且谪降为节度使,原因是御史弹劾"其起居反昼夜"③。熙宁十年(1077)正月十五日,宗室赵叔皮"微服游闾里",结果立即就被人告变④。其实,京城士民上元夜外出游赏在北宋早已蔚然成风⑤,可是宗室毕竟与庶众不同,起居门禁格外森严,一举一动都受到更多的限制和昼夜不断的监察。

诸多礼法苛责与制度防范,的确很容易让人们产生一种印象,即皇族内部关系异常紧张,而宗室已完全沦为被皇权驯服的无为群体。但这样的印

---

① 《宋会要辑稿》帝系四之二五,第 105 页。

② 张邦炜:《宋代皇亲与政治》,四川人民出版社 1993 年版,第 49～90 页。王善军:《宋代家族和宗族制度研究》,河北教育出版社 2000 年版,第 227～233 页。苗书梅:《宋代官员选任和管理制度》,河南大学出版社 1996 年版,第 334～357 页。

③ 《宋会要辑稿》帝系四之一〇,第 98 页。

④ 《续资治通鉴长编》卷二八〇,熙宁十年正月庚辰条,第 6856 页。

⑤ 朱瑞熙、张邦炜、刘复生、蔡崇榜、王曾瑜:《辽宋西夏金社会生活史》,中国社会科学出版社 1998 年版,第 439～440 页。

象其实又是非常片面的,宗室事务实际上要更加复杂。前文提到,熙宁四年知大宗正丞事李德刍上疏废除诸宫院神御,然而他很快就被御史台弹劾,并送刑部置司推鞫,王安石为他辩解道:"德刍于职事殊不苟,但好陵人,故宗室怨之。"神宗也说:"德刍兄弟皆骄,好陵人,亦其天性也。"①这番君臣对话揭示出李德刍获罪背后暗流涌动的宗室势力。宗室问题盘根错节,其处理起来就连皇帝、宰执也动辄掣肘。《老学庵笔记》云:

> 王荆公作相,裁损宗室恩数,于是宗子相率马首陈状诉云:"均是宗庙子孙,且告相公看祖宗面。"荆公厉声曰:"祖宗亲尽,亦须祧迁,何况贤辈!"于是皆散去。②

这段文字当然体现了王安石的强力形象,但陆游恐怕还是低估了熙宁年间改革宗室制度所遭遇的重重阻力。据《宋会要辑稿》,当时宗室尊长赵宗谔初因事除落中书门下平章事,没过多久神宗就想恢复其官,王安石劝阻道:"陛下姑遣使存问,谕以恩意,俟裁处宗室事定乃复。"③于是等到宗室改革方案尘埃落定,神宗才降诏允许赵宗谔官复原职。君臣以官位相挟,对宗室尊长恩威并施,这样才得以如愿议定宗室新法。但新法之真正落地,恐怕还要等到熙宁八年(1075)大兴诏狱制造赵世居谋逆大案,并用凌迟、腰斩等酷刑惊悚人心,大概才迫使内外缄默俯首④。

不妨再切换一个角度观察。元丰元年(1078),知宗正丞赵彦若上奏:

> 据《仙源积庆图》,克颂,秦王廷美曾孙,纪国公德存孙,河东郡王承衍子,在今为三从外无服之亲,名衔不当称"皇叔"。廷美十子各有封国,子孙系属自存本统,克颂合称"纪国公孙"。
>
> 谨按《礼记》曰:"君有合族之道,族人不得以其戚戚君位也。"郑氏

---

① 《续资治通鉴长编》卷二三〇,熙宁五年二月辛亥条,第5585页。
② 陆游:《老学庵笔记》卷二,中华书局1979年点校本,第17页。
③ 《宋会要辑稿》帝系四之一九,第102页。
④ 《宋史》卷二〇〇《刑法志二》评论赵世居等案件说:"若凌迟、腰斩之法,熙宁以前未尝用于元凶巨蠹,而自是口语狂悖致罪者,丽于极法矣。盖诏狱之兴,始由柄国之臣藉此以威缙绅,逞其私憾,朋党之祸遂起,流毒不已。"此处讥刺新法一派用酷法极刑"以威缙绅",其中也当涵括震慑宗室的意思,第4999页。

注:"族人皆臣也,不得以父兄子弟之亲自戚于位,谓齿列也,所以尊君别嫌。"唐有司奏:"宗子'皇'字为称首,从数为序亲,诚非不戚君位之义。《仪礼》,从父昆弟则今同堂也,从祖昆弟则今再从也,族昆弟则今三从也。三从内请依旧,余各以祖称本封为某王公子孙。"此则唐之皇亲,三从内于"皇"字下有从及再从,及三从外则不书"皇",各以其祖先所封为房,冠于头衔。周小宗伯掌三族之别,以辨亲疏。汉宗正叙九族,其制一也。

今宗室文书行于曹局,衔位之上虽三从外亦无从数,非所谓叙也;亲疏一概,不异其文,非所谓辨也。臣以为骨肉之恩,固在敦睦,然上下名分,不得不正。且有有司之事,岂可使天旨自亲其文?是乃臣之责任所当守职而论也。伏愿据《宗藩庆绪录》悉正其名,应同堂亲于"皇"字下加"从"字,再从、三从亲又加"再"、"三"字,三从之外,各以其祖先所封郡国为房分,而系其世次,不书"皇"字,则亲疏有别,尊卑不黩。

北宋时期,宗室不管亲疏远近,都按世系辈分排序,皇帝一律尊称"皇伯"、"皇叔"、"皇伯祖"、"皇叔祖"等①,因此赵彦若援引汉唐故事,提出三从外无服亲不冠"皇"字,止宜称某封国几世孙。应该说,赵彦若的这个建议不为无据,但宋廷并没有采纳其说。到元祐初年,王巩再次提出异议:

太宗即位,以太祖诸子并称皇子,尝曰"犹我子",曰"何有分别"。其后皇族遂不以疏密尊卑,皆加"皇"字,故有"皇兄"之类,非典故也。予丞宗正,尝建言乞如《春秋》之制,名冠其父祖所封国,曰"王子公孙","皇"字惟皇子得称焉。②

然而,宋廷依然否决了这个提议,王巩甚至因为论奏"宗室疏远者,不当称皇伯皇叔"而被指责离间宗室,被放外任③。这些事例提醒我们,一方面

---

① 《宋大诏令集》卷四一至五〇《宗室》,第 220~258 页。

② 王巩:《闻见近录》(不分卷),戴建国整理,收入朱易安、傅璇琮等主编《全宋笔记》第二编(六),大象出版社 2006 年版,第 27 页。

③ 《朱子语类》卷一二八《本朝二·法制》,第 2767 页。另外可参见阎增山《略论王巩及其杂著》,载《聊城师范学院学报》(哲学社会科学版)1987 年第 1 期。

宗室并非只是单向地接受礼法的肆意约束,他们还随时会动用一切资源为自己争取最大的利益。宗室制度的选择与最终走向,其实是皇帝、宗室、外廷等各方势力反复博弈的结果;另一方面,皇帝也不是胶柱鼓瑟般死守礼法"故事",而是采取灵活、实用的态度,如祖宗神御这样关系重大者自然要坚决维持常法纲纪,但像皇伯皇叔之类的日常称呼,与其拘泥汉唐旧典,不如顺应习俗人情,反而可以显示本朝敦宗睦族的亲亲之谊。

相应地,当我们进一步考量宗室法律地位与权利的时候,似乎也需要跳出宋代限制防范宗室的习惯性思维。张邦炜曾提出赵宋"宗室犯罪,与常人同法"的观点,但他主要仍是为说明加强宗室防范是两宋没有出现"宗室之祸"的重要原因,并没有真正从法律的层面来展开探讨①。有学者继而比较元代宗室诸王所保留的较多优抚特权,认为元代不实行"宋代式"的宗室法,显然已将"与常人同法"视为宋代宗室管理的基本特征②。但是考诸史实,这并不符合宋代宗室的实际情况。瞿同祖曾明确指出,中国法律在秦汉以后趋向进一步的平等,贵族已不再能置身法外,但同样也不能因此就夸大说贵族和平民处于同等法律地位。他认为,"古代的法律始终承认某一些人在法律上的特权,在法律上加以特殊的规定,这些人在法律上的地位显然是和吏民迥乎不同的"③。而在那些拥有法律特权的人中,宗室无疑是备受关注的第一类群体。

的确,王朝是要时刻提防宗室觊觎皇位的危险,但宗室终究不是作为皇权的对立面而独立存在;相反地,皇权的独尊恰恰决定了宗室群体在王朝体制中处于非同寻常的地位。宋神宗一心要裁减宗室恩遇,但他与外臣们同时还强调"后族推恩例,勿令过宗室",太后、皇后之家各项待遇都宜降宗室一等,否则"后族隆于皇家",不足以为万世法④。"同气之亲,不忍致于法","亲亲之恩,不可以有罪废"⑤,这是宋代君臣针对宗室犯罪的常有议论。南

---

① 张邦炜:《宋代对宗室的防范》,载《北京师范学院学报》1988 年第 1 期。
② 李治安:《元代政治制度研究》,人民出版社 2003 年版,第 628 页。
③ 瞿同祖:《中国法律与中国社会》,中华书局 1981 年版,第 208 页。
④ 《续资治通鉴长编》卷二三一,熙宁五年三月辛丑条,第 5618～5621 页。
⑤ 真德秀:《西山先生真文忠公文集》卷五《对越甲稿·得圣语申后省状》,《四部丛刊初编》本,上海商务印书馆 1929 年版,第 112 页。

宋光宗即位之初,便有官员奏称:"三代以还,本朝家法最正。一曰事亲,二曰齐家,三曰教子,此家法之大经也。"①宋高宗也曾说过:"天族之贵,溺于燕安,往往自陷非法。若以邦典绳之,则非所以示叙睦之恩;置而不问,又无以立国家之法。"②既然宗室犯罪不能绳之以邦典常宪,那么赵宋齐家治国之"亲亲之法"究竟如何体现,这显然是一个值得深入探讨的问题。下面,通过考察和分析针对宗室的专门法典、宗室案件的司法管辖权以及对犯罪宗室的定罪量刑三个方面,认为两宋宗室的法律地位明显优于一般士庶,其法律管理俨然自成体系,并不存在"与常人同法"的所谓"宋代式"宗室法,也不宜将宗室防范混同于从国家法律层面来理解宗室问题。

第一节 宗室法典

天水一朝为矫正唐末五代纲纪混乱,特重法制建设,故其时法典浩繁,条文细密,南宋著名思想家叶适称"细者愈细,密者愈密,摇手举足,则有法禁"③。建隆四年(963),宋廷便以唐律为基础,制定颁布第一部成文大法《重详定刑统》即《宋刑统》。以后累朝除因袭唐律、令、格、式④之外,又陆续编敕如《太平兴国编敕》、《淳化编敕》、《咸平编敕》、《大中祥符编敕》、《天圣编敕》等等⑤,作为对律的修改和补充。宋神宗朝全面推进改革,尤留意法令,并对法律编修之制做出重要调整。《宋史·刑法志一》记道:

> 神宗以律不足以周事情,凡律所不载者一断以敕,乃更其目曰敕、令、格、式,而律恒存乎敕之外。熙宁初,置局修敕,诏中外言法不便者,集议更定,择其可采者赏之。元丰中,始成书二十有六卷,复下二府参

① 佚名:《续编两朝纲目备要》卷一,中华书局 1995 年点校本,第 9~10 页。
② 周煇:《清波杂志》卷一一《善能出身》,中华书局 1994 年点校本,第 477 页。
③ 叶适:《水心别集》卷一二《法度总论二》,收入《叶适集》,中华书局 1961 年点校本,第 789 页。
④ 韩国磐:《中国古代法制史研究》,人民出版社 1993 年版,第 278~316 页。
⑤ 《宋会要辑稿》刑法一之一至五,第 6462~6264 页。

订,然后颁行。帝留意法令,每有司进拟,多所是正。当谓:"法出于道,人能体道,则立法足以尽事。"又曰:"禁于未然之谓敕,禁于已然之谓令,设于此以待彼之谓格,使彼效之之谓式。修书者要当识此。"于是凡入笞、杖、徒、流、死,自名例以下至断狱,十有二门,丽刑名轻重者,皆为敕。自品官以下至断狱三十五门,约束禁止者,皆为令。命官之等十有七,吏、庶人之赏等七十有七,又有倍、全、分、厘之级凡五等,有等级高下者,皆为格。表奏、帐籍、开牒、符檄之类凡五卷,有体制模楷者,皆为式。

于是,元丰七年(1084)始分"敕、令、格、式"等四种不同法律形式,确立了北宋新的法典体系,又"以天下土俗不同,事各有异,故敕、令、格、式外,有一路、一州、一县、一司、一务敕式,又别立省、曹、寺、监、库、务等敕凡若干条。每进拟,有抵牾重复,上皆签改,使刊正,然后行之,防范于是曲尽矣"①。南宋孝宗以后,又以北宋法典内容庞杂,不便检索应用,因此又形成以事比类、分门相从的"条法事类"法典编纂体例,每类下系以敕、令、格、式、申明等,申明即相关法律解释,先后修成《淳熙条法事类》、《庆元条法事类》、《淳祐条法事类》等法律汇编。两宋法典,主要有《宋刑统》、《天圣令》(残卷)②、《庆元条法事类》(残卷)及其附录开禧重修《尚书吏部侍郎右选格》、《吏部条法》(残卷)③等流传于今,其中《宋刑统》、《庆元条法事类》等都有部分内容直接涉及宗室问题。

《宋刑统·名例律》论及"八议",即议亲、议故、议贤、议能、议功、议贵、议勤、议宾八类特殊人员,明确规定王朝的亲贤故旧、功臣勋爵以及前代帝王后裔等人犯罪都可议减免,并呈报皇帝批准执行。其谓:

> 《周礼》云:"八辟丽邦法。"今之"八议",周之"八辟"也。《礼》云:"刑不上大夫。"犯法则在八议,轻重不在刑书也。其应议之人,或分液天潢,或宿侍旒废,或多才多艺,或立事立功,简在帝心,勋书王府。若

---

① 《续资治通鉴长编》卷三四四,元丰七年三月乙巳条注文,第8254页。
② 天一阁博物馆、中国社会科学院历史研究所天圣令整理课题组校证:《天一阁藏明钞本天圣令校证:附唐令复原研究》,中华书局2006年版。
③ 戴建国:《〈永乐大典〉本宋〈吏部条法〉考述》,载《中华文史论丛》2009年第3期。

犯死罪,议定奏裁,皆须取决宸衷,曹司不敢与夺;此谓重亲贤,敦故旧,尊宾贵,尚功能也。以此八议之人犯死罪,皆先奏请,议其所犯,故曰"八议"。①

"八议"之中,第一类议亲即指皇帝祖免以上亲以及太皇太后、皇太后缌麻以上亲,皇后小功以上亲,"义取内睦九族,外叶万邦,布雨露之恩,笃亲亲之理,故曰'议亲'"。祖免、缌麻、小功,都是按照中国宗族内五等丧服制度来划分亲疏不同(参考图3-1)。宋初只是完全沿用唐制,"八议"所及宗室范围,主要是皇帝祖免亲以上的亲属,祖免亲即本宗第五世亲,降缌麻亲一

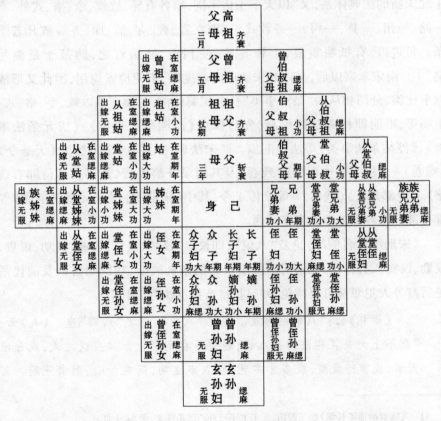

图3-1 本宗九族五服图

① 窦仪等编,薛梅卿点校:《宋刑统》,法律出版社1998年版,第17页。

等。先秦礼制临丧唯袒衣免冠不服丧服,因此有"袒免"之名。唐宋五世祖免亲,"据《礼》有五:高祖兄弟、曾祖从父兄弟、祖再从兄弟、父三从兄弟、身之四从兄弟是也"。但实际上宋代逐渐将宗室范围拓展到所有子孙,并不简单地以缌麻亲、袒免亲等作为限制皇族特权的绝对标准,故后来法典已多见针对五服外宗室的法令条文。

《庆元条法事类》卷七《职制门四·杂敕》有云:

> 诸宗室袒免以下亲,应许于有产业处居止,若愿居在京本位或两京睦亲院,而官司抑勒者,以违制论。

同书卷一〇《职制门七》关涉条文若干:

> 诸添差宗室谓非水远窠阙者廨舍,比见任官间数以官屋充。阙者,官给钱赁民舍。

> 诸宗室任外官,因罪犯停废,赴大宗正司销注名籍者,听依前任差送还人。

> 诸宗室任外官,将宗室行而身亡事故,有寡妇及孤遗无年二十以上子孙者,所在官司依接送法差人津送赴大宗正司。

同书卷八十《杂门》则专门针对典质孤遗宗室钱米历问题,具列敕、令、格等多种形式的法律明文:

> 诸以孤遗宗室钱米历质当者,徒一年,孤遗宗室自质当,减一等,钱主各与同罪钱不追。即因放债及预借财物买所请钱米,而每月取利过四厘者,钱主杖八十放借财物不追,已请钱米还主,并许人告。(《敕·杂敕》)

> 诸以孤遗宗室钱米历质当,或因举债预借买所请钱米,而每月取利过四厘者,赏钱以钱主家财充。(《令·赏令》)

> 告获放债及预借财物买孤遗宗室钱米而每月取利过四厘者,钱三十贯。告获以孤遗宗室钱米历质当并孤遗自质当及钱主,钱一百贯。(《格·赏格》)

宋代因为宗室范围无限扩大,加上他们在政治、经济上都享有种种特权,必须通过细密的法令来明确规范其地位与权利,并开始编纂专门性的宗室法典。

北宋立国之初,百废待兴,尚无暇顾及宗室立法,凡牵涉宗室近属案件一般都呈报皇帝,由其酌情裁决。从史料记载看,北宋前期的皇帝盖深感创业维艰,总体上对皇亲约法较严。如某日永庆公主穿"贴绣铺翠襦"入宫,太祖加以劝诫,公主笑道:"此所用翠羽几何?"太祖答:"不然,主家服此,宫闱戚里必相效。京城翠羽价高,小民逐利,必辗转贩易,伤生寖广,实汝之由。汝生长富贵,当念惜福,岂可造此恶业之端?"①"生长富贵,当念惜福"这忧心忡忡的八个字,反映出开国之君如履薄冰的真实心态。端拱元年(988)闰五月,御史中丞因事劾奏开封府尹、许王赵元僖。赵元僖愤愤不平,遂面奏父皇:"臣天子儿,以犯中丞故被鞫,愿赐宽宥。"②但宋太宗拒绝了其请求,认为天子也当奉法。他也曾提醒诸子:"国家典宪,我不敢私!"③大中祥符三年(1010),真宗亲自撰写《宗室座右铭》并注,分赐宁王赵元偓以下宗室亲属,用以劝导训诫④。但终太祖、太宗、真宗三朝,都未及汇编针对宗室的专门法典。

随着皇族人口的不断繁衍,宋仁宗开始创设大宗正司,独立于中央寺监体系之外,成为统管宋代宗室的最重要机构。为便于管理,大宗正司官员亟需将皇帝所降本司谕旨、宣敕、札子等内容加以统一编纂,这样便产生了最初的宗室法令。嘉祐六年(1061)正月七日,判大宗正事赵允弼上奏:"自创置本司,所降宣敕札子指挥及约束条贯甚多,独未编修,欲望差潭王宫教授周孟阳、燕王宫伴读李田与臣编条对读装写,乞差都监任修古监勒。"⑤于是,仁宗诏命"魏王宫教授李田编次本司先降宣敕,成六卷"⑥,这是史料所见最早专门修纂的宋代宗室法令。其后,宗室法令屡见修订,渐趋完备,在

① 《续资治通鉴长编》卷一三,开宝五年七月甲申条,第286页。《宋史》卷三《太祖本纪三》亦载此事,但将永庆公主误为"魏国长公主",第49页。

② 《续资治通鉴长编》卷二九,端拱元年闰五月丙申条,第655页。

③ 《续资治通鉴长编》卷二六,雍熙二年九月庚戌条,第598页。

④ 《续资治通鉴长编》卷七四,大中祥符三年九月丁亥条,第1689页。

⑤ 《宋会要辑稿》职官二〇之一六,第2828页。

⑥ 《续资治通鉴长编》卷一九三,嘉祐六年正月辛卯条,第4661页;《续资治通鉴长编》卷二三〇,熙宁五年二月甲寅条,第5589页。

两宋浩繁法典中俨然自成一体。

宋英宗治平元年(1064)九月二十五日,判大宗正事赵允弼又详定皇亲听书等赏罚规式,诏依所定施行①。宋神宗即位后,更加留意宗室立法编修工作。熙宁三年(1069),任命知太常礼院文同(1018~1079)兼修"大宗正司条贯",但文同以不附新法,又因议宗室袭封等事得罪,被夺一官后放外②。后来,神宗因不满李田当初在编集宗室法令时随意删改旨意,要求大宗正丞张稚圭、李德刍、馆阁校勘朱初平、陈侗、林希同等人协同重修嘉祐宗室法令。熙宁五年(1071)二月,大宗正司进呈新订《编修条例》六卷。熙宁七年三月,太常博士、检正中书礼房公事向宗儒编成《大宗正司敕》③。及至宋徽宗朝,赵仲忽担任判大宗正司时,亦曾修定《宗司法式》④。

南渡后,宋高宗仍以亲亲之道终不能"以邦典绳之",因此大体沿袭北宋"家法",依托宗司机构不断完善宗室法令。绍兴三年(1133)六月,知大宗正丞谢伋条奏宗室五事,即"举贤才以强本支"、"更法制以除烦苛"、"择官师以专训导"、"继封爵以谨传袭"和"修图谍以定亲疏",其中第二条论宗室法制曰:

> 臣尝取大宗正司敕令阅之,多有不便于今者,宗室耆老为臣言曰:熙宁、元丰之令,纲条至简。昨据宗正仲忽多所建白,行之二十年,徒有峻深之具,而无耻格之风。其大宗正司敕令,乞下详定所访寻旧令,与新令参酌删修。⑤

宋高宗从谢伋所奏,计划主要以神宗宗室法为准,启动宗室新法的编纂工作。又据《建炎以来系年要录》卷一六三记载,绍兴二十二年(1152)十二月丙戌,秦桧等曾呈进《大宗正司敕》。次年十一月,又编纂完成《大宗正司

---

① 《宋会要辑稿》职官二〇之一七,第2829页。
② 范百禄:《文公(同)墓志铭》,收入文同《丹渊集》卷首,《四部丛刊初编》本。
③ 《续资治通鉴长编》卷二五一,熙宁七年三月乙卯条,第6121页。
④ 王应麟:《玉海》卷一三〇《景祐大宗正司》。
⑤ 《宋会要辑稿》帝系六之三至四,第131~132页。

条令》并正式颁行①。绍兴二十七年,朝廷又差遣敕令所臣僚负责分门编类
"宗子、宗女、宗妇应干恩数合请于宗司者,其申陈及保明等事状",欲厘为定
式,但知大宗正丞喻樗却上书指出宗室事务合属大宗正司掌管,高宗因此下
诏让敕令所与大宗正司一起编纂②。这些记载既反映出宋代皇帝对宗室管
理的高度重视,也表明了大宗正司在修订宗室法典的过程中具有突出的地
位和影响。

据《宋史·艺文志三》,元代史官得见赵宋宗室法典共 7 部。考察这些
宗室法令的编纂者及完成时间,基本能够明确其中有 4 部修于神宗朝,1 部
修于徽宗朝,1 部修于高宗朝,尚余 1 书修纂者及时间均不详。具体如下:

1. 张稚圭《大宗正司条》六卷。按:此书盖即上文提到的由张稚圭、李德
刍、朱初平、陈侗、林希同等人重修的大宗正司《编修条例》六卷,熙宁五年
(1072)二月进呈神宗。

2.《熙宁新编大宗正司敕》八卷。按:熙宁七年(1074)三月向宗儒等编
修完成,权三司使曾布进呈③。

3.《熙宁新定皇亲(录)[禄]令》十卷。按:《续资治通鉴长编》卷二六
五熙宁八年六月己酉诏:"令式所修定《宗室禄令》不成文理,未得颁行,送
详定一司敕令所重定以闻。"原删定官魏沂罚铜十斤,详定官沈括特释罪。
疑《新定皇亲禄令》或即熙宁八年(1075)重修之典。又,大观二年(1108),
户部尚书、详定一司敕令左肤等奏:"伏见亲王俸禄久来系用《嘉祐禄令》,
内皇族所请随官序支给。见今亲王俸给系循嘉王、岐王旧例,与《嘉祐禄令》
多寡不同,此盖元丰特恩令甲之所不载,本所累行取索不到。今参酌除亲王
公使钱系朝旨逐次特恩添赐,自随所得指挥外,其俸给欲并依见请修立。"④
此奏称徽宗时仍遵用《嘉祐禄令》,但似特指亲王,《熙宁新定皇亲禄令》应
该是针对亲王以下一般宗室制定的俸禄法令。

---

① 《宋史》卷三一《高宗本纪八》,第 578 页。
② 《宋会要辑稿》职官二〇之二九,第 2835 页。
③ 《续资治通鉴长编》卷二五一,熙宁七年三月丙午条,第 6113 页。
④ 《宋会要辑稿》五七之五六,第 3679 页。

4.《宗室及外臣葬敕令式》九十二卷。按:《宋史·艺文志三》谓成书于元丰间。据《宋会要辑稿》刑法一之九,熙宁七年(1074)九月二日,命大宗正丞张叙、宋靖国与国子博士孙纯共同编修《宗室、臣寮敕葬条》,熙宁十年四月二日上之,诏以《熙宁葬式》为目。又,《宋会要辑稿》帝系五之二〇记载,崇宁四年(1105)九月二十三日,诏:"熙宁《宗室葬敕》可颁降施行,如与今事名不同者,礼部贴正。今后如敢式外辄受钱一千以上,以自盗论。"可见,徽宗时仍以熙宁《宗室敕葬》为准,且完全未提另有元丰法,《宋史·艺文志三》或误。

5.李图南《宗子大小学敕令格式》十五册,卷亡。按:考《宋会要辑稿》崇儒一之三及章如愚《群书考索》后集卷三〇,该书原有二十二册,卷数不详,于宋徽宗大观四年(1110)闰八月甲寅修毕进呈。

6.《大宗正司敕令格式申明》及《目录》八十一卷。按:《宋史·艺文志三》谓绍兴年间重修,此即前文提到过的《宋史·高宗本纪八》所谓绍兴二十三年十一月修成颁布的《大宗正司条令》①,绍兴二十二年曾修成《大宗正司敕》,第二年又加以完整重编。《宋会要辑稿》刑法一之四二记载:"[绍兴]二十三年十一月九日,详定一司敕令所上《大宗正司敕》一十卷、《令》四十卷、《格》一十六卷、《式》五卷、《申明》一十卷、《目录》五卷。诏颁行。先是绍兴十四年七月十四日,诸王宫大小学教授王观国言:'宗室支派散居四方,虽有大宗正一司法令,而难以推行。'礼部取到诸宫院状:'契勘本司专法系在京日删修,其间有目今权在外难以推行者,或内有合行删修者。请从敕令所删修。'从之。至是书成进呈,上谕辅臣曰:'遍阅所修,甚有条理,可颁降施行。'"据此合计《大宗正司敕》、《令》、《格》、《式》、《申明》正好为八十一卷,与《宋史·艺文志三》所记当不含《目录》卷数。

7.《皇亲禄令并厘修敕式》三百四十卷。按:编修者及年月不详,待考。

由此可知,自北宋仁宗朝开始汇编专门的宗室法典,至神宗朝以后宗室

---

① 《建炎以来系年要录》卷一六五,绍兴二十三年十一月甲辰条又记秦桧进呈《大宗正司条令》成书。

立法日趋严密周备,这应该也是为适应当时宗室人口剧增和宗室政策改革的实际需要。除综合性的宗室法令外,宋代还制定了各类细密的敕令格式,内容具体丰富,涉及宗司管理、宗室俸禄、宗子教育以及皇亲丧葬等单项事务。两宋时期不断编修的宗室法条成为管理宗室事务的法律依据,并为维护宗室的各项特权提供了有力保证。

第二节　司　法　管　辖

　　宋代建立了比较完整的司法制度,中央主要有大理寺、刑部、审刑院等司法机构,地方上则诸路监司(转运使司、提点刑狱司、提举常平司)、州(府、军、监)和县各拥有权力不等的司法管理职责。就地方司法而言,县的司法职权较小,一般由知县单独兼领,受理辖境内大小诉讼案件,除解决普通民事纠纷外,诸县在刑事判决权上则有很大的限制,主要对杖以下罪拥有判决权,徒罪以上仅有预审权;州一级司法组织相对完备,由知州、通判分典刑狱,各州设州院和司理院等审讯机构,负责受理本州治所内发生的各类案件以及属县申报的徒罪以上案件等。诸路监司以及安抚使司,对本路司法都具有相当的监察和复审权力,宋初的转运使司与后来的提点刑狱司更是受理狱讼的主要机构。提点刑狱司简称提刑司,元丰改制以后,州一级判决的死刑案件,必须经过它核准后执行,除奏谳案件,提刑司成为一路最高司法机构,拥有本路包括死刑案件在内的终审权①。

　　应该承认,有宋一代的法律管理日趋完善,相当程度上体现出司法的统一性、公正性。当然,公正统一也只是相对而言,如熙宁七年(1074),宋神宗就下诏规定:"品官犯罪,按察之官并奏劾听旨。毋得擅捕系、罢其职奉。"②

---

　　① 可参见朱瑞熙《中国政治制度通史》第六卷"宋代",人民出版社 1996 年版,第 415~475 页;王云海主编《宋代司法制度》,河南大学出版社 1992 年版,第 25~53 页。
　　② 《宋史》卷一九九《刑法志一》,第 4980 页。

故司马光点评当时中央司法机构的官员,一旦遇到涉官案件就畏葸避事,他说:"凡天下狱事有涉命官者,皆以具狱上请。"①尤其是大理寺官员,更是畏事如小属吏。至于皇亲贵胄的司法管理,自然又有别于寻常百姓或庶姓品官,首先即体现在赵宋宗室犯罪通常不受前述各级司法机构的直接管辖,后者更不能自行对宗室成员施刑惩处。

本书前面章节已经提到过,北宋前期因为宗室管理机构尚不完善,日常主要用宦官管勾宗室宫宅,但内臣虽有伺察之责、服务之劳,终究无权处置宗室、凌驾天族,遇事都是直接上报皇帝酌情处理。及至北宋设置宗司机构后,大宗正司和外宗正司的长官一律选用宗室尊属或宗室贤者充任,他们遂能凭借皇族尊贤表率的身份,对宗室人员犯案实行较为有效的管理。自仁宗朝创设大宗正司后,接受并处理宗室案件便是其主要责任之一,正所谓"其不率教者以法拘之"。《宋史·职官志四》描述大宗正司的基本职掌是:

> 掌纠合族属而训之以德行、道艺,受其词讼而纠正其愆违,有罪则先劾以闻;法例不能决者,同上殿取裁。若宫邸官因事出入,日书于籍,季终类奏。岁录存亡之数报宗正寺。凡宗室服属远近之数及其赏罚规式,皆总之。

马端临《文献通考·职官考九》也明确指出大宗正司"掌敦睦皇族,教导宗子,受其陈请、辩讼之事,及纠过失而达之于朝廷"。庆历四年(1044)规定:"自今后皇族凡有违慢过失",并从大宗正司"取勘施行"②。熙宁三年(1070),大宗正司乘省并管勾睦亲、广亲并提举郡县主宅所的机会,向神宗奏请"约束及废置八事"③,其中包括大宗正司对杖罪以下独立勘断权的争取,但最终未获允许。至熙宁五年七月,诏:"自今宗室过失,犯杖以下委宗正司劾奏。"④这应该是对此前宗司奏请扩权的一次妥协折中方案,即大宗

---

① 司马光:《涑水记闻》卷三《大理寺畏事审刑院》,中华书局 1989 年点校本,第 57 页。
② 《宋会要辑稿》职官二〇之一六,第 2828 页。
③ 《续资治通鉴长编》卷二一二,熙宁三年六月癸酉条,第 5149 页。
④ 《续资治通鉴长编》卷二三五,熙宁五年七月癸未条,第 5700 页。

正司有权先检照条敕,定夺宗室犯杖以下轻罪,但最终仍须奏知皇帝。此后,朝廷又三令五申,将宗室避开大宗正司的各类诉请视同违法越诉①。宣和四年(1122),大宗正司甚至仿中央六部,分设六案办公,其中刑案专门负责宗室陈乞叙官、除落过名、作过犯罪拘管锁闭、年满放免等事务②。

北宋徽宗崇宁之后,宋廷又增设西京、南京两外宗正司,南渡后迁徙泉州、福州两地继续存在,两外宗正司除用宗室贤能者任知宗之外,更以所在州通判兼丞、簿,"其纠合、检防、训饬如大宗正司"③,拥有对所在地宗室的司法管理权力。孝宗隆兴元年(1163),从大宗正司议,凡犯罪宗子,逢双月送往西外宗正司,单月则送往南外宗正司。南渡之后成千上万的宗室散处全国各地,宗室大小犯法案件日益增多,若依北宋条法,每事须移交宗司机构甚至还要奏请皇帝,显然已不胜其烦。因此,乾道二年(1166)正月二十五日,南外知宗赵不㒖又奏请放权给各州宗室尊长而不是地方官衙,由尊长承担训治本地宗室犯罪的部分责任。

> 户部、礼部言:"知南外宗正事赵不㒖奏,诸州宗室尊长不过检察伪冒请受,至于犯法,莫敢谁何。欲乞将在外宗子应有罪犯,并听本州尊长量行训治。本部勘当除宗子所犯情理深重合取旨外,余欲依所乞施行。"从之。④

关于中国家族内的"尊长"问题,日本中国法史研究专家滋贺秀三在著作中曾特别提到,他说:

> 亲属相互之间身分的上下由世代和年龄而定。首先以世代确定上下,世代为上的称"尊",为下的称"卑";同一世代者之间以年龄定上下,称年长者为"长",称年少者为"幼"。如果是"尊长"连称一般代表长辈,如果"卑幼"连称则一般意味着晚辈。⑤

---

① 《宋会要辑稿》职官二〇之一九,第2830页。
② 《宋会要辑稿》职官二〇之二〇至二一,第2830~2831页。
③ 《宋史》卷一六四《职官志四》,第3889页。
④ 《宋会要辑稿》职官二〇之四〇,第2840页。
⑤ 〔日〕滋贺秀三:《中国家族法原理》,法律出版社2003年版,第23页。

以世代和年龄作为确定尊长的标准,基本上也契合宋代皇族尊长的实情,只不过宋代宗室尊长在世代和年龄之外,同时还会注重官位高低的差别。乾道二年地方尊长扩张的司法权力,当然也不是凭空而来,北宋后期宗室若不率教,其本位尊长、本宫尊长通常都有连坐之责;宗室犯罪经宗司机构定罪量罚后,最后的执行落实往往也交给所犯宗室的本位尊长,由后者训斥教导,乃至施以小杖或加以拘管。不过,北宋晚期宗室多聚居东京、西京、南京等地,三京所在宗司机构权力又大,京师诸宫宅内的本位尊长、本宫尊长的影响还不彰显。及至南宋,临安、福州、泉州以外的全国各地,地方官员不容太多插手宗室管理,地方尊长的重要性才与日俱增。南宋地方尊长主要的任务是核实宗室孤遗钱米等经济问题,以避免"天枝玉叶"流落无依,孝宗以后又授权尊长对宗室内部的司法管理权力,其影响更扩散至全国。尽管文献只是模糊地说"除所犯情理深重者合取旨外","在外宗子应有犯罪,并听本州尊长量行训治",并未清晰界定各州尊长的司法权限,尊长使用司法权力的具体情况更不得其详,但比较确定的一点是,嘉定十六年(1223),当时为解决宗室统一训名给据问题,朝臣曾建议由大宗正司移文各处尊长司,责成后者限时检查地方情况,及时类聚申报宗司①。南宋官方既正式称作尊长司,可见地方宗室尊长的地位至少不容轻觑。后世中国社会以族长为中心的族权不断张大,族长甚至能够利用家法族规等对族人生杀予夺,究其历史演变,南宋地方宗室管理已初露端倪。

《宋刑统》记载"八议"之制,强调皇亲功臣等犯死罪者往往要"先奏请议"、"议定奏裁"。这种奏裁取旨制度,至宋代已扩大范围,包括非死刑的命官案件,也都要一律奏裁②。同样地,奏裁制度最初也适用于所有的宗室案子。其事关大体、情理严重者,皇帝还会亲自下诏遣官审案,即一般所谓"诏狱"。如熙宁八年(1075),他以赵世居一案钦定御史台诏狱,由同知谏院范百

---

① 《宋会要辑稿》帝系七之二六至二七,第159~160页。
② 王云海主编:《宋代司法制度》第七章第二节《奏裁制度》,第330~357页。

禄、御史中丞邓绾、监察御史徐禧等共同审理,最后判赵世居死刑,其子孙贷死除名,妻、女、子妇、孙女并度为禁寺尼,并累及兄弟叔伯等人①。元丰六年(1083),宗室赵子徇与妹通奸,按庶人法例应断为死罪,神宗又命大理寺审办,"诏并除名,永不叙用,子徇仍于本宫锁闭,妹于禁寺度为尼"②。这些都是犯罪特重的宗室案例,故由皇帝直接下诏设立专门法庭,临时责成御史台或大理寺等中央机构审理,宗司机构自然无力干涉,但不管怎样,最后也都仍然要奏裁取旨。熙宁以后,普通宗室案件特别是杖刑以下的轻罪,主要交给宗司机构裁量,"徒流以上方许依条请官制勘"③,但最终仍然都要奏劾取旨。南宋孝宗以后,因为宗室居住分散、犯罪增多以及管理上鞭长莫及、分身乏术等具体变化,除"所犯情理深重者"依旧取旨,其余一般案件则多放权宗司负责,而宗司又不得不让渡部分司法权力给地方宗室尊长。总之,从北宋到南宋,宗室案件的实际管辖权越来越集中到皇帝、宗司机构和宗室尊长等皇族内部,皇帝是最高的裁断者,宗司是最主要的管理机构,宗室尊长的影响则渐有抬头上升的趋势,州县官衙对宗室案件几乎无所措手足,经常形同虚设。

应该注意的是,这种相对独立封闭的宗室司法管辖体制,虽然成全了皇帝与宗室间的"亲亲之义",但在南宋社会却催生出一系列的严重问题,并导致地方官民与宗室之间、地方州县与宗司机构之间各种矛盾不断激化。如绍兴年间,泉州南外宗官挟势为暴,不仅"占役禁兵以百数,复盗煮海之利,乱产盐法,为民病苦",而且公然侵夺"贾胡浮海巨舰",怙恶不悛。受害人四处投诉,可是慑于宗官权势,一件官司拖了整整三年,竟没有地方官员敢于受理。后来范如圭(1102~1160)知泉州,方才接手此案,但随即招致南外宗官的沮恨,后者利用朝廷各方面关系和影响,很快逼迫范如圭罢知泉州④。

---

① 有关熙宁八年赵世居案件始末,可参见李裕民《宋神宗制造的一桩大冤案——赵世居案剖析》一文,收入氏著《宋史新探》,陕西师范大学出版社1999年版,第30~46页。

② 《续资治通鉴长编》卷三三四,元丰六年四月甲戌条,第8056页。

③ 《宋会要辑稿》帝系五之二八,第125页。

④ 朱熹:《朱文公文集》卷八九《直秘阁、赠朝议大夫范公(如圭)神道碑》。《宋史》卷三八一《范如圭传》,第11731页。

西外福州宗室同样存在类似蛮横跋扈的情况。黄榦(1152~1221)是南宋著名的理学家,也是朱熹的得意弟子兼女婿。黄氏世居福州三百余年,在福州东门外离老宅百余步处有同庆院,寺院屋宇多为黄氏先祖舍财修造,也是黄氏历代祖坟所寄。黄榦父亲黄瑀又利用寺院廊屋修造了一所书院。当时黄瑀的表妹嫁给了一位叫赵公珤的宗室县吏,表妹夫自己没有房产,经黄榦姑姑出面恳求,黄瑀便将书院停办,好心将其屋借给赵公珤居住。不料,赵公珤"久假不归",在此生息繁衍至十二人,将寺产全部霸占,进而又占据僧堂,圈筑围墙,甚至侵及黄氏祖坟之地。黄榦家族"遍托乡里长上,卑辞厚意",想要私下调解无果,不得已将事情告到西外宗正司,结果赵氏无理取闹,忽而敲诈勒索,忽而又威力恫吓。西外宗司后虽判令赵氏归还侵占的寺产,拆除围墙,但赵氏又借口妻子怀孕待产继续拖延。其后,黄榦兄长过世,自己又因家贫出仕游宦,十八年未至家族墓地拜祭,此事就不了了之[1]。但黄榦常牵挂祖坟所在,仍冀望能通过官场中的宗室同僚居间协调,然而让黄榦失望的是,宗室之间往往不顾是非、官官相护:

> 诸赵氏之官途相逢者,则竭诚以恳之,其在乡曲者,则贻书以祷之。或顽然而不顾,或面许而背违。至其兄弟急难之际,不顾利害极力以救之者不一而足。始则深以为感,终则反以见侮。[2]

黄榦奉祠回乡后,发现"不惟前日所占之禁地未还,而后来侵侮益甚"。黄氏族人纷纷告诉,自黄榦出去做官后,赵公珤第七子赵彦备又移走墓前石条、砍伐墓林,黄榦的堂弟曾经前去理论,反而遭到赵氏的驱逐殴打,连累前去劝解的旁人也被打至重伤。而就在黄榦回乡的当年春天,赵公珤之孙又在黄氏祖坟上抛积脏物,铲除黄氏新添坟土,并砍光了墓地中的成片竹林。黄榦对此忍无可忍:

---

[1] 黄榦家族的这宗纠纷诉讼案,日本学者近藤一成在研究中已有注意,但主要是从南宋士大夫的礼的理想角度加以审视。参见近藤一成《宋代的士大夫与社会——黄榦的礼世界和判词世界》,收入其主编《宋元史学的基本问题》,中华书局2010年版,第242~244页。

[2] 黄榦:《勉斋先生黄文肃公文集》卷二九《与西外知宗诉同庆坟地并事目》,《北京图书馆古籍珍本丛刊》,书目文献出版社1988年版,第90册,第626页。

伏念国家深仁厚泽,虽马医夏畦之鬼,亦得十八步之坟茔,以庇其枯骨。法令明备,犯者有刑。赵帐管(即公珩)之子孙,乃独敢不有国家之法令,况宗司已断之讼,亦复玩视而不顾,则纵横四出,亦谁得而制之? 福州宗子大率谨守礼法,而城东一族乃独重为平民之害。赵帐管之子,黄氏之所自出,则今之坟墓亦其母之先祖也。纵以舅为不足道,独不念其母乎? 不念其母,亦何所不至哉! 不遵朝廷之法令,不听宗司之约束,不顾其母之亲属,犹为有人道乎? 榦也三世祖坟已经三百年,及榦之身,衰弱不振,乃不能保其坟墓之禁地。官府既为之辨明,亦复因循以至今日。春秋拜扫,墓下布席之外,殆无容身之地。俛仰悲叹,心焉如割,尚何面目复见祖先于地下乎![1]

但即便像黄榦这样的缙绅名士之家,面对福州宗室亲戚的蛮横无赖,也是极其彷徨无助,乡里长老调解无果,宗司判决一纸空文,宗室官员更是彼此勾结,一宗是非明白的纠纷案件竟拖延二十余年不得解决,宗室豪强反而变本加厉,肆无忌惮,到最后黄榦仍然只能是写信给西外知宗哀求苦诉而已。

又,南宋官员吴芾(1104~1183)不畏权豪,以刚直著称,他曾知绍兴府、充两浙东路安抚使,握有地方政法大权,当时辖区内有宗室横行霸市,吴芾果断将涉案人员捕捉查办,不料大宗正司闻讯后,"遣吏索之,相持讻讻",吴芾无奈之下只得上书自劾,最终所犯宗室仍交割给大宗正司自行处置[2]。类似的例子不胜枚举,可以看到宗室的法律特权已经成为阻滞南宋地方治理的一大陋弊,地方大员和乡绅名士面对宗室犹且如此不堪,不难想见底层百姓遭遇宗室欺凌的境况。

《名公书判清明集》是南宋人编纂的一部诉讼判决书和官府公文的分类汇编,对于研究宋代法制等提供了珍贵的史料。该书对宗室案件也多有记

---

　① 黄榦:《勉斋先生黄文肃公文集》卷二九《与西外知宗诉同庆坟坟地并事目》,《北京图书馆古籍珍本丛刊》,第90册,第627页。
　② 朱熹:《朱文公文集》卷八八《龙图阁直学士吴公(芾)神道碑》。

载,其中宗室赵若陋一案堪称典型。赵若陋居家饶州(治今江西鄱阳),在当地"专置哗局,把持饶州一州公事,与胥吏为党伍,以恶少为爪牙",私开柜坊,霸占娼妓,敲诈勒索,无恶不作。他曾因赌局争吵,致人死亡。有一次秋试之时,他又痛殴士子夏斗南,兹事在地方激起公愤,当地士子联合告到官府,地方官不敢系问赵若陋,反而穷治聚众"闹事"的士子。后来赵若陋又犯案,地方官对该案从犯陈念三、陈万三重加判决,陈念三决脊杖十三,填刺押回原配所,陈万三杖一百,送陵州编管,但对主犯赵若陋却法不及本人,只是申明大宗正司,将其交由外宗正司拘管了事①。又,新化县(今属湖南娄底)原来"民淳事简",官事从容。后来因当地"一二无赖宗室"交结地方若干士子,"把持县道,接揽公事",公然抗衡官府,致使县衙官吏"动辄掣肘"。新化县内有人犯案,不求于他人,而争趋宗室之门以为援引,严重干扰了地方正常的司法管理。新化官员对此虽抱怨"撮尔之邑,他无显人,愚民无知,以为果可凭藉"②,甚至通过重治罪犯以警告黑恶势力,但其实对把持县道的宗室"赵添监"等人却根本无力究治。南渡之初,宗室在地方往往强占寺院,而且诬赖骗挟,无所不至,有宗子赵时霬长期居住寺院,"使小婢遍走方丈,一不从所求,即以奸事诬胁",然后层层上告寺僧,扰乱司法③。

地方官员顾忌皇族身份,也没有权力擅自处置宗室子弟,常常对他们束手无策,这就使犯罪宗室逍遥法外。由此,南宋史料中宗室罪行屡见不鲜也就不足为奇。倘若我们翻看一下南宋笔记《夷坚志》,就可以发现洪迈(1123~1202)在书中对当时的宗室劣迹常有所披露。比如他记道,绍兴(1131~1162)中,江西余干有宗子赵邦材凭仗皇族身份,在造宅第台榭时,凡所需林木,不管僧宇神祠还是民间墓树都肆意砍伐,其人"平生治仆妾辙以发系柱,箠楚无算,怒犹不释,则沃以粪溺"④。又载淳熙(1174~1189)年

① 《名公书判清明集》卷一一《人品门·宗室作过押送外司拘管爪牙并从编配》,中华书局1987年点校本,第398~399页。
② 《名公书判清明集》卷一二《惩恶门·先治依凭声势以为把持县道者之警》,第475页。
③ 《名公书判清明集》卷一一《人品门·僧道为宗室诬赖》,第405~406页。
④ 洪迈:《夷坚志》支癸卷第五《赵邦材造宅》,中华书局1981年点校本,第1258页。

间,在太平州(治今安徽当涂)黄池镇上,有"无赖恶子及不逞宗室啸聚","屠牛杀狗,酿私酒,铸毛钱,造楮币,凡违禁害人之事,靡所不为"①。另外,在宣城(安徽宣州)水阳镇寓居南渡宗室四十余人,有赵师恭、赵师珏从兄弟寄居空相寺侧,淳熙中,"两人同殴杀一僧",事后赵师恭逃脱漏网,赵师珏独任其罪,坐锁闭泉州南外宗司,不久又遇罩恩放任自便②。岳州(今湖南岳阳)西南紧靠洞庭湖,城内外河网湖泊密布,当地百姓多赖此为生,但有宗室官员"扑买"大半,几乎垄断了地方渔利③。《夷坚志》虽系笔记小说,但洪迈的这些记载多得之于当时见闻,真实反映出南宋时许多宗室在地方上为所欲为的情况。绍兴年间,江阴军进士李韬、苏白等人曾联合上书宋高宗,奏称:

> 宗子分寓郡县,搔动民庶。或暴人以威而强取其物,或攘人之物而不偿其直,或挟以雠而肆欺,或指他事而见虐。稍涉触忤,则动以尺铁筈之,至死而弗之恤。或挟弓带矢,飞鹰走犬,骤骏马,驱小人,驰骋田野,踏践谷麦,曾不顾藉;或醖造酒货,兴贩私物。百姓无所申诉,郡县不敢谁何!

这是一段十分形象的描绘,它充分揭露出南宋宗室散居四方后犯法扰民、飞扬跋扈的斑斑劣迹。仰仗特权、骄纵无赖的"宗室气习"④,实际已成为相当一部分宗室的标签。而"百姓无所申诉,郡县不敢谁何"等激烈措辞,既流露出地方官民对宗室犯罪的无可奈何,也表达出科举出身的地方士人对宗室特权的强烈不满。

第三节 定罪量刑

《宋刑统》开篇先论"五刑"之制,即笞、杖、徒、流、死等五种惩治犯罪的

---

① 洪迈:《夷坚志》支戊卷第四《黄池牛》,第 1080 页。
② 洪迈:《夷坚志》支乙卷第八《水阳二赵》,第 853 页。
③ 洪迈:《夷坚三志》辛卷第八《岳州河泊》,第 1449 ~ 1450 页。
④ 《名公书判清明集》卷一《官吏门·杖赵司理亲随为敷买丝》,第 23 页。

刑罚手段①。该五刑体系在隋《开皇律》中已出现,对后世刑罚制度影响深远。但两宋在隋唐五刑基础上又"自立一王之法"②,故有折杖、刺配、编管等制,更新了原来笞、杖、徒、流旧法,而在死刑之中,又增立凌迟等酷刑以为震怖。神宗朝宗室赵世居谋反一案,其最终裁决结果是,赵世居赐死,李逢、刘育、徐革凌迟处死,将作监主簿张靖、武进士郝士宣腰斩,司天监学生秦彪、百姓李士宁杖脊,并湖南编管,其余涉案人员也纷纷追官落职,赵世居子孙贷死除名,削落皇族属籍③。自凌迟、腰斩等残忍极刑,至编管、杖脊、降官、除名等常规处置,宋代定罪量刑之制可见一斑。

不过,王朝为照顾各色特权群体,通常都会在国家常法之外,另有各种代赎除免刑罚的规定,如《宋刑统》有"除、免、当、赎、上请"④等制度,《庆元条法事类》卷七六为此还别分"当赎门",专门讨论"议、请、减、赎、当、免"等法律特权。政和七年(1117)九月十日,徽宗手诏曰:

> 朕席庆仙源,嗣承大统,岂有恩不及于祖宗之裔乎?追远念亲,为之恻然。自今有犯除情理巨蠹、事涉重害及已杀伤人,并别被御笔处分外,余只以众证为定,仍取伏辩,并不得辄加箠栲。若徒流以上方许依条请官制勘,自余只行严监散禁,虽有上条承勘官司逐旋奏禀,若合行庭训者,并赴大宗正司,令本位尊长以小杖依法夏楚。恪意遵承,立为永法,以副朕敦睦九族之意。⑤

这道诏令以体念皇帝"追远念亲"、恩及"祖宗之裔"为名,规定官司不许对犯罪宗室子弟施行箠栲等刑罚,事涉严重者必须上奏别候皇帝"御笔处分",而大量的普通案件则直接移交给宗司机构,通过各种变通方式减免处罚。北宋的这一成制在宋室南迁之后依然适用。考诸两宋史实,对犯罪宗室往往百般宽宥,乃在邦典常宪之外形成一套格外的宗室量罪惩处体系。

---

① 《宋刑统》卷一《名例律·五刑》,第1页。
② 张希清等:《宋朝典章制度》,吉林文史出版社2001年版,第308~320页。
③ 《宋史》卷二○○《刑罚志二》,第4998页。
④ 《宋刑统》卷一《名例律·五刑》,第3页。
⑤ 《宋会要辑稿》帝系五之二八,第125页。

具体而言,当时对违禁犯罪宗室的处置主要有以下方式。

一、罚赎

罚赎是强制犯罪宗室缴纳一定数额的铜钱或官俸代罪的赎刑方式,一般适用于杖以下情节较轻案件的代惩,徒、流以上有时也可奏裁请赎。宋人在论及读书士人的特权时,就提到过科举贡士允许犯罪收赎的法制,其曰:"旧制,士人与编氓等。大中祥符五年二月,诏贡举人曾与省试,公罪听收赎,而所赎止于公罪徒,其后私罪杖亦许赎论。"①宗室身份显然又要远远超过庶姓贡士,因为犯罪容许罚赎的情况就更加普遍,具体执行又可分赎铜和罚俸等不同形式。

赎铜,如皇祐四年(1052)八月二日,左监门卫大将军、循州刺史赵世清以病马私易官马,计赃绢十六匹,奏裁后罚铜四十斤②。又《续资治通鉴长编》卷三三一元丰五年十二月戊辰条记载,祠部郎中赵令铄以道遇叔祖赵宗晟不依礼致敬,判处罚铜四斤。赎铜有时也用于对宗室较重犯罪的一种折罚,如绍圣元年(1094)四月十八日诏:"右金吾卫大将军、惠州防御使叔谆追两官勒停,令叔谆赎铜六十觔(即斤)。官屋锁闭,差人监守,以停止逃军、屠牛、卖酒,其监门并本位使臣皆坐罪。"③罚俸,如庆历七年(1047)正月,知大宗正事赵允让请自今宗室辄有面祈恩泽者,罚一月俸④。皇祐五年(1053)八月二十八日,诏:"皇亲今后趁朝不到,依新定罚俸,令三司于料钱内扣除。"⑤至和元年(1054)八月,右卫大将军赵从古自陈,以亡子赵世迈"尝冒请亡孙令昶俸钱",愿每月自行罚己俸入官,仁宗帝以其知过能改,特加释免。又元符元年(1098),宗室聚居的宫院起火,经大宗正司查勘上奏,涉案宗室及同居尊长分别判罚俸给若干⑥。另据《庆元条法事类》卷七六

---

① 王栐:《燕翼诒谋录》卷二《贡士得赎罪》,中华书局1981年点校本,第13页。
② 《宋会要辑稿》帝系四之九,第97页。
③ 《宋会要辑稿》帝系五之八,第115页。
④ 《续资治通鉴长编》卷一六〇,庆历七年正月甲申条,第3860页。
⑤ 《宋会要辑稿》帝系四之九,第97页。
⑥ 《续资治通鉴长编》卷四九七,元符元年四月癸巳条,第11831页。

《当赎门·罚赎》,赎铜每斤须足文,罚俸则根据南宋官品俸禄格各有等差,同时期的宗室处罚应该也遵用相关条例。其谓:

> 赎铜,每斤一百二十文足。

> 罚俸,每月,一品,八贯;二品,六贯五百文;三品,五贯;四品,三贯五百文;五品,三贯;六品,二贯;七品,一贯七百文;八品,一贯三百文;九品,一贯五十文。

北宋中后期以后,部分宗室疏属无从得官,只能倚赖朝廷拨给的孤遗钱米为主要的生活来源,因此宋廷有时亦将罚没孤遗钱米用作对无官罪宗的惩处办法。据《宋会要辑稿》帝系五之二三记载,政和二年(1112)五月十五日诏曰:"比闻孤遗宗子应给钱米,一有愆违,终身遂无所给,深虑匮(法)[乏]不能自存。当限以岁月,使之自新。自今若犯取人财物、故殴伤人杖以下罪,情理重者住给一年,轻者半年。或私罪、徒以上罪,若赃罪,二年。如不再犯,仍旧支给。有再犯者,大宗正司量轻重再展年限。"可见,法令根据宗室所犯情节轻重,以一年为一等,轻者半年,停止拨放相应期限内的孤遗钱米。如果能改过自新不再犯过,则仍依原来规定支给。

罚赎的方式在惩处宗室轻罪时较为普遍,但这种简单的经济惩罚手段也很容易纵容宗子滋生"赎罚之外无以加责"[1]的侥幸心理,因此还需要其他更多的处罚手段来加强管理。

二、贬责

贬责是指通过展磨勘年限、断绝朝谒、降官贬职以及削夺爵位等手段,对有官宗室犯罪的重要处罚方式。该法北宋时在宗室近属案件中应用尤其广泛,南宋以后也扩展到更多疏属入仕的宗室。

宋代宗室贬责起初并无成规,只是临时取旨。如《续资治通鉴长编》卷一五四庆历五年二月癸卯条记载,安静节度使赵允迪(赵元俨第三子)

---

[1]　《宋会要辑稿》帝系五之一九,第121页。

居父丧时,命妓女在宫中"日为优戏",沉酣酒色,被妻子昭国夫人钱氏所告,遂因其不孝,诏赵允迪降授右监门卫大将军,并禁绝朝谒。治平四年(1067)七月十九日,神宗诏右龙武军大将军、深州团练使赵世准、右监门卫率府率赵世设并降一官,停朝请;右千牛卫将军赵节膺降两官;右监门卫大将军、嘉州刺史赵世瑞赎铜。"先是,宗室从□无嗣,诏以弟从古之子世设为嗣;世设私归本宗,乃以从蔼之子世膺为嗣,世膺后遁归。乃诏:世准发遣而违慢,不即奉诏,世瑞受匿,故有是责。"①熙宁二年(1069)十一月十七日,贵州防御使赵宗悫降左武卫将军、莱州防御使,"坐于亲弟新妇处借钱物不还,又行殴打",此处依法当止赎铜,但神宗特旨反而加重其处罚。直到元丰四年(1081)十二月,大宗正司言:"宗室有过名,乞比附外官除落。诏礼房比外官年限轻重立法。"②此后宗室贬责始参照庶姓命官处罚体系,逐渐制度化、规范化。如元丰五年十一月,宗室赵仲骓坐以火灼人面,罚俸一季,展磨勘一年。后又灼女奴面,一年之中,三犯非礼残暴,诏展磨勘五年③。

《宋大诏令集》卷五〇《宗室十·贬责》专门存录了北宋时期判处宗室贬责的朝廷诏令,所涉人物多为皇族近属。如大中祥符三年(1010),皇侄、左屯卫将军赵允言以"家庭之内,惨虐缕闻;尊属之间,侵凌斯甚"的罪名,责降太子左卫率府副率,绝其朝谒。神宗时,皇伯赵宗谔习于富贵,不修法度,以"外招事权,内轹宗党"等罪,除落同中书门下平章事。又如绍圣三年(1096),哲宗皇叔祖赵宗景以妾为妻,紊乱人伦,因诏除落开府同三司,并罢免判大宗正司一职。其后皇叔、雄州防御使、秦国公赵叔牙因"喧渎内朝,屡干非法",黜官一等,降为海州团练使,爵位依旧。

元符二年(1099)十一月,赵宗瑗之妻刘氏亡故尚未过百日,其子赵仲哗"忘哀买妾",诏特降一官,遣还其妾④。责降在南宋同样用来惩处宗室违犯

---

① 《宋会要辑稿》帝系四之一六至一七,第101页。
② 《续资治通鉴长编》卷三二一,元丰四年十二月庚午条,第7747页。
③ 《续资治通鉴长编》卷三三一,元丰五年十一月己卯条,第7968页。
④ 《宋会要辑稿》帝系五之三,第118页。

礼法等过错。如绍兴二十年（1150）七月七日，诏右监门卫大将军赵居申特降一官，以其"不遵礼法，衩祖私出故也"①。绍兴二十八年（1158）二月七日，益王府宗子赵居申、赵居修因为在王府内"喧嚣不肃"②，诏各降一官，赵居修送绍兴府宗正司拘管。乾道元年（1165）十二月，右监门卫大将军、和州防御使赵士穆被判大宗正事、恩平郡王赵璩劾奏：

> 士穆丁忧祥除，不遵指挥回司，尚留福州，恣行凶暴。若不惩戒，切恐其余南班递相视效，难以钤束。乞将士穆先次降官，令所在州差使臣兵级管押赴司，以为宗属欺上慢下之戒。③

赵士穆系南班近属，依法当居住京师序班朝参。当时他奔丧南下福州，但丁忧服除后仍未能按时返回临安，因此遭到大宗正司官员的弹劾而降为楚州团练使。

三、庭训

古人称父教为庭训，但宋代宗室"庭训"乃特指对宗室例当决杖者的一种变通从轻的刑罚方式，所犯宗子经大宗正司移交本位尊长用小杖行夏楚，这大概也符合古代用家法行父教之意。

夏楚原指荆木之类，常用作教学的体罚工具，《礼记·学记》谓："夏、楚二物，收其威也。"后亦泛指刑具。宋代对宗室的庭训的确与学校教育中的惩戒办法密切相关。宋代太学立学规五等，犯错者禁闭于"自讼斋"强制自省，"又重则夏楚屏斥……以黑竹篦量决数下，大门甲头以手对众，将有罪者就下堂毁裂襕衫押去，自此不与士齿矣"④。后来北宋诸王宫学仿太学制度，也设立"自讼斋"，凡宗室不遵规矩又未至拘管者，入"自讼斋"自省⑤。

---

① 《宋会要辑稿》帝系六之二〇，第 140 页。
② 《宋会要辑稿》帝系六之二七，第 143 页。
③ 《宋会要辑稿》帝系七之六，第 149 页。
④ 周密：《癸辛杂识》后集"学规"，中华书局 1988 年点校本，第 64~65 页。
⑤ 《宋会要辑稿》崇儒一之一三，第 2169 页。关于宋代"自讼斋"的具体情况，可参见张德英《宋代学校中的"自讼斋"》，载《文史知识》2003 年第 12 期。

夏楚责罚应该也是当时宗室教育中的一种惩劝方式。所以在徽宗崇宁四年(1105),宗司官员才会有"所管宗室或有恣横不遵教约者,听比附崇宁宫学敕行夏楚"①的说法,它同时表明夏楚已由宫学的惩戒手段进一步演变为对宗室犯罪的常用刑罚。据《宋史·刑法志一》记载,政和间徽宗诏曰:"宗子犯罪,庭训示辱。比有去衣受杖,伤肤败体,有恻朕怀。其令大宗正司恪守条制,违者以违御笔论。"所谓"恪守条制",即申严宗室庭训必须送至大宗正司,由本位尊长用小杖减等执行,并且不准"去衣受杖,伤肤败体",以示与常人不同②。

宗室庭训为南宋沿用,情节恶劣者通常还与除名、拘管、锁闭等其他方式并罚。据《宋会要辑稿》帝系六之一八载,绍兴九年(1139)九月,诚忠郎赵不瞰以倡女为妻,伪冒请受,诏特除名,送大宗正司庭训。又如绍兴二十二年(1152)四月,秀州无官宗子赵不辱在夜游时,因殴打右迪功郎吕褫致死,论法当绞死,诏令贷死,由地方"差人押赴大宗正司庭训"③,庭训之后再惩以锁闭。淳熙八年(1181)七月,大宗正司官又奏请诸王宫学复置"自讼斋",宗室犯罪未至拘管者禁闭自省。赵雄等大臣认为太学"自讼斋"规矩现成,似不必为宗室另行措置,但孝宗认为"不若只令宗司自盖造"④。不过,南宋宗室犯罪拘管以下者,除送大宗正司庭训、禁闭外,也有送至泉州、福州两外敦宗院,由两外宗学具体负责惩戒训导⑤。

四、除名

除名是追毁犯罪宗室全部官爵凭证,削为无官平民的处罚方式。宗室犯罪极少处以死刑,只要不是谋逆不赦,即便情节严重者一般也都能请旨贷死,因此除名实际上已成为较为严厉的一种惩处手段,主要适用于奸淫乱

---

① 《宋会要辑稿》帝系五之一九,第121页。

② 参考《宋会要辑稿》帝系五之二八,第125页。

③ 《宋会要辑稿》帝系六之二一,第140页。《建炎以来系年要录》卷一六三,绍兴二十二年四月乙酉条。

④ 《宋会要辑稿》崇儒一之一三,第2169页。

⑤ 《宋会要辑稿》崇儒一之一一,第2168页。

伦、不孝不睦或赃罪当死等特旨贷免的宗室官员。

《宋刑统》在"除名"律文下有议云："若犯除名者,谓出身以来,官爵悉除。"①当时又习称"除名勒停",宋人谓："编管以上,则必除名勒停,谓无官也,故曰'追毁出身以来文字'。"②宋仁宗皇祐四年(1052)九月七日诏曰："应宗室犯奸私、不孝、赃罪,若法至除名勒停者,并不得叙用,仍永不许归宫。所犯不至除名勒停者,并临时取旨。"③若犯案特别严重,被除名的宗室通常还会被判处锁闭。《续资治通鉴长编》卷三三二元丰六年正月戊戌条谓,右监门率赵仲莥坐令侍婢以药粥毒死妻子夏氏,贷死除名,依从党例锁闭。同年四月,宗室三班奉职赵子徇与妹通奸,依法当为死罪,诏"并除名,永不叙用,子徇仍于本宫锁闭,妹于禁寺度为尼"④。元祐初和州刺史赵叔罴殴打兄长叔牙,"追毁出身以来告敕文字,除名勒停"⑤。上举数例都是宗室因"内乱"、"不睦"等恶逆罪名被除名锁闭的典型案件。另外,徽宗朝时宗室赵叔宓任温州监税时,因赃罪除名⑥。据《续资治通鉴长篇》卷一六五,绍定四年(1213)四月乙丑,温州司户参军赵汝骤"权宰平阳,侵用官钱,赃罪抵死",特旨贷死,"追毁出身文字,除名勒停"。这些是宗室因赃罪除名的案例。

须注意的是,宗室除名之后不再有俸禄自给,宋廷一般又会给予格外照顾。如前述赵叔宓案发后,徽宗又下诏援例为其支给孤遗钱米,赵叔宓房下家属也"计口破钱米人,并减半支给",同时强调其他类似情况可依此办理。此外,宗室因犯罪展磨勘、降官甚至除名勒停之人,朝廷往往又会通过特赦、恩泽等各种名义减除宗室惩罚,乃至恢复原来的官职。熙宁八年(1075)十二月二十五日,诏：

> 宗室坐事追官、降官、勒停、特勒停,并须自叙理复旧官后,乃理年

---

① 《宋刑统》卷二《名例律》,第 41 页。
② 赵升：《朝野类要》卷五《降免·勒停》,中华书局 2007 年点校本,第 100 页。
③ 《宋会要辑稿》帝系四之九,第 97 页。
④ 《续资治通鉴长编》卷三三四,元丰六年四月甲戌条,第 8056 页。
⑤ 《续资治通鉴长编》卷三九六,元祐二年三月庚辰条,第 9668 页。
⑥ 《宋会要辑稿》帝系五之一五,第 119 页。

取旨,仍依条展年。未叙复间,别因酬奖,或因恩泽,转至旧官,(旧官)仍候叙复所追降任数足,亦依此取旨。

此处所论"叙复"即指犯罪宗室官复原职。孤遗钱米、叙复元官等种种经济、政治的特权制度,实际上又进一步削弱了对犯罪宗室的惩戒力度。

五、锁闭、拘管、居住等

锁闭是对犯罪宗室处以强制囚禁的处罚方式,一般适用于死刑以降、情节特别严重的案件。这种刑罚实与宋代徒流编配之法相对应,只是一般编配法又分刺配、编管等不同形式,但宗室既不许杖脊黥面刺配充军,也不会混同庶人编配牢城居作(即服劳役)。当然,严格来说,宗室编配法也会视犯罪重轻而处以锁闭、监管、拘管、居住等不同的惩罚手段。故绍熙五年(1194)七月七日宁宗皇帝登极赦文有云:"宗子见入罪,见锁闭、监管、拘管人,并放逐便。"①同年九月十四日,明堂赦文又称:

> 应宗室犯罪,永锁闭、永监管拘管之人,令西南两外宗正司具元犯轻重及有无悛改,结罪保明,申大宗正司,具奏取旨。余锁闭、监管、拘管者可特与减一年,理为放免年限。已经展年人,令逐司结罪保明,申大宗正司,检照元犯合行放免者与放免。②

比较而言,锁闭处罚最重,监管、拘管、居住等则依次减轻,后面几种基本上属固定住所、限制自由的一种监视性居住,甚至还容许家属陪同,但不许擅自外出或违法与人交接,而且必须定期向主管部门报告呈验身份,以免非法逃逸。熙宁二年(1069)十月三日,神宗诏令宗室赵仲旺、赵仲全"依旧外宅居住,骨肉并遣归宫,不得往还。坐擅出外宅,私过杂户,及相告言"③。崇宁四年(1105),西外宗官赵仲忽奏请:"宗室……苟败群不悛及不负夏楚者,则许劾奏,押赴大宗正司下本宫尊长羁管。"④据《建炎以来系年要录》卷

---

① 《宋会要辑稿》帝系七之二八,第160页。
② 《宋会要辑稿》帝系七之二九,第161页。
③ 《宋会要辑稿》帝系四之一八,第102页。
④ 《宋会要辑稿》帝系五之一九,第121页。

一五四,绍兴十五年(1145)朝廷发还北人马钦,成忠郎赵子恺"与之饮宴、游猎",被常州守臣汤鹏举弹劾,赵子恺停官后送南外宗正司拘管。另外,宗室名臣赵令衿曾因得罪秦桧,先遭诬告,继下诏狱,最后虽查无实据,但仍以"谤讪朝政"被追官勒停,拘管于南外宗正司①。淳祐九年(1249),婺州(浙江金华)又发生宗室内部纷争案件,且性质非常恶劣。文献记载道:

> 婺州权守臣郑士懿言:"承务郎赵希裖及其子与忎、与慚,同恶相济,藏盗贼,夺民财,抉弟希咏目睛,碎叔祖彦珲宝贝,弃祖母骨殖,撾叔枚夫手指,威使恶党殒倅崇缘之命,绝灭纲常,伤残骨肉。"诏:"希裖追毁出身文字,押送西外宗司拘锁;与忎、与慚分移千里外州军居住。"②

婺州这件宗室案件牵连甚广,涉及太祖、太宗、赵廷美三支四代子孙,赵希裖父子在地方上无恶不作,在家族内也是十恶不赦,挖弟弟眼睛,殴打叔祖一辈,弃毁祖母骨殖,更唆使恶人杀害族倅。因此理宗下诏赵希裖除名,押送西外宗司锁闭,其二子则放千里外州军监视居住。

在宗室编配刑罚中,锁闭无疑是最严厉的一种。锁闭不仅要囚禁其身,而且依法当戴枷锁,故称"锁闭"。元丰五年(1082)正月十八日,诏锁闭宗子赵叔跪"依赵世融例,五日一开锁涤除,遇有疾即令医治"③。赵叔跪、赵世融"皆坐内乱"锁闭。北宋宗室锁闭多囚于别宅外第,因罪行较重,对罪宗的监管也相当严厉。如庆历五年(1145),左龙武军大将军、温州团练使赵从说坐射杀亲事官,削除官爵,然后锁闭于别宅④。太宗系赵元佐长孙赵宗说先坐"乱其子妇"⑤除名,后又因坑杀无辜女仆三人,终身囚锁于开封新城之

---

① 《宋史》卷二四四《宗室传一》,第 8684 页。《宋史》卷四七三《秦桧传》,第 13764 页。《宋会要辑稿》帝系六之二三,第 141 页。

② 佚名:《宋史全文》卷三四,淳祐九年十月戊子条,黑龙江人民出版社 2005 年点校本,第 2287 页。按:《宋史全文》此条系于九月与十二月之间,据《续资治通鉴长编》卷一七二,系于十月。

③ 《宋会要辑稿》帝系五之三,第 113 页。

④ 《续资治通鉴长编》卷一五五,庆历五年四月戊子条,第 5767 页。

⑤ 赵宗说除名锁闭原因,文献多有避讳,《宋会要辑稿》帝系四之二八亦只称"内乱"而已,第 107 页。"乱其子妇"一语据王称《东都事略》卷一五《世家三》,台湾文海出版社 1976 年影印本。

外。至熙宁八年(1075),赵宗说已七十三岁,锁闭长达二十余年,经其子赵仲轲等人屡次哀诉陈请,宋神宗才下诏允许子孙一人轮流在赵宗说身边侍奉①。第二年八月,赵宗说囚死于锁闭外宅②。

南宋以后,依法锁闭宗室通常都被押送至泉州或福州外宗正司加以囚禁。如宋高宗时大宗正司曾奏报宗室赵持之"累冒刑禁,顽恶不悛",诏"送西外司锁闭,永不放出"③。南渡初内忧外患,凡冒请孤遗钱米宗室一律押送外宗正司锁闭。绍兴七年(1137)十一月二日,知南外宗正事赵仲儡对此提出异议,并援引相关锁闭条例为证,其谓:

> 检准宗子犯罪锁闭条:内诸杀人已杀、强盗、十恶、故烧有人居之室,各罪至死贷免,或罪不至死谓如知人强盗藏匿,过致资给,令得为盗,而分受所盗赃物之类而所犯丑恶者,本官院锁闭,满三年取旨特旨永不放免,依特旨。④

这条材料表明锁闭主要适用于杀人致死、强盗、十恶、故意烧毁有人居住的房屋等死罪贷免或者其他罪行严重的宗室子弟。同时,宗室法令也明确规定锁闭时间一般以三年为期,满三年后须上奏取旨,除非诏令永不放免者才处以终身囚禁。宋高宗后来采纳了赵仲儡的建议,原来因冒请钱米而被锁闭的宗室全部获得释放。

绍兴二十八年十一月十七日,同知大宗正事赵士篯奏请"拘管、锁闭年限已满之人","欲乞依祖宗旧制,依年限取旨放免",高宗遂重申宗室锁闭条法,规定"除犯谋杀、强盗、十恶、故烧有人居止之屋,各罪至贷免;或不至死,所犯凶暴或丑恶,及谋杀、强盗、十恶、放火、私铸钱、强奸、略人罪至流;并杀牛马,徒以上,经断再犯者,皆系情犯深重,即难以便依常法取旨放免",其余锁闭犯罪宗室,依年限取旨施行,不许随意超期羁押编管⑤。另据《淳熙宗室杂录》,淳熙二年(1175)十二月十七日,孝宗诏曰:

---

① 《续资治通鉴长编》卷一八二,嘉祐元年六月辛亥条,第4409页。
② 《续资治通鉴长编》卷二七七,熙宁九年八月壬寅条,第6777页。
③ 《宋会要辑稿》帝系六之一六,第138页。
④ 《宋会要辑稿》帝系六之一一,第135页。
⑤ 《宋会要辑稿》帝系六之二九至三〇,第144~145页。

应犯罪锁闭、监管、拘管，可特与理放免年限一年，永锁闭、永监管拘管之人，令大宗正司量元犯轻重被断。后来能自循省，别无过犯，比附保明申尚书省取旨。及宗室犯罪元系情理重与减作稍重，稍重减作稍轻，稍轻减作轻。①

淳熙四年五月二十一日，因判大宗正司事、嗣濮王赵士辐之请，又下诏曰：

> 西、南两外司宗子，元犯凶暴杀人至死，永锁闭拘管之人，遇恩赦别行取旨外，其不带"永"字，已经展年人，量元犯（经）〔轻〕重，如已经赦，合行放免者，与放免。

据此，宗室遇恩减刑、放免等十分普遍，甚至连法定"永锁闭"或"永不放免"之人，在实际执行过程中也多有"别行取旨"、减等处置的机会。

六、死刑

对宗室而言，杀人放火、强奸抢掠、屠牛私铸等理当处死的大罪，通常都能够侥幸贷死。唯一的例外大概就是谋逆，死刑是对犯谋逆罪行的宗室最重也是最终的处置方式。两宋三百二十年，严格来说没有发生过宗室武装叛乱。南宋牵涉济王赵竑的所谓"霅川之变"，无组织，无谋划，无实力，太湖渔民、散兵游勇合计不足百人便试图对抗朝廷②，与其说是一场谋逆造反，不如说是对权臣史弥远矫诏废立的以死抗争，用自投罗网式的牺牲来宣泄郁积难抒的怨怒而已。何况，在史弥远扶立宋理宗登基的那一刻起，赵竑的结果就已经完全注定。其实，造反的事实并不重要，在任何集权独裁的体制之下，那都是无须费力去证明的问题，宁可错杀一千，也决不姑息一个。岳飞一案，仅仅"莫须有"三个字不就坐实了死罪吗？因此，只要宗室涉嫌"谋反"、"谋大逆"、"谋叛"等情状，一旦引起皇帝的猜疑忌讳，赐死不赦的事情

---

① 徐松辑，陈智超整理：《宋会要辑稿补编》"宗室"，全国图书馆文献缩微复制中心1988年版，第14页。

② 《宋史》卷二四六《宗室传三》，第8735～8737页。

也就同样在所难免。

熙宁八年(1075)三月,朝廷在推鞫李逢谋反一案时,查到太祖玄孙赵世居与李逢等人有交往,于是捕赵世居下御史台狱,并在他家里搜出图谶、书简等"物证"。在宋神宗的授意下,审理此案的官员穷究其案,案情变得复杂严重而且牵连甚广。同年闰四月,以"纳匪人,论兵挟谶,访天文变异,伺国家休咎,出处架结"等似是而非的罪名,对赵世居判处死刑,"差御史台推直官监世居至普安院,缢杀之"①。这是两宋以谋反罪赐死宗室的极端特案。需说明的是,宋代死刑又可以细分为重杖决死、绞、斩、凌迟处死等数种。以赵世居案而言,李逢、刘育、徐革等人凌迟处死,张靖、李侗、郝士宣等人腰斩,而赵世居却是赐缢死,多少仍体现出宗室不同一般士庶人的地方。

两宋之际,赵廷美玄孙赵叔向(? ~1127)在汴京被攻破时偷偷潜至京西,金人撤退后带兵回到开封,以皇族身份反对张邦昌"伪楚"政权,赵叔向"引众屯青城,入至都堂,叱王时雍等速归政,置救驾义兵"。可见,赵叔向对宋朝国祚不无维系之功。但后来他还是被宋高宗处死了。究其死因,《宋史》本传称部将于涣"告叔向谋为乱,诏刘光世捕诛之"②。朱熹则提供了不完全相同的说法,他说:

> 靖康建炎,太上未立时,有一宗室名叔向,秦王位下人,自山中出来,招十数万人,欲为之。忽太上即位南京,欲归朝廷,然不肯以其兵与朝廷,欲与宗泽。其谋主陈烈曰:"大王若归朝廷,则当以其兵与朝廷。不然,即提兵过河,迎复二圣。"叔向卒归朝廷,后亦加官之类,拘于一寺中。亦与陈烈官,烈弃之而去,竟不知所之。烈去,叔向阴被害。③

据此,赵叔向是因为在交出兵权前曾经有过犹豫,归顺朝廷后即遭高宗

---

① 《续资治通鉴长编》卷二六一,熙宁八年三月甲午条,第6356页;卷二六二,熙宁八年四月庚辰条,第6403页;卷二六三,熙宁八年闰四月壬子条,第6446页。
② 《宋史》卷二四七《宗室传四》,第8765页。
③ 黎靖德:《朱子语类》卷一二七《本朝一·高宗朝》,第2758页。

囚禁,随后又被暗中杀害。前述济王赵竑失败后,史弥远门客秦天锡"谕旨逼竑缢于州治"①,此处"谕旨"一语当然掩饰不了史弥远的背后作用,但后来士大夫坚称"济王之死,非陛下(理宗)本心"②,恐怕也是为尊者讳或政治策略的成分多于事实。赵叔向、赵竑事件隐晦不明,处决前又都未经依法审理,其实很难作为典型的宗室案件来讨论。

嘉定十一年(1218)五月,知泉州真德秀(1178~1235)率地方军民,协力平定王子清、赵希郤等为首的泉漳海盗集团,除王子清遁去,一举擒获以赵希郤、林添二、陈百五、蔡郎四人为首的海盗一百三十六人。揆诸文献,真德秀仅称"贼首赵希郤与王子清敌体,林添二、陈百五、蔡郎等亦皆王子清腹心"③。但刘克庄为真德秀撰写行状时,却专门指出"海贼"首领赵郎"自称直徽猷阁赵子游孙希郤也"④。刘克庄此处虽行文谨慎,只说赵郎"自称"云云,但无疑意有所指。根据宗室制度,宋代法律严禁赵姓庶人与宗室联名,而"希"字正是太祖下第九世孙的行辈。再稽考《宋史·宗室世系表》,宗室赵子游后代的确有名希郤者,不过不是孙辈,而是曾孙辈⑤。综合各方面资料看,此处海盗首领赵希郤应该确系宗室出身。对诸海盗的最终处决也有力地佐证了这一事实。此前海盗曾窜犯泉州,真德秀有过一次失败的军事行动,左翼军将尉王大受等官兵战死。故平定海盗之后,真德秀"诛群贼于教场,设王大受位,令其子剖心以祭,磔者三人,诛死者二十余人"⑥。磔刑即为活剐肢解的酷刑,两宋多用于对叛乱"盗匪"的处决。据真德秀记载,在王大受灵前被剖心者只有林添二等三人,竟未见名列"贼首"的重犯赵希郤⑦。而根据刘克庄所撰真德秀行状,赵希郤后来只是"毙于狱",显然免于

---

① 《宋史》卷二四六《宗室传三》,第 8737 页。

② 《宋史》卷四〇六《洪咨夔传》,第 12265 页。

③ 真德秀:《西山先生真文忠公文集》卷八《泉州申枢密院乞推海盗赏状》,《四部丛刊初编》本,上海商务印书馆 1929 年版。

④ 刘克庄:《后村先生大全集》卷一六八《西山真文忠公行状》,第 4274 页。

⑤ 《宋史》卷二二〇《宗室世系表八》,第 6218~6224 页。

⑥ 刘克庄:《后村先生大全集》卷一六八《西山真文忠公行状》,第 4274 页。

⑦ 真德秀:《西山先生真文忠公文集》卷八《申枢密院乞优恤王大受》。

在法场当众车裂活剐的极刑。这种蹊跷的惩处差别,恰恰坐实了赵希邵特殊的宗室背景。赵希邵没有移交给宗司机构来处置,是因为他所犯的是罪不容赦的盗匪罪,危害甚大,因此直接在泉州就地正法。还要说明一点,赵子游可谓南宋宗室名臣,前文曾经提到过,他是宋代最早以宗室文臣身份担任南外知宗者,一举打破了南班环卫官垄断知宗的惯例①,其后世子孙中也多有名士大夫,如"永嘉四灵"之一的赵师秀(1170～1219)即与赵希邵为从兄弟,赵与欢、赵孟传父子则在南宋政治上卓有影响②。赵希邵究竟为何会从宗室名臣的子孙沦为横行泉漳的海盗首领,还有待进一步的研究。

要之,宋代对犯罪宗室的处置,往往因皇族身份请议减免,或赎铜罚俸,或谪官降职,或施以庭训,或除名锁闭,同时还有许多机会获得赦免宽宥,宗室罪犯放免或叙复元官的情况也属平常。宗室庭训一般只用小杖夏楚,又不许去衣受杖,即便如此,类似的肉体惩罚其实也并不常用。犯了死罪往往也能请旨贷免,仅代之以除名锁闭等处罚。故宗室被处死刑极为罕见,北宋赵世居赐死、南宋赵希邵"毙于狱"等案实属特例。而且在死刑执行中仍照顾到皇族身份,并没有采取凌迟、腰斩或磔剐剖心等酷刑,也没有在法场公然示众,而是用赐死或私密处决的方式,免却折磨与羞辱。明代宗室犯法,"量罪降等"与"罚而不刑"成为皇族成员犯法惩处的重要特征③,这两点若用作形容宋代对犯罪宗室的法外开恩、别行处置,应该也比较恰当。

由此可见,尽管宋代宗室的确受到种种防范和限制,但"家天下"的传统政治体制从根本上决定了宗室与普通士庶之间的巨大差异,宋徽宗所谓"宗室犯罪,与常人同法"④,不过是一时标榜的虚文而已。宋代不但编修了强

---

① 《宋会要辑稿》职官二〇之三〇至三一,第 2835～2836 页。《宋史》卷二四四《宗室传一》则载赵令懬之子赵子游:"官至湖北提刑,用户部侍郎王俣荐,加直秘阁。会建宁节度使士剸知南外宗正司,以事去官,言者请择宗室文臣之廉正者代之,遂以命子游。西、南外宗官用文臣,自子游始。"第 8682～8683 页。

② 《宋史》卷二二〇《宗室世系表八》,第 6218～6224 页。

③ 如王圻《续文献通考》卷一九六记载明成祖重申太祖法令曰:"法有犯宗人,讯问量罪降等。重者斥为庶人,罚而不刑。"

④ 马端临:《文献通考》卷一六七《刑考六》,中华书局 1986 年影印本。

化身份特权的宗室法典,而且从司法管辖权限上越来越倾向于通过相对独立的皇帝—宗司—尊长等皇族内部系统来处理宗室案件,对违犯宗室的定罪量刑也别创一格,构成了与"邦典常法"不同的一套司法管理体系,充分体现出宗室在法律地位和法律权利上的特殊性,也反复表明"治民之法"与"亲亲之法"有着双重的标准。

两宋时期,宗室犯罪呈现不断上升的态势,特别是南渡之后,地方宗室犯罪明显急剧增多。究其原因,宗室由宫宅聚居、集中管制的北宋模式演变为散居四方、管理松弛的南宋模式应该有很大的关系,特别是"靖康之难"导致这种演变过程骤然发生,彻底打乱了北宋神宗、徽宗等各朝的宗室改革尝试,迫使原来养尊处优的成千上万的宗室成员,突然间便涌入四方社会,这让宗室和各地官民都猝不及防,从而产生了一系列的社会问题。在这个转型过程中,身份特权与经济贫困又成为宗室犯罪的两个重要诱因,尤其是贫困与特权两重因素并存时更容易导致部分宗室的心理失衡,刺激其养成骄纵无赖、贪婪无度的"宗室气习",进而在地方上为所欲为,横行霸道,使得有些地方宗室群体与当地官民之间产生严重对立。当然,赵希郜案件隐藏的宗室家世也透露出某种信息,即宋代宗室在后来的发展过程中早已不是铁板一块,其内部严重分化,这种分化既包括经济的贫富差异、阶层的上下分离,也包括社会形象的正反不同和社会声望的高低悬隔。

第四章　宫学与宗学

有宋一代偃武修文,崇道重教。据史载,宋太祖称帝当月即"首幸国学,谒绂先圣","次月又幸,尊师重道,如恐不及"①。宋太宗性喜读书,亦常召经筵讲学。重视教育可以说也是"祖宗家法"之一端,两宋诸帝一直坚持未堕,不少皇帝本身就具有较高的文化素质。从学校建设看,宋代中央设国子学、太学,又有律学、医学等专科学校,地方则有州、县之学,无论学校的数量、规模还是教养制度之完善,在中国古代教育史上都占有突出的地位。

宗室教育与庶姓子弟的教育不同,而且宗室内部因为与皇帝的关系远近各异,他们接受的教育模式也不尽相同。如皇太子有东宫教育,亲王有翊善、赞读、直讲等王府学官②。南宋理宗无后,为选立皇太子,又曾特设内小学,"择宗子十岁以下资质美者二三人,置师教之"③。不过这些都只涉及极少数人。至于亲王以下的一般宗室,朝廷又另外设置教授,委以讲授课艺之责。故北宋范镇(1007~1088)有云:

> 亲王置翊善、侍讲、记室,余则逐官院置都讲教授。岁时有喜庆,则燕崇政殿或太清楼。命之射,课其书札,或试以歌诗,择其能者而推赐

---

① 范祖禹:《帝学》卷三《宋太祖皇帝》。
② 李心传《建炎以来朝野杂记》乙集卷一三对东宫讲官、资善堂直讲、王府翊善、教授等多有记载,中华书局2000年版,第720~724页。朱瑞熙、祝建平《宋代皇储制度研究》对皇子教育等问题有专门分析,收入《宋旭轩(晞)教授八十荣寿论文集》,台湾"中国文化大学"2000年版。
③ 《宋史》卷四二《理宗本纪二》,第814页;卷四二一《姚希得传》,第12587~12591页。

器币,以旌劝之。景祐三年,始置大宗正司,以濮王及彰化军节度观察留后守节领其事。有所奏请,不得专达,必经宗正司详酌而后以闻。所以勉进其敦睦,而纠正其愆违也。其后增置讲书官四员,别置小学教授一十二员,又增同知大宗正一员,而置官益多,其疏属又听其出外官,则自励而向学者弥众矣。①

范镇在此简单总结了北宋中前期的宗室教育情况,增置宗室学官之事,盖谓北宋英宗即位后的政策调整。此后,宋代宗室官学规模渐大,史籍则多以"宗学"一词来泛称"宗子之学"即宗室教育。如《宋史·选举志三》谓:"宗学废置无常。"②《文献通考》则在太学之后附及"宗学"③。但两书对宗室教育的整个体系语焉不详,很多地方写得不明不白,疑云重重。导致淆乱的原因很复杂,宋代宗室教育异于常态,加之宗室出现的新问题迫使朝廷在教养方面不断调整和创新,两宋宗室教育管理因此呈现出变化反复的新情况。因为宗室人口的增加和居住的扩散,宋代的宗室教育既要留意近属的教养,又不肯摒弃疏属的教养,既有京师的宗子之学,也有两外敦宗院的宗子之学,甚至还要时时虑及其他州县的宗子教育问题。新局面、新问题、新变化,也容易伴随出现制度混乱或摸索失范的种种情况。其典型的一点就是当时人对"宗学"指称的歧义。前面提到"宗学"一词多用以通称"宗子之学"即宗室教育,但后来"宗学"又渐渐用作专门称呼,以区别于"逐宫院置都讲教授"的"宫学"教育模式。特别是南宋时期,宋廷先在行在临安睦亲宅恢复宫学,其后又改创宗学。时任宗学谕范楷有札子称:"国家始立宫学,所以训诸王之近属;继创宗庠,所以徕四方之宗亲。"④据此,宫学和宗学显然又是南宋宗室教育的两种不同模式,设置先后、讲授对象等均有较大的差别。至南宋后期,临安宗学更与太学、武学并称"三学",有时再加上京学又共称京师"四学",这已成为当时的习见称法。所谓"三学"或"四学"之一的

---

① 范镇:《东斋记事》卷一,中华书局 1980 年点校本,第 11 页。
② 《宋史》卷一五七《选举志三》,中华书局 1985 年点校本,第 3676 页。
③ 《文献通考》卷四二《学校考三》,中华书局 1986 年版,第 400 页。
④ 《宋会要辑稿》崇儒一之二四,第 2174 页。

"宗学",无疑是特指临安的宗室官学,而不是笼统泛指宗室教育。

因此,若严格来说,两宋针对一般宗室的教育主要分为宫学与宗学两种不同模式,宋人又称作"宫学教养"与"宗学教养"①。宫学以诸宫院为单位开展教学,其对象限于本宫院宗室子弟;宗学则不以诸宫院为限,统招三祖下宗室子弟入学就读。直到宁宗嘉定九年(1216)年底,朝廷经过再三合议,将临安睦亲宅宫学并入宗学,宗室两学趋于合流②。然而,迄今为止,学术界对宋代宫学、宗学的异同,都还存在较多争议和混淆③,至于宫学之外为何要别创宗学,宫学后来缘何又会合归宗学诸问题,也仍有不少待发之覆。为便于讨论,本章主要围绕宫学与宗学的发展演变过程分别而论之,期望能较为清晰地梳理两宋宗室教育制度建构的基本面貌。

第一节 宫学的演变

宋代宫学最初是对既有王府学官的一种延展,面对诸宫院中不断繁衍的宗室子孙,不得不采用新的应对办法,对他们施以教育,而且教养本身也是一种非常有效的控制方式。宋代建立了一套自小学至大学的宫学教育体系。宫学以诸王府宫院为单位分设教授,对聚居其中的宗室子弟施以教

---

① 《宋会要辑稿》崇儒一之七,第 2166 页。

② 《宋会要辑稿》崇儒一之一五至一六,第 2170 页。

③ 研究宋代宗室教育的成果主要有宋晞《宋代的宗学》(收入宋史座谈会编《宋史研究集》第9辑,台湾中华丛书编审委员会 1977 年版,第 393~415 页)、贾志扬《天潢贵胄:宋代宗室史》(赵冬梅译,江苏人民出版社 2005 年版,第 162~167 页)、汪圣铎《宋朝宗室制度考略》(载《文史》第 33辑,中华书局 1990 年版)、葛庆华《宋代宗室教育及应试问题散论》(载《中州学刊》1999 年第 1 期)、苗春德主编《宋代教育》(河南大学出版社 1992 年版,第 74~75 页)等。宋晞《宋代的宗学》属专题研究,讨论最为细致,但该文一方面承认宗学系由宫学发展而来,另一方面又以宗学统称宗室教育。其余论著一般都提到宫学侧重近属、宗学侧重疏属,但对具体差别疏于辨析,有时又颠倒混同,如《宋代教育》便称"诸王宫学如同宗学"。为此,笔者曾发表拙稿《走出宫院:南宋宫学向宗学的转变》(载《国际社会科学》2011 年第 4 期),对宫学与宗学的不同以及宫学向宗学转变的缘由加以辨析,但比较侧重分析南宋变化。最近,何勇强《宋代宗学考论》(载《浙江学刊》2015 年第 1 期)则进一步对宗室两学存废时间等问题作出考证。

育。其存在时间相当长久,跨越北宋、南宋,尤其在北宋时期宗室教育起了很大作用。若从整个发展过程看,它的兴衰轨迹大致可以分成三个阶段:一为北宋太宗、真宗、仁宗三朝,这是宫学发端与确立时期;二为北宋英宗、神宗、哲宗、徽宗四朝,是宫学发展与兴盛时期,相关制度日益完备;三为南宋时期,宫学尽管得到恢复重建,但已不可避免地衰落下去,以致于南宋宗学最终取代了宫学在宗室教育中的重要地位。下面就这三个阶段分别加以阐述。

一、宫学的发端与确立

太平兴国(976～984)年间,宋太宗先后设置皇子侍读与诸王府谘议、翊善、侍讲等官,"于常参官中举年五十以上通经者备宫僚"[1],此为专门针对皇子及亲王等少数贵胄子弟采取的教育举措。一直到赵宋建国三十余年后的至道元年(995),始命司门员外郎、开封孙蠙为皇侄、诸孙教授。据《续资治通鉴长编》载:

> 时中书言:"唐文宗朝,宰臣李石奏:'太子有侍读,诸王亦有侍读,无降杀之礼,请改为奉诸王讲读。'今皇侄、皇孙皆列职环卫,请以教授为名。"从之。故涪陵悼王廷美诸子在京者,皆令肄业焉。[2]

这应该是宋代为一般宗室最早设置的教授之职。不过,当时仅任教授一员,要对诸王府宫邸内的所有皇亲子孙分别实施教育,显然存在困难。宋真宗注重宗室教育,其在位时常宴请王府宫僚以及宗室亲属,以激励皇族向学。他曾对宰相等大臣说:"诸王暇日,莫若读书缀文。尝有请读史者,朕谕以学古莫若读五经,皆圣人之言也。"[3]"朕每戒宗室,令读书、作诗,习笔札、射艺,如闻颇能精熟,朕将临观焉。"[4]又称:"宗亲好学,大是美事。苟述作

---

① 《续资治通鉴长编》卷二○,太平兴国四年九月丁亥条,第461页;卷二四,太平兴国八年三月己巳条,第540页。
② 《续资治通鉴长编》卷三七,至道元年正月丙辰条,第807页。
③ 《续资治通鉴长编》卷七七,大中祥符五年五月癸酉条,第1764页。
④ 《续资治通鉴长编》卷七八,大中祥符五年九月庚寅条,第1788页。

不已,自得指趣。得指趣,即忘倦矣。然当戒于好奇而尚浮靡,好奇则失实,尚浮靡则少理也。"①他劝诱宗室子弟读经作诗,既使知三纲五常之道,也增加他们的文化修养。从学官设置上,早在即位之初,真宗便令诸王府官兼任宗室诸宫宅教授②。咸平元年(998)正月,"始令诸王府记室、翊善、侍读等官,分兼南、北宅教授"。当时南宫、北宅又有伴读,然无定员,同年十一月,赐南宫伴读李文益绯,但宋人对宗室伴读究竟始于何时等情况已不得其详③。大中祥符二年(1009)二月,"诏吏部铨取常调选人通经者为南宫、北宅侍教",于是擢李颂、时大雍两人充职,分别教导太祖、太宗及赵廷美三祖位下子孙。同年五月,以时大雍讲解《尚书》终篇,真宗亲临北宅宴请广平公赵德彝以及侍教官员等人,众皇侄亦预便坐④。这说明当时宗室侍教确有讲授之实,并非徒为具文而已。大中祥符三年(1010),"诏南宫、北宅大将军以下,各赴书院讲读经史。诸子十岁以上并须入学,每日授书,至午后乃罢。仍委侍教教授,伴读官诱劝,无令废惰"⑤。该诏书对宗室子弟教育作出了进一步约束,要求南宫、北宅十岁以上宗室子弟必须入学,每日听读。从史料记载看,真宗时似未置独立的宫学教授,以侍教、伴读为学官,负责为环卫官以下皇族子弟讲读经史,但学官员数不定⑥。由此可知,北宋宫学教育虽肇始于太宗至道初,至真宗朝又反复劝励宗室入学听读,但尚未形成规范化的完整制度。

庆历兴学促进了宋代学校教育的发达,与之相应,仁宗朝亦为北宋宗室宫学确立的一个重要阶段。景祐二年(1035),选置诸王宫教授,并规定"选人入为诸王宫教授,外任成资者,二年与京官;未成资,三年与幕职官,又二年与京官"⑦。次年,在玉清昭应宫旧地基础上的睦亲宅已修建完毕,太祖、

---

① 《续资治通鉴长编》卷七九,大中祥符五年十月丁未条,第1793~1794页。
② 李心传:《建炎以来朝野杂记》乙集卷一三《宗学博士》,第724页。
③ 《续资治通鉴长编》卷四三,咸平元年正月癸酉条,第907页。
④ 《续资治通鉴长编》卷七一,大中祥符二年二月庚寅条,第1593页。
⑤ 《续资治通鉴长编》卷七三,大中祥符三年正月己亥条,第1652页。
⑥ 孙逢吉:《职官分纪》卷三二《侍教》。
⑦ 《续资治通鉴长编》卷一一七,景祐二年七月癸卯条,第2746页。

太宗子弟迁徙入宅聚居,不再像之前诸王府邸散处京城。于是,大宗正司官员"请自今宗室每朝罢后各就位听读",随后仁宗以崇政殿说书、国子监直讲王宗道、国子监说书兼丞事杨中和两人并为睦亲宅讲书,睦亲宅讲书制度始于此。不过,当时王宗道、杨中和两人仍旧兼国子监讲、说。① 吴充(1021～1080)任国子监直讲、吴王宫教授时,曾率领宗室设席受经,"方重清谨,名重一时"。宗室教授秩满之后,他又作《宗室六箴》进献,从"视、听、好、学、进德、崇俭"六个方面对宗室子弟作出规谏,仁宗命人缮写分赐皇族。② 需要指出,最初睦亲宅学官除负责教育本宫太祖、太宗位下子孙外,还要赴北宅为廷美位下子孙讲读。其后两宅分别设置教授官,宫学学官增为六员,而且诸王宫教授不再兼任国子监直讲等职③,得以专心从事宗室教学。于是北宋宫学教育逐渐确定下来。此外,仁宗还通过新创的大宗正司机构,对宫学讲授及宗室功课加强监督。庆历五年(1045)诏:"大宗正司帅宗子勉励学业,睦亲宅、北宅诸院教授官常具听习经典或文词书翰功课以闻。"④这些监督考课措施对完善宫学教育制度亦有积极作用。

二、宫学的发展与兴盛

英宗乃是以宗室身份入继大统,十分重视对宗室的教养,其在位时间虽然不长,但他"久居潜藩,知族属之众,不闻师友之谊。及即位,增讲导之官,严课习之令"⑤,宫学教育因此获得较快的发展。治平(1064～1067)初,宗室子弟自率府副率以上有八百余人,其中奉朝请者四百余人,而专职的宗室教授只有六员,宫学教育中的生师比例极不合理。为此,英宗首先下诏增置

① 《续资治通鉴长编》卷一一九,景祐三年八月庚戌条、九月乙未条,第2799、2808页。
② 王称:《东都事略》卷六三《吴充传》;杜大珪编《名臣碑传琬琰集》中卷二七《吴正宪公充墓志铭》。
③ 《续资治通鉴长编》卷一二七,康定元年六月丁亥条,第3018页。
④ 《续资治通鉴长编》卷一五五,庆历五年三月己未条,第3757页;杨仲良《续资治通鉴长编纪事本末》卷三五《置睦亲(族)[宅]》系于庆历五年十二月己未。
⑤ 河南省文物考古研究所编:《北宋皇陵》附录三《宋皇叔故燕王(赵颢)墓志铭》,中州古籍出版社1997年版,第543页。

宗室学官,选举有学行之士担任教授。其谓:

> 增置宗室学官。诏曰:"以宗枝甚众,而诱导之方未至,故命近臣举有学行之士,为之教授。传不云乎:'少成若天性,习惯如自然。'盖子弟之学,非尊属勉励,则莫知劝。若不率教,其令尊属同以名白大宗正司;教授不职,大宗正司察举以闻。"宗室自率府副率以上八百余人,其奉朝请者四百余人,而教学之官六员而已,始命增置。凡皇族年三十以上者百三十人,置讲书四员;年十五以上者三百九人,增置教授五员;年十四以下者别置小学教授十二员。并旧六员,为二十七员,以分教之。上谓韩琦等曰:"凡事之行,患于渐久而怠废,况为学之道,尤戒中止。诸宗室之幼者,仍须本位尊长常加率励,庶不懈惰。可召舍人谕此意,作诏戒勉之。"故有是诏。①

这样一来,宗室学官名额从原来的六员直接增加为二十七人,教育规模迅速扩大。宫学教育按照宗子年龄的不同,开始分作大学(三十岁以上)、中学(十五岁至二十九岁)、小学(十四岁以下)三等,各置学官,为之讲授不同难度的课程,并令大宗正司制定"皇亲听书等赏罚规式"②,"本位尊长常加率励",逐步建立起课试升学和监督制度。关于治平年间诸宫学的实际开展情况,司马光在熙宁二年(1069)所撰赵令邦墓志铭,为我们提供了较为清晰的案例。其谓:

> 右千牛卫大将军令邦,字安国,冀康孝王惟吉之曾孙,丹阳僖穆王守节之孙,右龙武军大将军、陇州防御使世符之子也……将军生五年,除太子内率府副率。英宗即位,迁右监门率府率。今上践祚,迁右千牛卫将军。熙宁二年五月甲午遇疾卒,年十九,赠右屯卫大将军。治平初,英宗诏宗子无幼长皆就学,差其年为大、中、小三品,各置师以教之。将军时年十二,从父南康修孝王爱其才性,命为小学录,以表率群儿。及年十五,以新制试《孝经》、《论语》于大宗正司,二宗正以其诵习最

---

① 《续资治通鉴长编》卷二〇二,治平元年六月己亥条,第4889~4890页。
② 《宋会要辑稿》职官二〇之一七,第2829页。

精,屡称叹之。将军起谢不敏,拜于床下,众益美其警悟而不伐。遂升中学,授《左氏春秋》。①

赵令邦(1051～1069)是宋太祖五世孙、赵惟吉曾孙。据司马光所述,"英宗诏宗子无幼长皆就学,差其年为大、中、小三品,各置师以教之"。赵令邦十二岁时已在宫学就读,并因为受到本宫尊长的赏识,担任小学录。若以出生年龄推算,赵令邦十二岁时当在仁宗嘉祐七年(1062),这倒契合真宗朝以来南宫北宅宗室"诸子十岁以上并须入学"的规定。治平二年(1065),赵令邦年已十五,按照英宗朝诸宫宗子十五岁以上入中学的新制度,由大宗正司负责考查《孝经》、《论语》等儒家经典的习读情况,结果赵令邦以诵习最为精熟深获嘉奖,于是升入中学,又开始学习《左氏春秋》等儒家大经。然而,英宗囊括诸宫院全部宗室不分长幼一律就学的新规定,真要落实起来难度很大,先前扩增的专任宫学教授员额后来也无法完全保证。为此,英宗后期不得不及时做出调整,大、中、小学三等宫学制逐渐向大、小两学过渡。如治平三年(1066)英宗下诏令自今诸宫院大、小学教授有阙,只是由国子监与学士、舍人轮流充任②,而且也没有论及中学教授的选任问题。

熙宁改制,神宗允许祖免以外宗室应举入官,这在相当程度上激发了宗室子弟的求学热情,但封闭于诸宫宅之内的宗室教育尚未有效对接科举入仕的进取之路,积弊日深。于是,宋神宗反而采取了裁减宫学教授的措施。

> (元丰三年六月戊戌)诏:"宗室教授并兼大、小两学,广亲、睦亲、北宅二员,余各一员。月增添支,记室、讲书十五千,教授十二千,即授宗室月给。赂遗者坐赃论。"初以宗室学官员多俸薄,颇纳诸宫赠遗,寝隳职守,遂诏中书裁定留十三员,省十员。③

元丰三年(1080),神宗因宗室学官俸薄不足养廉任责,一方面精简学官

---

① 司马光:《温国文正公文集》卷七八《皇侄右屯卫大将军令邦墓志铭》,《四部丛刊初编》本。
② 《续资治通鉴长编》卷二〇八,治平三年七月乙丑条,第5057页。
③ 《续资治通鉴长编》卷三〇五,元丰三年六月戊戌条,第7417页。

人数,强化教育之责,以宗室教授兼大、小两学,其中广亲宅、睦亲宅、北宅各二员,其余宫院各一员,共留任十三员;另一方面提高学官经济待遇,每月增加添支钱,"记室、讲书十五千,教授十二千"。元祐(1086～1094)年间,朝廷又对宫学学官人选作出规定,其谓:"诸宫学教授阙,选所举学官及可为师表、可备讲读科充。不足则三省选差,仍取升朝官以上,有出身,年四十以上者。"①其后,翰林学士范百禄等又请责成宗司机构以及诸宫院教授官员"勤于教导","令宫院诸位子孙,自十岁以上,并须每日听读学习,定其课程",同时参核熙宁敕令,又要求在各宫院尊长厅侧修建小学,以便宗室尊属就近训饬,凡宗室子弟八岁以上至十四岁,每年年初检举入学,"日诵二十字"②。据此可知,神宗延续英宗以来的调整,基本确立了宫学的大、小学两级教育制度,但似乎更加关注宗室的小学教育问题。不过,关于神宗、哲宗两朝诸宫院小学的实际修建情况,李焘等南宋史家已不得其详。③

徽宗一朝是宋代宫学发展的鼎盛时期,故宋人提到宗室教育时,即称:"神宗基之,哲宗继之,而最备于崇、观之时。"④北宋后期宗室子孙益广,疏属繁多,长期以来,朝廷对是否要别设宗学的问题一直存在争议,但经蔡京等人建议,京城一般宗室仍沿用此前分宫设学的宫学教育。崇宁元年(1102)十一月十二日,宰臣蔡京奏乞所在诸宫添置教授,其谓:

> 逐宫各置大、小二学……添置教授二员。量立考选法,月书季考,取其文艺可称、不戾规矩者注于籍。在外住而愿入宫学者,听依熙宁诏书、元符试法量试推恩……应宗子年十岁以上入小学,二十以上入大学,年不及而愿入者听从便。若无故应入学而不入,或应听读而不听读者,罚俸一月,再犯勒住朝参,三犯移自讼斋。即两人不入学,本官、本

①《续资治通鉴长编》卷四一二,元祐三年六月己卯条,第10018页。
②《续资治通鉴长编》卷四六七,元祐六年十月庚辰条,第11055页。
③ 同上。按:此处李焘小注谓:"新纪云:庚辰,令诸宫院建小学。按实录所书,则小学固已建矣。当考。"可见,诸宫院建小学与宫学大、小学教授之设官并不相同,真正修建小学应始于熙宁敕令规定,但迟至哲宗朝又重申旧令,要求在各宫院尊长厅侧修建小学。
④ 潘自牧:《记纂渊海》卷三八《宗学》,文渊阁《四库全书》本;谢维新:《古今合璧事类备要》后集卷四一《宗学》,文渊阁《四库全书》本。

位尊长罚俸半月,三人以上并犯者,罚一月,十人以上罚两月,重者申宗正司,奏取敕裁。①

徽宗接受蔡京的意见,"以宫宅相去甚远,乃令各宫置大、小二学"②,增教授二员,允许神宗朝以来外居宗室回本宫听读,规定十岁以上入小学,二十岁以上入大学,其他如讲书、课试、规罚、监督等各项制度也都更加完善。崇宁五年(1106),诸王宫大、小学教授改称某王宫宗子博士,位在国子博士之上③。宗子博士"应讲书不集众升堂者,增从杖八十科罪"④。据记载,崇宁、大观年间,诸宫宅共设宗子博士十三员,并仿国子监职官体例,在宗室子弟中推选材能优异者为学正、学录等官,以推行宫学教典、学规,纠察逾矩宗室子弟。随后又以宗子正、录与学生"类皆同宫,见属纠正申举之际,未免或有牵制",重新规定在宫学生达一百人以上处,"差命官正、录各一员,宗子正、录副之"⑤。因宫学制度趋于严密完备,至大观四年(1110),工部尚书李图南编修呈上《宗子大小学敕令格式》,全帙共二十二册,诏付礼部颁行⑥。徽宗朝重视宫学教育与制度管理,于此可见。在这样的前提下,北宋宫学规模也得到了前所未有的扩展,根据政和四年(1114)的数据,开封诸宫院入读的宗室小学生合计已近一千人,这还不包括大学人数在内⑦,足见政和年间宫学之鼎盛。这样的办学规模,即便与当时中央的国子监教育相比,也毫不逊色。此外,西京、南京各立敦宗院,为两地宗子设置教授,故南宋初礼部有云:"昨在京日,有宫学教养,在京睦亲等宅。宗室在外,就西、南两外宗学教养。"⑧有关宗学问题,将在下节再讨论。

① 《宋会要辑稿》崇儒一之一、帝系五之一七,第2163、120页。
② 李心传:《建炎以来朝野杂记》乙集卷一三《宗学博士》,第724~725页。
③ 《宋会要辑稿》崇儒一之二,第2163页。
④ 《宋会要辑稿》崇儒一之四,第2164页。
⑤ 《宋会要辑稿》崇儒一之二,第2163页。
⑥ 《宋会要辑稿》崇儒一之三,第2164页。
⑦ 同上。
⑧ 《宋会要辑稿》崇儒一之七,第2166页。

三、宫学的重建与衰落

北宋末年,金兵攻陷汴京,宫学遂废。其后,幸存宗室在金兵追击下辗转南徙,当时宋廷仓皇逃窜,动荡之际,皇族教育自然无暇顾及。绍兴二年(1132)正月,宋高宗在张俊等人的护卫下,自绍兴府"移跸临安",从此中央政府在临安府逐渐稳定下来,才有可能将各项制度的重建工作提上议程。

绍兴三年(1133),知大宗正丞谢伋以北宋故事为例,奏请三省遴选儒臣担任宗室大学、小学的学官。至绍兴五年,行在临安府正式设立诸王宫大、小学教授两员①,并以陈沃、富元衡两人充诸王宫大、小学教授,供职于绍兴府宗正司②。之所以会出现临安府和绍兴府分别设置两员诸王宫教授的情况,这里有南宋初期的特殊原因。根据李心传的记载,高宗朝"以行在未有居第,权分宗子居之",在绍兴府设宗正司,安置一部分宗室近属子弟,这一临时的宗司机构直到孝宗朝时才最终省罢。由此可知,朝廷在绍兴府宗正司设置宗室教授,实出于当地居住着南班近属的考虑③。

不过,尽管高宗及时恢复了宫学教授之职,并有意按照徽宗朝政和学制来重兴宫学,但实际上宗室教育却迟迟未能开展推广。绍兴五年(1135)临安睦亲宅修盖了大、小学舍,然只有散落居所区区五间。诸王宫大、小学教授钱观复等人曾具奏"本学条画事件":

> 一、宗子昔分为六宅,凡宅又各有学,学皆有官。今行在惟有睦亲宅一处,专以居南班官。其子弟之系外官者无几,所余外官无宅,散在民居邸店者不可胜数。欲尽令入学,则睦亲宅见在散居五间,除教官二员,各得直舍屋一间外,余讲堂三间,更无斋繋舍可以容处。欲各就宗子所在,讲说训导,非特与民间混杂,所居褊隘,又散漫不一,难以遍诣。欲乞就睦亲宅附近踏逐空闲地基,增广学舍,令应干到行在宗子,皆得

---

①　《建炎以来系年要录》卷八八绍兴五年四月乙卯条、《宋会要辑稿》崇儒一之八(第2166页)皆载诸王宫教授复置于绍兴五年。《宋会要辑稿》崇儒一之四(第2164页)系于绍兴四年,当误。
②　《建炎以来系年要录》卷九〇,绍兴五年七月癸未条。
③　李心传:《建炎以来朝野杂记》甲集卷一《大宗正司两外宗废置》,第58~59页。

入学,庶使内外宗子均被教养。

一、契勘国朝自嘉祐三年诏诸宫置教授,治平元年添置讲书及课试规罚之法,其制未备。至崇宁、大观间,诸宫各置博士十三员,立为三舍,升补与贡士一体,其法甚详。今创复宫学,止是行在及绍兴府南班官邸,各置教授二员。嘉祐、治平讲书课试规罚之法,已经兵火,无有(生)[存]者。今乞删修见今合行条制付本学,以凭遵守施行。

一、宗学法,合轮讲书。今来宫学大学生人数至少,年格虽及,而经书全未通诵,尚须点授。若遽以大经义讲说,则义难开晓,恐成蹭等。欲乞且讲《论》《孟》,可使易晓。候至稍通经旨,仍旧大、小经轮讲,庶以渐进,不为文具。其小学生日逐点授,或作诗对。所有大学生,年虽应格,学未成就,亦乞且依小学例,点授功课。其有学业稍通,自依大学法。①

朝廷本打算在睦亲宅附近勘察空闲之地,增广学舍,扩大招生规模。然而,数十年后,宫学凋敝的情况并没有多大改观,此时的宫学规模若与北宋中后期相比,早已今非昔比。绍兴二十七年(1157)八月,宗正丞吴景偲上奏说:"宫学兴复既已历年,止有敝屋数间,萧然环堵,释菜无殿,讲说无堂。逼近通衢,又无廊庑。师儒斋几,卑隘浅陋。生徒讲读游息之地,抑又可知。"不仅如此,之前诸王宫大、小学教授陈棠还批评说,自南渡宫学恢复二十余年,睦亲宅南班官及其子弟所授只是《论语》、《孟子》,"唯讲此二书,周而复始。学官失于申明,无有以六经讲授者"②。而当时朝廷科举取士以经术为先,宫学完全摒弃六经,无疑对宗室进取非常不利。

孝宗隆兴年间,裁减诸王宫大、小学教授一员。自此以后,"月朔止一人上讲,所教惟南班宗室十余人,往往华皓。每教授初除及朔望,则赴堂一揖而退"③。宁宗庆元五年(1199),这时距高宗恢复宫学已过去六十余年,但

---

① 《宋会要辑稿》崇儒一之六,第2165~2166页。
② 《宋会要辑稿》崇儒一之一〇,第2167页。
③ 《建炎以来朝野杂记》乙集卷一三《宗学博士》,第724~725页。

时任诸王宫教授的谯令宪仍然喟叹道:"中兴虽创学宫,然无斋舍以居,无廪给以养,课试之法不立,行艺之习亡闻。"①可见,高宗以后历朝,宫学在规模、制度等方面都未见任何发展。朝廷一次次下令要扩建、重整宫学,但并没有取得显著效果。南宋宫学只能勉强以一种衰败面貌聊备形式罢了。

考察南宋宫学衰落的原因,并非因为南宋皇帝忽视宫教,而主要受到两方面因素的直接影响。一是靖康之难中大量宗室近属被俘,旧有宫宅体系遭到严重破坏。北宋时先后在开封兴建睦亲、广亲、北宅、亲贤、棣华、蕃衍等宫宅,分别安置三祖下子孙、英宗子孙、神宗子孙和徽宗子孙,人口繁盛。但经过靖康离乱,濮王之下近属多遭俘虏,南宋临安只有睦亲一宅,"自绍兴以来,天属鲜少,故不复赐宅名"②。加上南宋高宗、宁宗、理宗都无子嗣,更加剧了近属凋零的局面,其余宗室又散处四方,已不可能再像北宋那样集中聚居一处,因此宫学赖以产生的土壤即庞大的聚居宫宅体系已不复存在,这应该是南宋宫学衰落的根本原因。二是南宋宫学教育对象发生转变,专门面向极少近属。北宋宫学以诸宫宅为单位进行教育,但其教育对象到后来已不完全囿于宗室近属,徽宗允许外居宗室疏属进入宫学就读就是一个有力证据③。南宋以后,高宗皇帝、秦桧以及大宗正司长官等也曾有意通过兴复宫教来吸引地方宗室英材汇集京师④,但在实际重建宫学的过程中,却是诸事苟简敷衍,导致的结果就是宫学教育对象囿于人数甚少的睦亲宅南班尊属,服属疏远者基本无缘附学。孝宗朝所谓宫学在读人员只有十余位白发苍苍的南班宗室,根本没有讲授、考课之实。南宋宫学对象的转变给自身发展带来了极大损害。南宋时期宗室近属不兴、宫宅不完,宫学教育又将大量疏属摒弃于外,这两重因素交相影响,必然造成宫学衰颓不振。于是,嘉定九年(1216)朝廷另起炉灶创置宗学,宫学则从此归并入宗学。随后朝廷

---

① 真德秀:《西山先生真文忠公文集》卷四四《谯殿撰墓志铭》,《四部丛刊初编》本。
② 《建炎以来朝野杂记》甲集卷二《睦亲宅》,第 78 页。
③ 《宋会要辑稿》崇儒一之一、帝系五之一七,第 2163、120 页。
④ 《建炎以来系年要录》卷一五一,绍兴十四年二月丙午条;卷一五二,绍兴十四年十一月壬申条。参见何忠礼《宋史选举志补正》,浙江古籍出版社 1992 年版,第 131 页。

尽管仍保留诸王宫大、小学教授一员，但所谓宫学早已有名无实，诸王宫教授和宗学博士、宗学谕一起轮流负责宗学讲授①，南宋宗学最终以合流的方式取代了宫学。

第二节　宗学的兴起

宗学是宋代宗室教育的一种创新模式，但由于这一名称的歧义，加上北宋灭亡造成的文献散佚难稽，南宋以后，一些士大夫对宗学肇始、宗学体制等问题已不甚了然。他们或以宗学泛称"宗子之学"即宗室教育，或干脆混淆宗学、宫学两者关系，将其视同一事，往往矛盾交错地使用相关概念。

实际上，宋代宗学和宫学是迥然不同的两种宗室教育。最根本的区别就在于：宫学源于王府官学体系，故它自始至终都以诸王宫院为单位开展教育，学官、本宫、本位尊长以及相关宗司机构对教学过程共同负责；宗学则于诸王宫之外别创专门学校，开放式地统招宗室子弟进行集中教育，并不以某一王府宫院的本宫子孙为限，其管理也更近于太学体系。如果说王府宫邸之学汉唐既有，那么宗学无疑属宋代新创，且一直影响后世②。另外，两者在设置时间上也不相同，宋代宫学始于太宗为皇侄、皇孙设置教授，至仁宗时已趋于常规化，其后各项制度日趋完备，至徽宗朝终于蔚为大观，宫学规模宏臻于巅峰。宗学出现时间则明显较晚，它是在神宗改制允许宗室外居、疏属应举入仕，原来的宫宅聚居、教而不用的格局被逐渐打破之后，才有人因应时势变迁，趁机提出别创宗学的要求，希望能将宗室群体融入官学体系，从而提高他们与庶姓士人在科场、仕途的竞争力。让人始料不及的是，

---

　　① 潜说友：《咸淳临安志》卷一一《诸王宫大小学、宗学》，《宋元方志丛刊》本，中华书局1990年影印本。

　　② 清代顺治以后也设置了宗学，有学者指出："以往各朝代……对宗室子弟多采取一王一府的个别教育，像清代将宗室子弟集中起来进行学校教育，确属一个创举。"这一结论显然值得商榷。参见吴吉远《清代宗室教育述论》，载《社会科学辑刊》1997年第6期。

宋代宗室教育摆脱封闭的宫学模式,开创新颖的宗学模式,却历尽反复,一直到南宋中后期才真正实现。

一、宗学首倡与始置问题辨析

史料显示,最早提议建置宗学的应该是赵令铄。赵令铄(1048～1102)是北宋宗室名臣,与苏轼等名士大夫均有诗词唱和,系宋太祖五世孙,其父为安定郡王赵世雄(1031～1105),其子赵子淔(1080～1146)则仕至宝文阁直学士,位列侍从,堪称两宋宗室向士大夫转型的典型①。巧合的是,赵令铄的出生时间竟与宋神宗同年、月、日、时,加上两家原本交谊颇笃,因此赵令铄后来深得神宗皇帝的信任和拔擢,君臣之间比较能够直言无隐。宋人即云:

> 英宗在濮邸,与燕王宫族人世雄厚善。两家各生子,同年月日时,是生神宗,而世雄之子令铄也。神宗后即帝位,令铄进士及第,为本朝宗室登科第一。②

元初鲜于伯机《游高亭山广严院记》又载录南宋王明清《东坡赵令铄唱和真迹》题跋,其谓:

> 英宗潜龙日,居(穆)[睦]亲宅,与宗属(溜)[淄]恭宪王(按即赵世雄)游从最厚。庆历八年岁在戊子,两家各生子,同年月日时。其后英宗入继大统,所诞即神宗。既即天位,以是日为同天节,恭宪所育乃太仆伯坚也,为本朝登进士第之冠,易文阶最先,子孙蕃衍,世科相望,声华焜耀,以至于今。③

伯坚是赵令铄的字,赵令铄在庆历八年(1048)四月初十日④出生于京

---

① 关于赵令铄父子生卒及生平的简单考订,可参见拙稿《〈东京梦华录〉作者问题考辨》,载《浙江学刊》2015 年第 5 期。
② 王明清:《挥麈录》前录卷一,上海书店出版社 2001 年版,第 7 页。
③ 赵琦美:《赵氏铁网珊瑚》卷五《鲜于伯机遗墨》,文渊阁《四库全书》本。
④ 《宋史》卷一四《神宗本纪一》记载神宗出生于庆历八年四月戊寅,第 263 页。检核陈垣《二十史朔闰表》(中华书局 1962 年版)第 126 页,该年四月朔日为己巳,据此推算而得实际生日。

城开封的睦亲宅。按照北宋前期对宗室养而不用的"祖宗家法",赵令铄起初也是赐授环卫闲职,及至熙宁五年(1072)九月,经推荐与选试,赵令铄才由右监门卫大将军换授职方员外郎,此举可谓开创了两宋宗室试换文资的先例①。元丰五年(1082),赵令铄曾任祠部郎中②。赵令铄以宗室身份首倡创设宗学的时间则是在元丰六年(1083)。《宋史·职官志五》与《文献通考·职官考十一》皆称:"元丰六年,宗室令铄乞建宗学,诏从之,既而中辍。"然而《宋会要辑稿》却记载道:"初,元祐六年,宗室令铄尝乞建宗学,及毕工,以赐蔡确家。"③考蔡确(1037～1093)自元丰五年登相位,于元祐(1086～1094)初贬知陈州,其后又因"车盖亭诗案"流放岭南新州(今广东新兴),元祐八年死于贬所④。既然如此,《宋会要辑稿》所谓元祐六年赐第蔡确的说法就不能成立,元祐六年当属年代误系,宗学之议宜系于元丰六年。但需要注意的是,倡议毕竟不同实际创建。事实上,赵令铄的建议尽管被神宗接受,宗学学校也的确建成了,但甫一落成便挪作他用,将它赐给了朝廷大臣,可见神宗朝并没有真正建立起宗学教育⑤。不容忽视的一个细节是,原计划的学校既能赐给大臣之家,则赵子渲首倡的宗学,必然已不再坐落于宗室聚居的诸宫院之内,而是另一种独立别设的宗室学校。

神宗朝有始无终,导致宗学创置事宜突然中断,功败垂成。正因为如此,建中靖国元年(1101),即赵令铄去世后的第二年,赵令铄之父、时任知大宗正司事的赵世雄才会联合同知大宗正司事赵仲爰,再次向徽宗奏请兴建宗学,并称:"宗子置学,本出神考之意,事既中辍,论者惜之,愿诏有司复依初旨。"⑥此次建议一开始同样得到了徽宗肯定,但在实际执行过程中,也是

---

① 《续资治通鉴长编》卷二三八,熙宁五年九月癸丑条,第 5797 页。

② 《续资治通鉴长编》卷三三一,元丰五年十二月戊辰条,第 7989 页。

③ 《宋会要辑稿》崇儒一之一,第 2163 页。

④ 陈均:《皇朝编年纲目备要》卷二三,元祐八年正月条,中华书局 2006 年点校本,第 575 页。

⑤ 因史料记载不明,常给后人研究带来误解,将宗学的倡议等同于创置。如王善军《宋代宗族和宗族制度研究》(河北教育出版社 2000 年版)第 223 页,邓广铭等主编《中国历史大辞典·宋史卷》(上海辞书出版社 1984 年版)第 304 页"宗学条",徐连达主编《中国历代官制词典》(安徽教育出版社 1991 年版)第 654 页"宗学"条都认为宋代宗学创立于元丰年间。

⑥ 《宋会要辑稿》崇儒一之一,第 2163 页;帝系五之一四,第 118 页。

半途而废,没有建成统一、独立的宗室学校①。正如上一节所揭示的,徽宗与蔡京君臣最终仍然沿袭原来相对封闭的宫教模式,"逐宫各置大、小二学",只是对诸宫学加以扩充罢了②。对此,有学者早已指出,"北宋并无统一之宗学,当时所谓宗学者,实以某王宫为单位设置教授分教而已"③。不过,也有学者提出不同意见,博考文献论证北宋的确曾设立过宗学④,其主要的证据是:

1. 大观四年(1110)八月,宋徽宗亲制《大晟乐记》,命太中大夫刘昺编修《乐书》,为八论。其八曰:"圣上稽帝王之制而成一代之乐,以谓帝舜之乐以教胄子,乃颁之于宗学;成周之乐,掌于成均,乃颁之府学、辟雍、太学。"⑤

2. 政和议礼局曾上"群臣朝服之制",其中提到著作郎、秘书郎、著作佐郎,太常、宗学、国子、辟雍博士等人可以按规定服三梁冠⑥。

3. 叶适《水心先生文集》卷二一《中大夫直敷文阁两浙运副赵公墓志铭》记载,宗室赵善悉父亲赵不尤在北宋末年曾"入宗学,以文占上舍而有武力,靖康之难走相州"。

如果单单从这些材料上看,北宋徽宗朝显然已设立宗学,因此才可能发生朝廷颁乐于宗学、宗子博士许服三梁冠、宗子就读宗学等史事。但问题的关键是,前文已反复申明,此处作为核心概念的"宗学"一词,在宋人的使用中就已经十分混乱,有时只是泛称"宗子之学"、"宗子学",有时甚至直接等同于"宫学"。的确,宋徽宗朝在宗室教育方面狂飙突进,大大扩展了教育规模,并在称呼上将诸王宫教授更改为宗子博士,但当时所谓"宗学",其实质

① 《宋史》卷二四四《宗室传一·赵世雄传》记载:"尝请营都宅以处疏属,立三舍以训学者。诏用其议,置两京教宗院,六宫各建学。"第8678页。正史本传记载简略,次序颠倒。但据此仍然可知,赵世雄本意是在宫学外另设学校以安置疏属,与其子赵子湮当初的建议相似,但徽宗朝最终执行的结果仍是扩张六宫之学。

② 何兆泉:《走出宫院:南宋宫学向宗学的转变》,载《国际社会科学》2011年第4期。

③ 何忠礼:《宋史选举志补正》,浙江古籍出版社1992年版,第130页。

④ 何勇强:《宋代宗学考论》,载《浙江学刊》2015年第1期。

⑤ 《宋史》卷一二九《乐志四》,第3005页。

⑥ 《宋史》卷一五二《舆服志四》,第3557页。

仍是分宫设教的"宫学"。《宋会要》对此有具体清晰的记载,其谓:

> (崇宁)三年五月,置睦亲宅、北宅、广亲宅大学、小学各一员,广亲北宅、睦亲西宅、周王宫大学兼领小学各二员。五年,改称"某王宫[宗]子博士",位[国]子博士之上。靖康之乱,宗学遂废.诸宫博士共十三员,立三舍法。①

此处明确指出,崇宁宗室教育就是按照诸宫院分设的宫学模式,而非统招别设的宗学模式,诸王宫大、小学教授也是分宫配额,至于崇宁五年(1106)改称的宗子博士,完整的称呼其实是"某王宫宗子博士"。《宋会要辑稿》职官九之四记载"大观元年七月七日,广亲北宅宗子博士叶莘等状"云云,同样也是清楚标明叶莘系广亲北宅宗子博士。同书又曰:

> 大观元年十一月,承议郎、充睦亲宅宗子博士勾祖武札子:"伏见宗学,昨已蒙朝廷增复博士员缺。然一学规矩,责在正、录举行。今止以宗(学)[子]为之,其学生类皆同宫见属,纠正申举之际,未免或有牵制。欲乞凡当宫学生及一百以上处,并依大学、辟雍法,差命官正、录各一员。仍以宗子正、录副之。"从之。②

在这条材料中,勾祖武系睦亲宅宗子博士,而且他的奏札内容显示,本处学生"类皆同宫见属",互相纠举,动辄牵制,因此才提议一宫学生超过百人者,学正、学录差遣庶姓命官,方便树立一学规矩。毫无疑问,大观宗室教育仍是各宫相对封闭的教育,某王宫宗子博士的讲授对象也只限于本宫宗子。值得注意的是,大观元年(1107)十一月八日,南外宗正司奏状称:

> 承崇宁四年十月十四日敕:内外宫学正、录阙,并从朝廷差命官。续承崇宁五年二月四日敕:内外宫学正、录,可依旧条差补;所有差命官指挥,更不施行。③

这进一步告诉我们,在徽宗朝的皇帝敕书中,径直称当时的宗室教育为

---

① 《宋会要辑稿》崇儒一之一至二,第2163页。
② 《宋会要辑稿》崇儒一之二,第2163页。
③ 同上。

"宫学"。大观二年三月，有官宗室赵仲绒冒称"宫学无官宗子，三经公试不中，乞特与升补内舍"，徽宗"有诏放罪"，此处宗室子弟同样自称"宫学"。文献还揭示，徽宗朝的宫学模式一直延续到北宋灭亡①，其谓："靖康之乱，宗学遂废，诸宫博士共十三员，立三舍法。"②此处"宗学"，显然也只是诸宫学的泛称。正因为如此，北宋后期虽也有"三学"、"五学"之称，但所谓"三学"乃指太学、武学和律学③，"五学"则指国子学、太学、武学、律学、算学④，有时又指太学、武学、律学、算学、艺学⑤，不过都与封闭在宗室宅院里的宫学毫无瓜葛。

宋代宗学问题众说纷纭，但经过以上考辨，大体可以揭明宗学之议首先出自元丰六年赵令铄的建议，建中靖国元年赵令铄之父赵世雄等人继而倡之，但历神宗、哲宗、徽宗乃至北宋灭亡，并没有在京师开封真正建成独立于诸宫院之外的宗学。有学者认为宋代宗学初建于元丰六年、重建于建中靖国元年的说法尚值得商榷⑥。诸文献所谓"宗学"，严格而言都是"宫学"的别称或者是"宗子学"（宗室教育）的泛称。至于"宗学博士"，则是"某王宫宗子博士"的省称，故此李心传说得更加直截了当："宗学博士，旧诸王宫大、小学教授也。"⑦

---

① 何勇强引用《宋史·徽宗本纪四》记载宣和三年（1121）二月"罢天下三舍及宗学、辟雍、诸路提举学事官"，《宋史·选举志三》记载宣和三年诏"罢天下州县学三舍法，惟太学用之课试。开封府及诸路，并以科举取士。太学官吏及州县尝置学官，凡元丰旧制所有者皆如故，其辟雍官属及宗学并诸路提举学事官属并罢，内外学悉遵元丰成宪"，进而认为北宋"宗学"之废在宣和三年，与靖康之乱无官。详见氏著《宋代宗学考论》，载《浙江学刊》2015 年第 1 期。此处对《宋史》所记文献的理解当有失误，宣和三年所废者只是天下"三舍法"和诸学提举学事官，重新改用科举取士法，并非废去宗学（实为宫学）、太学等学校教育。关于徽宗崇宁三年改科举为三舍升贡，宣和三年再回复科举取士的情况，可参考何忠礼《科举制度与宋代文化》，载《历史研究》1990 年第 5 期。

② 《宋会要辑稿》崇儒一之二，第 2163 页。

③ 赵汝愚：《宋朝诸臣奏议》卷七九《上哲宗三学看详条制》（程颐），上海古籍出版社 1999 年校点本，第 863 页。

④ 《宋会要辑稿》崇儒三之二，第 2208 页。

⑤ 《宋会要辑稿》崇儒三之一三，第 2214 页。

⑥ 何勇强：《宋代宗学考论》，载《浙江学刊》2015 年第 1 期。

⑦ 李心传：《建炎以来朝野杂记》乙集卷一三《宗学博士》，第 724 页。

　　唯崇宁初宋廷又在西京、南京设敦宗院,"院皆置大、小学教授,立考选法"①。宣和三年(1121),又增置西、南外宗院教授②。宋人或又称敦宗院宗室教育为两外宗学。南渡后,西外、南外分别迁至福州、泉州,沿袭保留了宗室学官。熊克《中兴小纪》卷一一称南宋初,"西外宗居福州,南外宗居泉州,其后两宗学各置教官,如诸州例"。但两外宗室教育所需经费捉襟见肘,以至于要"于宗子月给将仕郎绫纸内取拨一道,变转价钱,专充宗学钱粮"③,其办学规模也完全不能与两宋京师诸学相比较。绍兴二十六年(1156),泉州通判黄祖舜就说过:"今西外、南外敦宗院,虽有教授,未尝讲说。宗子无课程之规,徒事虚文,无益治道。"④另据《乾隆福建通志》卷二一《职官二》统计南宋两外敦宗院的"宗学教授",也只有郑汝谐、傅伯成、林淳厚、林信厚、黄叔度、王迈、王自然等寥寥数人。可见,两外敦宗院虽也有教授讲说之名,但因为缺乏严格的管理和完善的制度规范,经费不给,人员不齐,教学不振,其成效及影响非常有限。

二、南宋临安宗学的兴起

　　如前所述,绍兴五年(1135)南宋朝廷在临安府与绍兴府分别恢复设置两员诸王宫教授,与此同时"命广宫学",在临安睦亲宅修建大、小学舍,试图仿照北宋后期制度重振宫学,但实际上各方面条件均距离初衷甚远。南宋宫学场地局促逼仄,教育对象仅限于人数极少的南班近属,学校讲学制度也形同虚设。彼时高宗面对的宗室困局是,一边是宫学教育的废弛不振,一边是人口众多的南渡宗室散落四方,动辄犯法,其教养约束却无所措手足。当然,那时候宋金和议未成,高宗被内忧外患纠缠,故无余力从容应付宗室教养问题⑤。但在当时情形下,如何仿照太学等模式,新立不同于睦亲宅宫学

---

① 《宋史》卷一五七《选举志三》,第3676页。
② 《宋会要辑稿》崇儒一之四,第2164页。
③ 《宋会要辑稿》崇儒一之一一,第2168页。
④ 《宋会要辑稿》崇儒一之一〇,第2167页。
⑤ 南渡之初"学校渐废",各学皆然。参见《建炎以来系年要录》卷九四,绍兴五年十月丁巳条。

的宗学教育,扩大宗子的入学教养途径,还是容易被重新提起。

南宋宗学究竟创立于何时? 这是又一个记载多歧的疑难问题。《宋史·选举志》记载:

> 初,宗学废置无常……[绍兴]十四年,始建宗学于临安,生员额百人:大学生五十人,小学生四十人,职事各五人。置诸王宫大、小学教授一员。在学者皆南宫、北宅子孙。至于亲贤宅近属,则别选馆职教授。①

《宋史》的这段文字与李心传《建炎以来朝野杂记》的记载基本相同②,似乎都说明绍兴十四年(1144),宋廷在绍兴五年恢复的宫学基础之上又新设了宗学,生员定额一百人。考《宋会要辑稿》,它对绍兴十四年的记事更为详细,其谓:

> 十四年二月二十五日,户、礼部言:"准同知大宗正事士稦奏:乞应行朝在外居住有官无官宗子,愿入学者,并许令赴官学。仍依州学例,每日量给饮食。契勘今来应有官无官宗子,并许入学。切虑本学难以辩验指实。欲乞遇有入学宗子,须先经由大宗正司陈乞,令本司审实保明,开具年甲、三代、宫院,报宗正寺,行下官学,照会收管。兼契勘在京宗子,分隶六学教养,大小生员各有立定人额。今欲置大、小学职事人各五人,大学生五十人,小学生四十人,通一百人为额。仍将入学宗子,并依州学例,日给饮食。内在京六学宗子学制有学规、斋规,并小学规,并系增损太学之制。今来合行申严,遵守施行。"③

据此,上述《宋史·选举志》所谓宗学,其实出自绍兴十四年二月同知大宗正事赵士稦的建议,但赵士稦所指显然是宫学。他希望睦亲宅宫学能够尽量接纳行在宗子入学,"行朝在外居住有官无官宗子,愿入学者,并许令赴宫学。仍依州学例,每日量给饮食"。为此,礼部、户部官员请求要大宗正司

---

① 《宋史》卷一五七《选举志三》,第 3676~3677 页。
② 李心传:《建炎以来朝野杂记》甲集卷一三《宗学》,第 281 页。
③ 《宋会要辑稿》崇儒一之八至九,第 2166~2167 页。

验实宗室身份,然后报宗正寺,再行下宫学接收。同时,朝廷还考查了北宋开封宗室六学教养(即徽宗朝宫学分处六所宫宅①)的材料,计划在临安也立定百员名额,增广宗室学校。半年多之后,秦桧再一次提出"依旧置宗学,教育宗子"②。但事实上,此后宋廷并没有大力增广宗室学校,按照百人规模新设宗学,只是在睦亲宅宫学勉强维系着皇族教育的体面而已。绍兴十五年(1145)八月,诸王宫大、小学教授陈孝恭请求宫学在读宗子能够参预春秋上丁释奠礼,"庶几养成天枝,益见秀杰"③。绍兴二十七年八月四日,宗正丞吴景戚言:

> 伏睹陛下偃武修文,崇儒重道。学校之设,遍于幅员。惟是官学兴复,既已历年,止有散屋数间,萧然环堵,释菜无殿,讲说无堂,逼近通衢,又无廊庑,师儒斋庐,卑隘浅陋。生徒诵读游息之地,抑又可知。岂有仙源流衍,英材众多,传经肄业之所乃苟简如此邪?迩者学官尝有陈请,事下有司,行移会问,犹未营造。意者官司财用有限,力未能及。欲望捐内府之钱,建立黉舍,以幸宗室。乞于今官学之侧,令临安府计置,度量修盖。④

由此可见,唯一的睦亲宅宫学也因为"官司财用有限",以致于长期以来都是破败局促,"释菜无殿,讲说无堂","又无廊庑",堪称"三无"之学,绍兴十四年提出要达到百人规模、申严学制等等,全部都沦为空谈。至于宗学,自北宋神宗朝以来就只停留在纸上谈兵的层面,在高宗一朝也根本未见设立。这种尴尬局面竟长久地持续下去。宋孝宗即位以后,对宗室应举广施优惠,龙飞榜宗子一次入仕者就骤逾千人,但他在推进宗室教育和学校建设上却同样兴味索然。及至绍熙二年(1191)六月,孝宗同母兄、光宗伯父赵伯

① 《宋会要辑稿》崇儒一之一至二,第2163页。六宫指睦亲宅、北宅、广亲宅、广亲北宅、睦亲西宅、周王宫。《咸淳临安志》卷一一《学校·宗学》又称:"国朝宗子分为六宅。宅各有学,学皆有官。"

② 《建炎以来系年要录》卷一五二,绍兴十四年十一月壬申条。

③ 《宋会要辑稿》崇儒一之九,第2167页。《建炎以来朝野杂记》甲集卷一三《释奠宗子侍祠》,第281页。

④ 《宋会要辑稿》崇儒一之一〇至一一,第2167~2168页。

圭判大宗正事,再次建议别立宗学,"月书季考,以教天下之宗子"①,但该建议依旧没有被采纳。几乎同时,诸王宫大、小学教授王奭干脆提出遴选宗室子弟附于太学统一教养的建议。史书有云:

> [绍熙]二年七月二十七日,宰执进呈礼部、国子监看详到王奭乞选择宗属附大学教养等事,上曰:"祖宗别设宗学之意,所以优待宗子,自是难令衮同在太学。"先是,诸王宫大、小学教授王奭言:"宗庠之设,凡事具文,有名无实。欲量立数十员之额,于宗属中择其年少而未仕,与夫有官而年未及参选苦贫而(顾)[愿]自奋于学者,依国子生附太学例,于大学辟一斋以处之。就于公厨日添钱粮养赡,月书季考之类,皆可责办学官,令尽用太学规程。"礼部、国子监看详:"今若移宫院之学于上庠,又以学官业宗子规矩,即与祖宗旧法不同。且如崇宁元年指挥,罚俸勒住朝参等事,皆非用太学规程。兼宫学教授既有专职,难以更责学官兼领。"进呈之次,故圣谕如此。②

既然独立的宗学千呼万唤出不来,允许宗室附入太学其实也不失为一条现实可行的解决之道。然而,宫学教授王奭的这一建议,却因为君臣众口一词的"祖宗旧法",终于还是胎死腹中。

直到嘉定七年(1214)五月二十四日,都省又一次奏言:"渡江以来,西南两外宗司置学如旧,而行在宗学尚未修复。"宋宁宗才下诏三省条具以闻。同年八月二十六日,诏"临安府踏逐空闲地,建宗学"。宗学分置六斋,生员还是以一百人为额。遇补试年分,申请补入,隶祭酒司业,置宗学博士、宗学谕各一员,前廊职事四员。每斋长、谕各一员。宗学筹划合行事宜,"令国子监长、贰条具申尚书省"③。《续编两朝纲目备要》卷一四记载道,嘉定七年八月癸卯"复建宗学","于是宗室疏远者皆得就学,彬彬可观矣"。不过,实

---

① 楼钥:《攻媿集》卷八六《皇伯祖太师崇宪靖王行状》,《丛书集成初编》本,上海商务印书馆1935年版,第1172页。《宋史》卷二四四《赵伯圭传》,第8688页。赵伯圭在光宗朝的建议,再次反证高宗时所谓临安宗学没有正式建成,只流于空言而已。

② 《宋会要辑稿》崇儒一之一四,第2169页。

③ 《宋会要辑稿》崇儒一之一五,第2170页。

际上嘉定七年只是明确兴办宗学,相关事务尚在紧张筹备中。嘉定八年四月五日,诸王宫大、小学教授危稹言:

> 窃惟宫庠乃国家亲睦教养之地,伏自绍兴复置以来,因陋就弊,阙典甚多。尝阅按牍,检会嘉定七年二月二十五日都省札子,范择能申请乞将本学殿堂后睦亲宅空闲位子一所,量加修葺,展入宫学,以充讲堂斋舍。已札下临安府,差官相视地段,打量画成图本,检计工费外,欲乞检照临安府已申事理,早赐施行。

这一次,宋宁宗马上诏令封桩库特支官会三千贯,付临安府,"委官同官学计置,如法修盖"。临安城人多地狭,故宗学兴修主要利用睦亲宅空闲余地,将其与原来的宫学贯通起来。因为宗学选址与睦亲宅宫学相接,加上南宋宫学日渐式微,于是在嘉定九年十二月,宁宗亲自下诏令宫学改作宗学,并以宗学隶宗正寺①。其后,有宗学谕范楷奏曰:

> 兹遇陛下加惠同姓,增广黉宇,经始不日,幸已落成。桥门显敞,堂庑深邃,规模鼎新,群日增焕,甚盛举也……臣闻五学之建,上亲为首;同姓之蕃,近属尤亲。国家始立宫学,所以训诸王之近属;继创宗庠,所以徕四方之宗亲。因其初意而增崇之,非固欲使新间旧、疏瑜戚也。今睦亲之宅,广为学官;教授之官,转为博谕。曩之宫学,一变而为宗庠矣。②

从"堂庑深邃,规模鼎新"等描写来看,宗学较之原来衰败不堪的宫学,终于焕然一新。宫学既变身宗学,原来宫学学生一二十人也都转入宗学听读。依照国子监、太学、武学等各学成熟体制,宗学迅速建立起包括学官选拔、补试招生、月书季考等在内的一整套嘉定学制③。宗学因为其开放性,加上又能与当时的取士制度相衔接,因此很快吸引了一批宗室子弟入学。

---

① 佚名:《续编两朝纲目备要》卷一五,嘉定九年十二月癸丑条,中华书局1995年点校本,第278页。
② 《宋会要辑稿》崇儒一之二四,第2174页。
③ 《宋会要辑稿》崇儒一之一五至二八,第2170～2176页。

嘉定十年三月,时任通判临安军府事的赵汝适(即《诸蕃志》作者)就遣送其子赵崇缜、赵崇徇参加了宗学补试①。《咸淳临安志》卷一一《学校》记载南宋宫学、宗学俱在睦亲坊,且谓:

> 嘉定九年,始改宫学为宗学,即其地更创。凡在属籍者,皆以三载一试补弟子员,如太学法。改教授为博士,又置谕一员。隶宗正寺。十四年四月,因臣僚之请,复存教授一员,与博士、谕轮苔讲课。若沂府诸近属,则别置教授为清望官兼职,不在此列。

因为宗学选址睦亲坊,临安士民又俗称睦亲坊为宗学巷②。《咸淳临安志》等文献记载,进一步证实了南宋宗学并非创置于高宗绍兴年间,而是在宁宗嘉定年间。

自元丰六年(1083)首议至嘉定九年(1216),跨越北宋和南宋,前后经历一百三十余年的反反复复,宗学终于在南宋临安府正式建成。宗学取代了北宋以来的宗室宫学教育,原隶宫学诸生以及内外疏属子弟,通过补试即许入学教养③。宗学规模起先仍按照绍兴十四年提出的设计,初定生员百人,一共分为六斋。每斋置长、谕各一人,作为本斋学生之表率,负责颁行宗学规矩,记录月考行艺等事务。另有专知官负责管理学舍所有钱物、书籍、柴米等④。吴自牧《梦粱录》卷一五《学校》也记载,宗学有关学廪、膳供、舍选、释褐等制度皆仿太学规制,其内建有大成殿、御书阁、明伦堂、立教堂、汲古堂,六斋亦各有匾额,分别题作"贵仁"、"立爱"、"大雅"、"明贤"、"怀德"、"升俊"。可见,宫学转变为宗学,整个的学校隶属关系、日常管理、选试制度,都更多地向太学体系靠拢,也正因为这样,宗学对南宋后期的宗室教育、人才培养举足轻重,甚至对南宋后期的政治生态都产生了重要影响⑤。

---

① 《宋会要辑稿》崇儒一之二〇,第2172页。
② 《咸淳临安志》卷一九《厢界·睦亲坊》,《宋元方志丛刊》本。
③ 《宋会要辑稿》崇儒一之二四至二五,第2174~2175页。
④ 《宋会要辑稿》崇儒一之一八至一九,第2171~2172页。
⑤ 王建秋:《宋代太学与太学生》,台湾商务印书馆1965年版,第368~371页。该著作以研究宋代太学及太学生为主,但也部分涉及南宋宗学学生等情况。

事实上，正是在宁宗创设临安宗学之后，南宋宗学和太学、武学始被人并称"三学"。原来封闭宫院中默默无闻的宗室子弟，借助宗学这个新的平台日渐活跃，在南宋的政治中心发出更多的声音。临安宗学处京师之便，宗学生常和太学、武学诸生同声相和，匡论朝廷政事，甚至直接抗言上书，"激扬名声，以求胜于小人"，颇有东汉太学生参政余风。如嘉定十二年（1219）初，金军又大举攻宋，当时工部尚书胡榘等人力主求和，太学生何处恬等人伏阙上书，"请诛之以谢天下"①。其时，宗学成立才不过三年，但紧随太学生之后，宗学生赵公玘等十二人、武学生郭用中等七十二人又相继伏阙上书，胡榘论罢后，叶真还专门为此次抗议事件作《三学义举颂》②。淳祐四年（1244），丞相史嵩之的父亲史弥忠去世，前者本该主动离职守孝，但理宗却下令夺情起复。史氏久踞相位，积怨颇深，此举更是激起京城舆论的强烈不满。太学生黄恺伯等一百四十四人、武学生翁日善等六十七人、京学生刘时举等九十四人、宗学生赵与裒等三十四人纷纷上书抨击史氏，宗学生至以"吊者在门，贺者在闾"相讥③。尽管皇帝再三挽留，但在强大的公议压力下，史嵩之最终被迫解除了职务，并在丁忧期满后不久即正式致仕，从此退出了南宋的政治舞台④。监察御史洪天锡屡次抨击宦官、外戚，触怒权贵。宝祐三年（1255 年）洪氏去职时，舆论哗然，"三学"纷纷上书挽留天锡，并指陈执政之过⑤。宝祐四年（1256）丁大全为左谏议大夫，"三学"诸生又伏阙抗议，最后理宗不得不"下诏禁戒，诏立石三学"，并判处太学、武学生刘黻等八人拘管江西、湖南州军，宗学生赵与𥊝等七人并削籍，拘管外宗正司。时人甚至评论道："三学之横，盛于景定、淳祐之际，凡其所欲出者，虽宰相台谏，亦直攻之，使必去权，乃与

---

①　《续编两朝纲目备要》卷一五，嘉定十二年五月己亥条，第 288 页。

②　俞文豹：《吹剑录外集》，《知不足斋丛书》本。

③　佚名撰，王瑞来笺证：《宋季三朝政要笺证》卷二，淳祐四年九月条，中华书局 2010 年版，第 151～159 页。

④　戴仁柱著，刘广丰、惠冬译：《丞相世家：南宋四明史氏家族研究》，中华书局 2014 年版，第 183～184 页。

⑤　周密：《齐东野语》卷七《洪君畴》，中华书局 1983 年点校本，第 122 页。

人主抗衡。或少见施行,则必借秦为喻,动以坑儒恶声加之,时君时相略不敢过而问焉。"①姑且不谈"三学"学生卷入政治斗争的是是非非,我们至少可以看到,宗室子弟能够积极地参与到临安的政治活动,与他们在宗学接受良好教育,并受到京师太学、武学风气的熏陶,培养了儒家士大夫的入世情怀与政治意识密不可分。在两宋历史上,宗室子弟竟是第一次以如此鲜明的集体面目站在王朝政治中心的公议舞台。度宗咸淳三年(1267)正月,朝廷以郊祀大礼,宗学、太学诸官各进一秩,"诸斋长谕及起居学生,推恩有差"②。这表明临安宗学教育一直延续到南宋末年。

以上通过对宫学与宗学的历史考察,基本勾勒出两宋朝廷对一般宗室的教育管理情况,同时试图通过对话澄清长期以来的一些误解。如果将宫学、宗学放在王朝政治与宗室命运的整体去观照,不妨再提出几点总结与思考,以供进一步讨论与批评。

首先,宫学与宗学尽管有时都用来泛称宗室教育,但它们本质上是两种不同的宗室官学模式,不能混为一谈,也不能简单地认为宫学对象是宗室近属、宗学对象是宗室疏属。宫学源于王府官学,始终以诸王宫院为单位开展教育,很大程度上接受宗司机构和本宫尊长、本位尊长的协同监督管理;宗学则突破王府体系,别创学校,方便散居宗室集中教育,其学校管理制度参照太学、国子学等施行,但在具体标准上又会"参酌轻重",以示宗室身份之不同寻常。宋代宗室两学既有对汉唐以来王府宫邸之学的继承,也有自己的创新发明,对明清影响深远。有学者认为清代宗学属前所未有的创举,值得商榷,不宜完全无视宋代宗学创置的影响。

其次,学术界过去只是将宗室教育视为宋代文治发达的又一佐证,却容易忽视从宫学到宗学的转变过程,充分体现出宗室冲破封闭宫宅约束的诸多努力。总体而言,宫学相对自我封闭,鼎盛时期虽曾作出开放的姿态,但始终未获得实质性突破。宫学除了教育本身,更有防范的意义,基本奉行教

① 周密:《癸辛杂识》后集《三学之横》,中华书局 1988 年点校本,第 66 页。
② 《宋史》卷四六《度宗本纪》,第 897 页。

而不用的培养旨趣。李焘在论及宗室教养问题时,曾援引《两朝正史》赵从质传,其中提到赵从质是赵德昭之孙、赵惟忠之子,"为人修洁",自奉俭薄,却一再受到仁宗皇帝的无端质疑。赵从质迫于无奈,只好说:"陛下过疑臣有所觊,必不得已,愿为臣诸位择儒官教导子弟,使不隳忠孝,足矣!"①仁宗遂为增教授员。后来英宗以宗子身份登极,迅速扩增教授员数,"时劝督宗室为学",还经常派遣宦官入诸王宫视学监察②。随着宗学的倡议和最终建立,宗室官学才真正走出防范森严的王府宫院,向太学庶姓士人培养方式靠近,与取士晋升之途渐渐接轨。南宋宫学转变为宗学,固然有着近属凋零、宫学式微等原因,但促成这种转变的最大动力,其实还在于数以万计的宗室适应社会、融入士大夫阶层的自身要求(前述赵令铄、赵世雄、赵仲爰、赵伯圭等强烈呼吁创建宗学者都是宗室子弟),这种要求无疑会倒逼朝廷重新考量制度选择。南宋宗室后来活跃于政治、文化、地方社会等各个领域,包括临安宗学生在公共领域的积极表现,而没有像北宋那样久困樊笼却勉强标榜"鼓瑟养心,作诗赋志"、"不惰乎闲,不婴乎事"③、"惟孝惟忠,事父事君"④,这不能简单归因于朝廷治理政策的改变调整,更凸显出南宋宗室群体呼吁努力所取得的成效。

最后,必须注意到南宋宗室散落全国各地,宗室教育的发展变得异常复杂。除宗室两学等官学形式之外,还应充分关注私学层面,如家学、私塾、书院、游学等等。南宋宗室散落四方州郡者不可胜数,加之疏属数量庞大,临安、泉州、福州等地等宗室学校必无法全部接纳。对于那些分散居住又无缘进入官学就读的宗室子弟,在南宋初期,朝廷主观上仍希望能有效加以约束,不想放任自流。绍兴五年(1135),赵伯琮(即宋孝宗)封建国公,入资善堂听读。赵伯琮生父赵子偁乘高宗召对之际,曾奏请曰:"宗室之寓于诸郡

① 杨仲良:《通鉴长编纪事本末》卷五五《教养宗室》,台北文海出版社1967年影印本,第1782~1783页。
② 郑獬《郧溪集》卷二〇《南康郡王墓志铭》,文渊阁《四库全书》本。
③ 《北宋皇陵》附录三《宋宗室留后高密郡公墓志铭》,第538页。
④ 《北宋皇陵》附录三《宋宗室观察使东阳侯墓志铭》,第541页。

者,聚居官舍,选尊长钤束之,察其伪冒,禁其出入。年未十五入州小学,十五入大学,官为给食,许依进士就举,未出官者许入学听读,及一年,听参选。"①赵子俶的建议似为强制教育,企图通过各尊长对地方宗室加以统一管理,并敦促及龄子弟进入州学就读。此后朝廷为便于管理,曾设想将各地宗室重新聚居到临安、泉州、福州等宗司所在地,如绍兴九年(1139)有臣僚上奏:"欲召诸路转运司委州县检括,凡宗室寓居与往来者,量给路费,发归所属宗司居之……庶几人人贵爱,知自别于流俗,以称陛下惇叙之意。"②但是经过靖康变乱,宗室既已散落四方,很难再恢复北宋时那样集中居住、集中教育的状况,上述建议最终未能实行。绍兴十二年(1142)十月,高宗对宰执曰:"今后宗子许于所在入学,令与寒士同处,仍别作斋。庶尽变积习,异时文行有可取也。"③这条材料说明,各地宗室听任依附所在州学、县学听读,地方上不专设如临安或者泉州、福州等地那样的宗室学校,只要求在州学、县学内单独设斋,以示区别。由于文献没有记载宗室子弟与其他士子在地方学校的教育是否还有更多不同,所谓单独设斋可能仅仅流于形式,不具多少实质性意义。

因此,一些具远见卓识的宗室,往往乐于和名士硕儒师友来往,以期子弟耳濡目染使知向学,并通过自办家塾、学堂甚至崇建书院等各种方式,加强本族子弟的日常教育,为他们能在未来的科举应试中脱颖而出、融入仕宦阶层奠定基础。如宗室赵善待寓居四明,在家开办学堂,"以居设五书案,已处其中,诸子旁列,日以古圣人、贤人之书,课以常式,发其奥义。父子自为师生,教学相长"④。赵善待二子赵汝遇、赵汝适先后考中进士。赵汝遇于淳熙十四年(1187)中第,知吉州;赵汝适于庆元二年(1196)中第,提举福建市舶⑤,所撰《诸蕃志》,成为宋代中外关系史名著。

---

① 《建炎以来系年要录》卷九一绍兴五年七月戊子条。
② 《宋会要辑稿》帝系六之一三,第136页。
③ 《宋会要辑稿》崇儒一之七,第2166页。
④ 袁燮:《絜斋集》卷一七《朝请大夫赠宣奉大夫赵公墓志铭》,文渊阁《四库全书》本。
⑤ 喻长霖等纂修:《(民国)台州府志》卷九九《寓贤·赵不柔》,上海古籍出版社2015年影印本。

光宗绍熙三年(1192)春,南宋著名学者黄榦归居福州,则立即被当地宗室赵善绰延为"诸子师"①,赵善绰子赵汝腾于宝庆二年(1226)考中进士,后官至礼部尚书兼给事中、翰林学士,并以刚直不挠闻名当世②。又如赵汝愚族居饶州余干(今属江西),与张栻、吕祖谦、朱熹、汪应辰等人互为师友,时相切磋。后来他与从弟赵汝靓在余干冠山羊角峰东侧创建东山书院,曾屡次延请朱熹主讲其中,从弟赵汝靓、子赵崇宪等人师事之,明、清重修东山书院,仍以赵汝愚、赵汝靓配祀朱熹③。赵汝愚子孙多有作为,显然与他们的家庭教育不无关系。私学教育对南宋宗室人材的培育,作用不容低估。这促成了更多宗室子弟的社会化,使得部分宗室能够积极主动地融入江南社会与士大夫群体,渐渐习惯将当初漂泊流寓、陌生惶恐之"他乡"作为深耕细耘、安身立命的新"故乡"。当然,正如前文所述,我们还是要时刻注意到,宗室私学的开展及相当部分宗室趋向士大夫化,并不能完全掩盖南宋时期宗室内部分化不断加剧的现实。

① 元刊本《勉斋先生黄文肃公文集》卷末附郑元肃、陈义和编《勉斋先生黄文肃公年谱》,收入吴洪泽编《宋编宋人年谱选刊》,巴蜀书社 1995 年版,第 283 页。

② 《宋史》卷四二四《赵汝腾传》,第 12653 页。

③ 参见季啸风主编《中国书院辞典》,浙江教育出版社 1996 年版,第 482、107～109 页。叶德辉:《宋忠定赵周王别录》,台湾新文丰出版公司 1986 年版。

第五章　选举之途

北宋前期宗室近属自成一套赐名授官、计年迁转的体系,并不允许应举,也不立任何选试制度。为此,庆历四年(1044),富弼在"条上河北守御十二策"时,其守策六就专门批评对宗室"不教、不试、不用"的国策,提出应该崇树信用皇族,借以对抗治国"贵亲"的契丹。其谓:

> 今则埋没抑压,仅同豢养,纵其痴骏,殊不教训,虽有说书官,又实虚设,是尽欲愚之而不令知善道、为善人,甚非养宗室之大义也……国家富有天下,基业全盛,实祖宗艰难而致,所宜子子孙孙相承不绝,为历世之计,岂可宗室满官而陛下未知教道,任为过恶,俾外夷轻笑,是陛下损枝叶而取孤根易摇之患。

> ……异姓者尚可亲信,则宗室同姓,与陛下是骨肉之亲,反不可信哉?陛下不过谓宗室无人,臣谓今则诚未见其人,教之试之,当自有人矣。今惟朝会时,群行旅进,青盖满道,士大夫见者,方知其宗室,但出都城四门之外,不知宗室之有无,况天下乎?又况四夷乎?自上古直至周世宗,其间所历,何啻万代,至宗室不教、不试、不用,微弱之甚,未有如本朝者也。宜乎为识者之所忧,而北敌之所轻也。①

富弼的上述建议乃是针对当时的宋辽相抗的大时局有感而发,故讨论本朝宗室政策时,也往往与辽国的皇族政策彼此对比。这也说明,宋人看待

---

① 《续资治通鉴长编》卷一五〇,庆历四年(1044)六月戊午条,第3644~3647页。

宗室的态度及朝廷相关政策的调整,除了受内部发展的左右,也会受到对外关系等复杂因素的影响。此后,宋仁宗开始采取学士院召试宗室的新举措。皇祐元年(1049),赵廷美五世孙、太子右清道率府率赵叔韶"献所著文","召试学士院,入优等"。仁宗以宗子好学,特加褒奖,迁赵叔韶右领军卫将军,并赐进士及第①。史称"叔韶为宗室召试之始"②。继此之后,宗室纷纷循以为例,或以辞义文章自陈请试,或经宫学教授、宗司官员等举荐,参加学士院考试获得迁转机会。如皇祐三年(1051)九月,赵允升诸子赵宗厚、赵宗惠、赵宗秀、赵宗辨等人"进所业,召试学士院",各得迁官③;皇祐五年(1053)三月,右龙武大将军赵克悚呈上"拟试诗、赋、论"十卷,请求随庶姓举人一道参与殿试,仁宗未允,但令学士院召试三题,既中等,迁左卫大将军④。

至和二年(1055)六月,知谏院范镇奏称:

> 窃闻诸宗室攀叔韶例磨勘转官。伏缘叔韶程文入等,又有批降指挥,诸宗子程文不入等,又无批降指挥,其所转官乞行追改。且朝廷听诸宗子课试也,非特取其辞艺,盖欲令向学知礼义廉耻也。冒求恩泽,恐非朝廷课试之意。此实陛下家事,自家刑国,所宜信厚,不可奔竞以长偷薄。⑤

可见,自皇祐元年赵叔韶召试褒奖之后,宗室子弟纷纷援例希进,但朝廷碍于宗室事务的敏感性,视若"陛下家事",并没有建立起能上能下的宗室考试制度。大概出于对宗室"养而不用"的补偿心理⑥,当时宗子随时进试,

---

① 按此为特赐进士及第,与实际进士科举无关。仁宗在位期间,屡有宗室请预科举,但始终未获允许,只用学士院召试办法。贾志扬先生认为皇祐以来即有皇族参加进士考试,应属误解。参见贾志扬《宋代科举》,台北东大图书股份有限公司1995年版,第161~163页。

② 《续资治通鉴长编》卷一六六,皇祐元年六月乙丑条,第4001页。按:《翰苑新书》前集卷三四《亲王》引《宝训》,称"明道中,克悚献所为赋,上曰:'宗室务学者鲜,召试学士院以旌赏之。'"据此,明道年间已有学士院召试宗室之说,但其详情不明,阙疑待考。

③ 《续资治通鉴长编》卷一七一,皇祐三年九月癸丑条,第4108页。

④ 《续资治通鉴长编》卷一七四,皇祐五年三月庚戌条,第4202页。

⑤ 《续资治通鉴长编》卷一八〇,至和二年六月壬辰条,第4351页。

⑥ 关于企图补偿心理对宋代治国理政的影响,刘子健先生曾以武官群为主要研究对象,对此有精彩的分析。参见刘子健《略论宋代武官群在统治阶级中的地位》,收入氏著《两宋史研究汇编》,台北联经出版事业公司1987年版,第173~184页。

无论程文合格与否,皇帝通过批降指挥或朝臣望风希旨,往往都给予转官,这自然也就容易助长宗室奔竞之风,养成滥赏无度的局面,与召试养才的初衷南辕北辙。至英宗增广宗室学官,试图通过全面覆盖的宫学教育来加强宗室管理,规定宗室入读宫学、年十五以上通两经者,由知大宗正司事及时上报,命官考试,按成绩高下赐出身或者迁官,但仍然不敢打破祖宗旧法,任宗室以实职。事实上,因为英宗对宗室要求相对严格,加上宗室久困宫府学风不振,其时真正能够通经应试者寥寥无几。治平三年(1066),右武卫大将军、果州刺史赵叔褒"献其所著《春秋大义》二十道、论五首",召试合格,迁文州团练使①。

　　迨至神宗朝,有宋立国已百年有余,宗子不仅人数日多,而且世系绵延亦已过五世祖免,"亲亲之恩"又到了"五世而斩"的时候。神宗以"皇族日加蕃衍,而亲疏之施未有等衰",裁定宗室恩数,开始允许宗室疏属子弟参加科举考试以自立,这是宗室选试制度发生变化的一个关键时期。熙宁二年(1069)三月,苏辙上神宗书,极论"三冗"之害财。其谓:

> 冗费之说曰:世之冗费不可胜计也,请言其大与臣之所知者,而陛下以类推之。臣闻事有所必至,恩有所必穷。事至而后谋则害于事,恩穷而后迁则伤于恩。昔者太祖太宗,敦睦九族,以先天下。方此之时,宗室之众无几也,是以合族于京师,久而不别,世历五圣而太平百年矣,宗室之盛未有过于此时者也。禄廪之费多于百官,而子孙之众,宫室不能受。无亲疏之差,无贵贱之等。自生齿以上皆养于县官,长而爵之,嫁娶丧葬无不仰给于上。日引月长,未有其所止者……臣闻三代之间,公族有以亲未绝而列于庶人者。两汉之法,帝之子为王,王之庶子犹有为侯者,自侯以降,则庶子无复爵土。盖有去而为民者,有自为民而复仕于朝者。至唐亦然。故臣以为凡今宗室宜以亲疏贵贱为差,以次出之,使得从仕,比于异姓,择其可用而试之以渐。凡其禄秩之数,迁叙之

---

　　① 《宋会要辑稿》选举三二之三,第4744页;《续资治通鉴长编》卷二○八,治平三年五月庚午条,第5053页。

等,黜陟之制,任子之令,与异姓均。临之以按察,持之以察吏,威之以刑禁,以时察之,使其不才者不至于害民,其贤者有以自效,而其不任为吏者则出之于近郡,官为庐舍而廪给之,使得占田治生,与士庶比。今聚而养之,厚之以不訾之禄,尊之以莫贵之爵,使其贤者老死,郁郁而无所施;不贤者居处隘陋,戚戚而无以为乐。甚非计之得也。①

苏辙以聚养宗室为朝廷冗费之大害,主张比类庶姓之法,"以亲疏贵贱为差","择其可用而试之以渐",其不堪任用者则官给廪舍,使其能占田治生,也不失为减少冗费的办法之一。同年十一月,在中书、枢密院共同拟订的宗室政策中,即对宗室应举做了规定,其谓:

> 祖宗袒免亲将军以下愿出官者听……愿锁厅应举者,依外官条例。其[非]袒免亲更不赐名授官,只许令应举。应进士者止试策、论;明经者止习一大经,试大义及策。初试考退不成文理者,余令覆试。取合格者以五分为限,人数虽多,毋过五十人。累经覆试不中,年长者当推恩,量材录用。②

熙宁二年十二月,诏曰:"皇族非袒免亲更不赐名授官,止令应举。"南宋人张淏在《云谷杂记》卷三亦谓:"祖宗时宗子无预于科举。神宗始诏有官者许锁应,未命者从其应举。自是宗子始得预进士第。"不过,最初宗室应举及第者并不多,自熙宁至元符初约三十年间,宗室真正考中进士科举者不过二十余人③。大量史料证实,当时宗室选试尤其是有官宗子,仍主要通过学士院或者秘阁别作考校,实不同于宗室袒免亲有官锁应或者无官应举等科举方式。以李焘《续资治通鉴长编》载述为例,熙宁五年(1072)九月,"右武卫大将军、连州刺史叔敖为文州团练使,右监门卫大将军叔象为雅州刺史,以学士院试经义入等也"④;熙宁七年(1074),有官宗子赵仲绲、赵仲瑝、赵

---

① 苏辙:《栾城集》卷二一《上皇帝书》,上海古籍出版社1987年校点本,第471~472页。
② 参见杨仲良《续资治通鉴长编纪事本末》卷六七《裁定宗室授官》与《续资治通鉴长编拾补》卷六熙宁二年十一月甲戌条,两书文字略有不同。
③ 李攸:《宋朝事实》卷八《玉牒》,文渊阁《四库全书》影印本。
④ 《续资治通鉴长编》卷二三八,熙宁五年九月辛酉条,第5799页。

仲真、赵仲淹、赵世本、赵仲缄、赵仲戬先后以学士院召试中等,并得转官①;熙宁八年(1075)十月,同样以学士院试论及经义合格,右武卫大将军、资州刺史赵仲滂迁荣州团练使,瀛州刺史赵仲当为德州团练使,右千牛卫将军赵仲遑为监门卫大将军②。熙宁十年(1077)六月,诏:"宗室大将军以下有通一经兼《论语》、《孟子》者,二年一许投状乞试。"③《宋会要辑稿》帝系六之一五谓:"祖宗旧法,南班宗室大将军以下每二年一试艺业,取中选者推恩。"此处所谓"祖宗旧法",应即指熙宁十年之制,规定南班宗室"大将军至副率府率",每两年进行一次选试推恩。元丰年间,宗室赵仲芮、赵叔益、赵令摄、赵令优、赵令贯、赵令绵等都以秘阁考试经义中等迁官④。

与此相应,熙宁改制虽规定非祖免亲疏属只令应举,"裁损宗室,恩止祖免,减朝廷无穷之费"⑤,但在实际的执行过程中,宗室选试晋升完全不限于艰难的进士科一途。神宗当时已通过其它考选方式,陆续地开启方便之门,从而使宗室较之庶姓具有更多进取优势,至徽宗朝更是"大启侥幸,遂使任意出官,又优为之法"⑥。故宋人以为:"(本朝)有司考试之法至严密也,而独优于宗室子。"⑦关于这一点,就连宗室子弟也不得不承认。如南宋时候,赵廷美七世孙赵彦熙屡试进士不第,他因此感叹道:"吾视异姓进取最为优易,而不得奋身场屋间,岂非命与!"⑧北宋后期宗室选试已形成宗室进士科考试、三舍考选、无官取应和量试等多种选举方式,并且基本上都为南宋长期沿袭。其中,宗室进士科举和三舍考选等在一般科举或者学校升贡中亦

① 《续资治通鉴长编》卷二五五,熙宁七年八月庚午条,第6232页;卷二五八,熙宁七年十一月辛丑条,第6289页。

② 《续资治通鉴长编》卷二六九,熙宁八年十月甲午条,第6596页。

③ 《续资治通鉴长编》卷二八三,熙宁十年六月癸未条,第6923页。

④ 《续资治通鉴长编》卷二九九,元丰二年七月己巳条,第7265页;卷三四〇,元丰六年十月乙酉条。

⑤ 《宋史》卷三三九《苏辙传》,第10834页。

⑥ 洪迈:《容斋随笔·容斋三笔》卷一三《宗室参选》,中华书局2005年点校本,第586页。

⑦ 陈傅良:《止斋先生文集》卷一三《合格取应宗子时信等四十二人授官第一名补承节郎余补承信郎》。

⑧ 《赵彦熙圹志》,收入台州地区文物管理委员会、台州地区文化局编《台州墓志集录》,内部资料1988年版,第36页。

有,但宗室所涉具体制度仍异于常人。至于无官取应与量试,则主要为宗室子弟而特设,旁人庶姓不预。

第一节 进 士 科 举

宗室进士科举具体亦分有官锁应与无官应举两种不同形式。神宗朝之前宗室一律赐名授官,熙宁变法后其五服以内宗室继续享有赐名授官权利,非祖免亲即五服以外亲亦可通过种种宽简途径先获得低级武官阶,这就使得宗室有官比例要远远超过一般庶姓家族。因此,宗室无官应举实际上只限于部分非祖免亲疏属①;与之相反,有官锁应在宗室科举中相当普遍,其影响不容忽视。所以一直到南宋,时人称述宗室进士科考试时,仍习惯于将它分别为两事,其谓:"宗子试有两等:其一原是武官试换文资,谓之锁应……其一原是白身直来就试,谓之应举。"②这可以说是宗室科举的一个鲜明特点。

在熙宁二年(1069)朝廷刚刚开放宗室科举时,就对宗室应举办法作出规定,宗室祖免亲将军以下"愿锁厅应举者,依外官条例",无官宗室允许应举,已见前述。熙宁三年即宋廷科举之年,但宋代宗室进士始于何时何人,文献记载分歧混乱。北宋王得臣称:"赵孝廉令畤言:'景祐元年,同廖献卿赴试春闱……'"③赵令畤是北宋宗室名人,与苏轼等名士交往甚笃,时人即赞誉他是"金枝玉叶中,一人而已"④,也是入"元祐党籍"的唯一一位宗

---

① 按张希清《宋代宗室应举制度述论》(收入《第二届宋史学术研讨会论文集》,"中国文化大学"出版社 1996 年版,第 451~468 页)一文中将宗室无官应举直接称为"非祖免亲无官应举",应无疑问,但该文视宋代宗室锁应限于祖免亲,似欠妥。事实上,宗室子弟分祖免亲锁应和非祖免亲应举,只是熙宁初制。此后非祖免亲渐次通过其他途径入仕后,参加科举时同样以有官人身份锁应。宗室是否锁应根本上取决于是否有官,并不以戚属远近为囿。

② 周必大:《文忠集》卷一四四《论殿宗室换官恩科推恩》(淳熙八年三月十一日),文渊阁《四库全书》本。

③ 王得臣:《麈史》卷下《盛事》,上海古籍出版社 1986 年点校本,第 77~78 页。

④ 赵与时:《宾退录·后序》(陈宗礼作于宝祐五年),上海古籍出版社 1983 年点校本,第 139~140 页。

室成员。但景祐元年宗室尚未开放科举，而且据学者细致考证，赵令時生于英宗治平四年（1064）①，熙宁间年龄尚幼小，如何能在仁宗景祐元年（1034）参加礼部省试呢？可见，赵令時景祐元年"赴试春闱"之说显系误传。南宋楼钥则提供了另一种说法，他认为直到元祐初赵子湜，宗室才始见于进士题名②。然而，自熙宁三年至元丰八年（1085），每三年一次的正式科举考试在神宗朝总共举行了六次，期间竟无一名宗室应举中选，似乎也不尽可信。另据王明清记载，赵令铄在神宗朝进士及第，"为本朝宗室登科第一"③。朱彧《萍州可谈》卷一亦称：

> 熙宁间，始命宗室应科举。大观间，内臣有赴殿试者。政和八年，帝子亦赴殿试。宗子及第，始于令铄；内臣及第，始于梁师成；亲王及第，始于嘉王楷。

关于宗室赵令铄的情况，上一章宗学部分已曾提到过。据李焘《续资治通鉴长编》记载，熙宁五年（1072）九月，"以右监门卫大将军令铄为职方员外郎，宗室试换文资自令铄始。令铄，太祖五世孙，安定郡王世雄子也"④。前述宋人习称"以武官试换文资，谓之锁应"，似乎也坐实了赵令铄是通过宗室锁应试考取进士的第一人。让人心存疑惑的是，赵令铄换授文资在熙宁五年九月，年份既不是朝廷唱名放榜之岁，月份也并非礼闱春试之时。以神宗朝科举省试时间论，熙宁三年、熙宁六年才是"春闱"之年。那么，宗子赵令铄登科是否会早在熙宁三年三月呢？李焘的失载也可能只是文献不足所致，众所周知，流传至今的《续资治通鉴长编》已非完帙，自英宗治平四年四月至神宗熙宁三年三月的相关内容，不巧已全部佚失不传。问题是，赵令铄若在熙宁三年登科，为什么要迟至熙宁五年九月才以武换文？前后悬隔两

---

① 按赵令時生年，有宋仁宗皇祐三年（1051）、嘉祐六年（1061）、宋英宗治平元年（1064）三说，此从孔凡礼先生考订。参见《侯鲭录》点校说明，中华书局 2002 年点校本，第 3 ~ 4 页。

② 楼钥：《攻媿集》卷一〇二《益阳县丞赵君墓志铭》，《四部丛刊初编》本，上海商务印书馆 1935 年影印本。

③ 王明清：《挥麈录》前录卷一，上海书店出版社 2001 年版，第 7 页。

④ 《续资治通鉴长编》卷二三八，熙宁五年九月癸丑条，第 5797 页。

年半多,于情于理都不可解释。笔者推测,赵令铄于熙宁五年九月以武换文,就是因为他通过了当年举行的宗室有官锁应试。按宋制,发解试在礼部省试前一年的秋季举行,故称"秋闱",开封府、国子监等秋试时间一般都安排在八月。赵令铄很可能在熙宁五年八月参加了有官锁应,通过后便直接换授文资,并没有以宗室袒免亲的身份参加第二年春天举行的省试和殿试。因此,李焘只是说赵令铄始开宗室试换文资的先例,竟没有提及他是宗室进士的第一人。这也说明神宗虽然早在熙宁二年就已名义上开放宗室有官锁应和无官应举,但由于在实践层面上无祖宗成例可循,宗室参加进士科考试仍长期处在观望和摸索阶段,未能及时建立起成熟的宗室进士应试制度。也正因为如此,我们也就不难理解,到了熙宁十年(1077)四月,朝廷终于又郑重其事地抛出新订的《宗子试法》。宗室科举考试"新法"有云:

> 祖宗袒免亲已授官者听锁应,及非袒免亲许应举。国子监及礼部别为一甲,试两场,五分为额,发解所取不得过五十人。殿试与正奏名进士试策,别作一项考校。累举不中,年四十者,申中书奏裁,量材录用。①

因为《宗子试法》颁布于熙宁十年,有学者又据此推测,北宋宗室正式参加科举的时间,最早当始于元丰二年(1079)的时彦榜②,但该榜宗室考取进士的情况已文献无征。毋庸置疑的是,熙宁十年新订的《宗子试法》,进一步明确了宗室应举的具体操作办法,不但修正了熙宁二年所谓"依外官条例"的笼统说法,而且明确规定了宗室除附于国子监发解试外,同样要继续参加礼部省试和殿试,此后有官、无官宗子才能分别给予换授、注授等。按照新法规定,凡参加科举的宗子,无论有官锁应还是无官应举,其省试都单独由国子监及礼部"别为一甲",考试也只分两场,较庶姓士人考校要简易许多。至于殿试,宗室虽与其他正奏名进士一起试策,但亦"别作一

---

① 《续资治通鉴长编》卷二八一,熙宁十年四月丁酉条,第6893页。《宋史》卷一五七《选举志三》,第3676页。

② 何忠礼:《南宋科举制度史》,人民出版社2009年版,第168页。

项考校"。那些累次考试不合格、年满四十岁以上的宗子,还可以通过中书
奏裁,特加录用。

元祐三年(1088),宗室与庶姓举人混同引试,是年科举共录取进士正奏
名 508 人,宗室进士只有赵子淔、赵令輠二人,宋廷以赵子淔为承务郎,赵令
輠为承奉郎①。前引楼钥所谓宗室进士题名始于赵子淔之说,或源于这是
宗室与庶姓一道参加礼部引试的首次科举,故宗室之名才第一次被正式登
录于进士题名当中。南宋淳熙二年(1175),知大宗正司事、嗣濮王赵士輵与
宗正丞耿延年合编完成《皇族登科题名录》一卷,宗子进士题名亦始于元祐
三年李常宁榜之赵子淔、赵令輠②。元祐三年,苏轼权知礼部贡举③。今《苏
轼文集》仍保留了其所拟的礼部省试策问题目,其中针对庶姓士人的策试题
有三道,即《汉文帝之行事有可疑者三》、《宰相不当以选举为嫌》、《省冗官
裁奉给》,而省试宗室策仅一道,名为《汉唐宗室之盛与本朝教养选举之
法》④。这也证明宗室尽管也要参加省试等程序,但策题内容与考试题量,
都与寒族子弟迥然有别。元祐六年三月殿试,赵子漪等八位宗室亦与庶姓
寒族同试,并在唱名赐第之后,特许宗室等人下殿拜谢。文献有载:

> 赐进士诸科马涓以下及第、出身、同出身,假承务郎、文学总六百有
> 二人……宗室八人,子漪自第四甲升第二甲,余递升一甲。宗室自英宗
> 增置教官及讲课之法,神宗又广出官之制,人竞为学,今遂与寒畯群校
> 进退。苏颂有孙象先在三甲,王岩叟有子撰在四甲,二人并诸宗室皆下
> 殿谢。故事,两制以上方谢也。⑤

元符元年(1098),下诏非祖免亲应举推恩,仍沿袭熙宁法宗子单独引
试、别作考校的制度。据《宋会要辑稿》帝系六之二三,绍兴二十五年

---

① 《续资治通鉴长编》卷四○九,元祐三年三月癸亥条,第 9954 页。
② 晁公武著,赵希弁补:《郡斋读书志》附志卷五上《谱牒类》,《四部丛刊三编》本,上海商务
印书馆 1935 年版。
③ 《宋史》卷三三八《苏轼传》,第 10812 页。
④ 苏轼:《苏轼文集》卷七《策问》,中华书局 1986 年点校本,第 210~215 页。
⑤ 《续资治通鉴长编》卷四五六,元祐六年三月壬午条,第 10925 页。

（1155）十一月二十八日,同知大宗正事赵士篯奏言:

> 窃惟天下之才成于激昂,败于自弃,况天族之贵乎! 陛下建官学,选师儒,所以崇奖宗子,委曲备至。比年以来,布衣韦带与进士群试有司者甚盛也。望令今后得解宗子,不以有官无官,愿与异姓举子混同考试者听。如有中选之人,乞稍加采擢。如不愿与异姓举子混试者,只依旧法施行。庶几人思自励,奇才辈出,以彰宗党得人之盛。

按照赵士篯的建议,当时宗室无论有官无官参加科举,可以自愿选择与异姓举子混同考试,不愿混试者仍依旧法单独引试。但既然单独引试条件更优,它无疑会成为一般宗室的首选。如《宋会要辑稿》职官一三之一二记载,绍兴三十年,礼部贡院引试有官锁应宗子三十四人,有宗子赵公高治《春秋》孤经,此处应该都是指单独引试宗室而言。此后,宗室参加有官锁应或无官应举者,在发解试、省试等过程中,基本上都贯彻"别试别取"的原则,自成一套体系,终南宋灭亡皆奉行不悖。

关于宗室科举的取放比例,依熙宁试格恩例,宗室参加国子监试及礼部省试均以"五分为额",即十人取放五人,只是最高限定宗室名额为五十人。南宋绍兴年间,以行在宗室赴国子监考试,有官锁应每七人取三人,无官应举每七人取四人。在外担任差遣或者添差宫观岳庙者则参加当地转运司漕试,取解比例与他人相同。但随后为照顾在外宗室的利益,朝廷援引熙宁制度,允许那些外任差遣、不愿参加各路转运司锁厅试的宗室,同意他们赴京参加国子监举行的考试,享受与行在宗子同等的待遇①。若不愿赴国子监请解之宗室,则依"崇宁通用贡举条"施行,其取解比例亦当接近于国子监试的比例②。关于孝宗朝的宗室解、省试情况,据李心传记载,"宗室有官锁应、无官应举者……旧解省皆七人而取一,淳熙中,诏省试十人乃取一人"③。宁宗嘉定十二年(1219)十一月,臣僚则奏称:"今后宗室监试,无官

---

① 《宋会要辑稿》帝系六之一八,第 139 页。
② 何忠礼:《南宋科举制度史》,第 169 页。
③ 李心传:《建炎以来朝野杂记》甲集卷一三《宗室锁试迁官》,第 275 页。

应举,照锁应以七人取二人省试。乞下礼部,将三举所放数上之朝廷,如取应例,立为定额。"从之①。由此可见,南宋时宗室科举解、省试取额常有变化,或七人取三,或七人取一,或七人取二,类似取额与熙宁试法十人取五的初制比较已大为削减,但较之一般寒族士人甚至庶姓官员子弟国子监试的取额,南宋宗室科举进士显然都要宽简得多。

表 5-1　南宋绍兴年间宗室与庶姓士人解、省试取放比例对照表

	宗室有官锁应	宗室无官应举	国子监试	州郡发解试
解试	3/7	4/7	1/7②	1/15③
省试	1/7	1/7	—	1/14④

即便以淳熙(1174~1189)时取额为例,当时宗室礼部省试录取比例减为十人取一⑤,可是同时期的庶姓士人省试录取比例却只有十六人取一⑥,两者别仍非常鲜明。更何况若遇朝廷赦恩,宗子又易于获得免解、免省试机会,如绍兴三十二年(1162)六月十三日,孝宗"登极赦书"规定,凡"宗室曾经锁试两得解"者许免省直赴殿试,"曾经锁应人"许免解"赴将来省试一次"⑦。淳熙十三年(1186),太上皇赵构八十寿诞,在学宗子又得推恩免解⑧。

从考校办法上看,熙宁十年《宗子试法》已规定宗室应举者,由国子监与

---

① 刘克庄:《后村先生大全集》卷八三《玉牒初草》,四川大学出版社 2008 年版,第 2194 页。

② 李心传:《建炎以来朝野杂记》甲集卷一三《国子监试法》,第 278~279 页。另外,地方官员随宦子弟等为别嫌另设的牒试,绍兴年间的取解比例一般也是七人取一。参见《建炎以来系年要录》卷一〇二,绍兴六年六月甲子条。

③ 按:宋代地方发解试受到解额限制,由于各地解额不均,故取放比并不固定,有多至数百人取解一人者。南宋初陕西五路、湖北诸州郡,均以十五人左右发解一人,相比其他州郡,已属相当的照顾和优待。详见何忠礼《南宋科举制度史》,第 78~80 页。

④ 《文献通考》卷三二《选举考五》曰:"省试旧以十四人取一名。隆兴初,建、剑、宣、鼎、洪五州进士三举实到场者,皆以覃恩免解,有旨增省额百人,遂以十七人取一人。而四川类省试则十六人取一名。"

⑤ 佚名:《续编两朝纲目备要》卷一,绍熙元年二月条小注,第 12 页。

⑥ 《宋会要辑稿》选举五之三,第 4314 页。

⑦ 《宋会要辑稿》选举一八之二一,第 4558 页。

⑧ 洪迈:《容斋随笔·容斋五笔》卷五《宗室覃恩免解》,中华书局 2005 年点校本,第 884 页。

礼部各试两场,别作一甲。至于具体考试内容,在此前后都曾屡次作出约束。熙宁四年(1071),重定贡举新制,罢明经、诸科,进士科罢诗赋、帖经、墨义等,只考经义(又称大义)与策论①。在这样的历史背景下,朝廷对宗室应举政策也做了相应调整,专考策、论、大义,并于次年颁行了《宗室非祖免亲应举法》,作为对先前规定宗室祖免亲有官锁应法的补充。《续资治通鉴长编》卷二三三熙宁五年五月辛巳条记载:

> 宗室非祖免亲许应举者,试策三道,论一道,或大经(议)[义]十道。初试黜其不成文理者,余令覆试。所取以五分为限,人数虽多,不得过五十人。累覆试不中,年长者当议量材录用。

继此之后,朝廷又在元丰二年(1079)正月制定了《宗室试经义、论法》,诏曰:"宗室大将军以下愿试者,本经及《论语》、《孟子》大义共六道,论一首。大义以五通、论以辞理通为合格。"②而当时一般士子参加科举,进士依次分四场考校:"初大经(按指《易》、《诗》、《书》、《周礼》、《礼记》),次兼经(按指《论语》、《孟子》),大义凡十道,次论一首,次策三道,礼部试即增二道。"③通过比较,可以看出宗室应举策论与经义不兼考,其试题分量明显少于普通士人。元祐以后,朝廷围绕以诗赋取士还是以经义取士展开了旷日持久的争论。到南宋绍兴三十一年(1161),进士科最终分诗赋和经义两科,发解试、省试各考三场。南宋宗室科举发解试、省试仍"别作一项考校"。《宋史·选举志二》记载:"绍兴七年,命行在职事、厘务官并宗子应举、取应及有官人,并于行在赴国子监试,始命各差词赋、经义考官。"宁宗嘉定十二年(1219)十二月辛未,诏礼部增置点检试卷官二员,专门负责考校宗子试卷④。《钱塘遗事》卷一〇对南宋省试日程也有相当详细的记录,其谓:

---

① 按:或有文献称自熙宁三年,"殿试始以策问,罢诗、赋、论三题"。参见李埴《皇宋十朝纲要》卷八《神宗·进士》,中华书局 2013 年校正本,第 271 页。
② 《续资治通鉴长编》卷二九六,元丰二年正月丁亥条,第 7198 页;《宋会要辑稿》选举三二之四,第 4744 页。
③ 《宋史》卷一五五《选举志一》,第 3618 页。
④ 刘克庄:《后村先生大全集》卷八三《玉牒初草》,四川大学出版社 2008 年版,第 2194 页。

二月初一、初二、初三日，引试诗赋人；初五、初六、初七日，引试经义人；初九、初十、十一日，引试宗室锁应、应举人，混经、赋为一场；十三、十四日，引试取应宗子。

上述材料证明了南宋宗室应举另差考官，其礼部引试则在庶姓省试之后单独举行，而且宗室科举混经义进士和诗赋进士同场考试，这也不同于其他士人。宗室殿试，与其他正奏名进士同试策一道，然后分五甲唱名赐第，但宗室登科另有升甲之制①。如元祐六年（1091）宗子八人考取进士，赵子漪自第四甲升第二甲，其余宗子递升一甲②。《宋史·选举志三》称宗室锁试"在末科则升甲"。李心传《建炎以来朝野杂记》甲集卷一三《宗室锁试迁官》亦载：自宣和六年（1124）沈晦榜，"宗室进士始不入五等，至今以为例焉"。今存《绍兴十八年同年小录》宗室人第三甲4人、第四甲13人，《宝祐四年登科录》宗室人第一甲3人、第二甲2人、第三甲22人、第四甲57人，两科进士第五甲中均未发现宗室子弟，这是宋代宗室登科存在升甲之制的有力佐证③。

宗室及第唱名后，无官应举考取进士者，一般特循一资授官，故授官普遍在修职郎以上。根据国家图书馆藏《仙源类谱》（太祖皇帝下第七世）卷四五记载，赵子觏参加绍兴二十七年（1157）科举，赐进士出身，授左修职郎；其兄赵子晛于孝宗隆兴元年（1163）应举，登科后亦授予左修职郎④。宗室有官锁应及第者，"京官进一秩，选人比类循资"⑤，若系濮王子孙，则再迁一官⑥。由于宗室有官人多为武阶，北宋以来科举条令又规定："应宗室武臣因应举换

---

① 按宋代庶姓进士也有升甲制度，但其升甲通常仅限于礼部省试第一人，多亦不过数人，与宗室不入末科，普遍升甲有所不同。可参见《续资治通鉴长编》卷四一〇，元祐三年五月丙午条，第9982~9983页。

② 《续资治通鉴长编》卷四五六，元祐六年三月壬午条，第10925页。

③ 该统计数字来源根据《南宋登科录两种》，台北文海出版有限公司1981年版。

④ 按：修职郎系从八品。据统计，孝宗朝开科九次，除乾道二年因龙飞恩例授官从优外，其余八次贡举，第一甲第六人以下至第四甲并（左）迪功郎（从九品），诸州司户簿尉，第五甲守选。参见何忠礼《宋史选举志补正》，第316页附表小注。

⑤ 《宋史》卷一五七《选举志三》，第3677页。

⑥ 李心传：《建炎以来朝野杂记》甲集卷一三《宗室锁试迁官》，第275页。

授,并于元官上先转两官,然后改换文资。"隆兴元年(1163)龙飞榜,宗室赵善洙等二十余人锁应及第,便都在原官之上先转两官,再予以换授文官①。后来,朝廷以锁应宗室恩数太过,停罢先转两官之制,但又导致有官、无官宗室之间恩数不均,致使锁应宗子不满。淳熙八年(1181)三月,周必大在殿试唱名后,就曾专门为此密奏道:

> 宗子试有两等。其一原是武官试换文资,谓之锁应。旧格先转两官,然后换授(原注:今次共有八人);其一原是白身直来就试,谓之应举。旧格特循一资,然后注授(原注:今次共有九人)。臣谓锁应人先转两官,恩数委是太优,新制罢,已得允当。但应举人依旧循资,却似不均。今契勘得锁应八人,除忠训郎善罙合换京官外,其成忠郎汝僚、师粟、师愚、师程四人并合换从事郎,保义郎伯友、希埕二人并合换修职郎,承节郎汝写一名止合换迪功郎,别无恩数,反不若无官应举人却循一资之为优也。欲望圣慈临时当殿降旨,有官锁应宗子,如所换官只是选人,即候参部日持与依无官应举人例各循一资(原注:或循两资亦未为过,盖须用考第、举主方改京官),京官则否。②

据此,淳熙八年宗室进士人数共十七人。按照周必大的建议,若有官锁应宗子所换官只是选人,仍可以参照无官应举宗子成例,各循一资,甚至仍恢复旧制循两资换官。从中可以看出朝廷对有官、无官宗室进士注授或换官的种种优待。

宗室进士科考试在考校内容、取放比例和登第后的授官恩数等各方面待遇都远优于庶姓寒族,因此南宋以后各地宗子参加科举者及宗室登科人数都不断增多。清代学者孙锵鸣在梳理占籍温州的南宋宗室情况后,曾经说道:"宋南渡后,宗室之流寓吾温者颇多,后皆因以为家。绍熙而还,科名渐起。咸淳之际,有一科而得第五六十人者。"③如乐清赵立夫便是开禧元

---

① 《宋会要辑稿》选举一八之二四,第4560页。
② 周必大:《文忠集》卷一四四《论殿试宗室换官恩科推恩》,文渊阁《四库全书》本。
③ 孙锵鸣著,胡珠生编注:《孙锵鸣集》卷二四《东嘉诗话》,《温州文献丛书》本,上海科学院出版社2003年版,第627页。

年(1205)进士,后来官至刑部尚书。孙锵鸣还汇编过温州氏族略谱,收录地方赵氏名人约 130 人①,其中绝大多数应该都是南宋宗室中有功名宦绩之人。

　　附带说明一点,南宋宗室除参加进士常科之外,亦偶有应特科者。淳熙二年(1175)二月,乾道五年(1169)进士出身的修职郎、荆门军录事参军兼司户参军赵彦中,通过了礼部贡院举行的博学宏词科考校,中书奏请减二年磨勘,并与堂除差遣一次。孝宗以赵彦中系宗室身份考取博学宏词科,殊为难得,降旨特补文林郎,连转三官,添差绍兴府府学教授②。宋代能考取博学宏词科的人数非常少,其合格人数,在北宋时每次不超过五人,绍兴以后每次也不过三人③。赵彦中能考中博学宏词科,也从一个侧面反映出南宋以后宗室子弟在科举中的影响越来越大。

第二节　三 舍 考 选

　　三舍考选又称三舍选察升补或者三舍法取士,原为熙宁以来太学实行的考试办法。其时王安石强调"古之取士,皆本于学校"④,因此率先在太学分上舍、内舍、外舍三个等级。太学生初入学为外舍生,之后通过考试方式,逐级升补,自外舍升内舍,经内舍再升上舍。上舍中优等者可直接释褐授官,分数最高者为状元,"释褐状元"名望甚至重于科举状元⑤。此后,三舍法逐步在包括地方州、县学在内的各类学校教育中加以推广。崇宁三年

　　①　孙锵鸣著,胡珠生编注:《孙锵鸣集》卷二三《温州氏族韵编(节略)》,《温州文献丛书》本,第 604 页。
　　②　徐松辑,陈智超整理:《宋会要辑稿补编》"宗室",全国图书馆文献缩微复制中心出版 1988 年,第 13～14 页。
　　③　李心传:《建炎以来朝野杂记》甲集卷一三《博学宏词科》,第 259～260 页。另可参见聂崇岐《宋科考》,收入氏著《宋史丛考》,中华书局 1980 年版。
　　④　王安石:《临川先生文集》卷四二《乞改科条制札子》,《四部丛刊初编》本。
　　⑤　赵升:《朝野类要》卷二《释褐》,中华书局 2007 年点校本,第 54 页。

（1104），徽宗下诏："天下取士，悉由学校升贡……岁试上舍，悉差知举，如礼部试。"①于是朝廷取士皆由学校按三舍法升贡，废罢科举近二十余年，直至宣和三年（1121）才恢复科举考试制度，但三舍考选也同时存在而不废。如前面章节所论，徽宗在位时期，正是宗室学校教育空前繁荣的阶段，当时六宫之学亦仿太学等现成制度，在学宗子往往通过学校升贡得以入仕或者迁官。南宋嘉定之后，朝廷又新设宗学，宗室三舍升补法影响更著。一般来说，我们可以将三舍考选视同进士考试，但鉴于它对宗室选举的持久影响，此处专列一节，就相关特色略作补充说明。

大观三年（1109），贡士并宗子上舍与进士同释褐，就琼林苑赐宴。该年宗子释褐者有 12 人②。次年八月，徽宗下诏规定宗子经舍选升贡者，尚不能分等命官，须候殿试以后方允许唱名授官。诏曰：

> 宗子升补上舍，系比旧日宗室应举之人［得］解，其赴贡士举试，系比省试。今不经殿试，便分三等命官，缘熙丰未有此法，可依贡士已降指挥，并留俟殿试。其上、中等人遇唱名取旨。③

此后，宋廷规定殿试上等赐上舍及第，中等赐出身，授官有差。从《仙源类谱》（残本）的具体记载来看，宗室舍选中第者，普遍循资授官，较其他士人要更为优渥，其中无官宗子上舍出身一般授修职郎以上文官，原先武阶官则换授文资，别加迁官。如政和八年（1118）王昂榜，赵不系赐上舍出身，授从事郎；宣和元年（1119），三班奉职赵不忧宗学上舍及第，改转承议郎；宣和二年（1120）祖秀实榜，赵不蔽赐同上舍出身，赵不非赐上舍出身，各授修职郎④。

南宋以后，三年一次的科举考试虽行之不辍，但太学等学校继续实行三舍法并不断完善。嘉定九年（1214）之后，临安宗学正式建成，校定宗学上舍、内

---

① 《宋史》卷一五五《选举志一》，第 3622 页。

② 《宋会要辑稿》崇儒一之三，第 2164 页；《宋史》卷一五七《选举志三》，第 3676 页。

③ 按《宋会要辑稿》崇儒一之三中无"得"字，文意不通，第 2164 页。此据章汝愚《群书考索》后集卷三〇《宗学》补入。

④ 参见太宗皇帝下第七世《仙源类谱》卷二七、太宗皇帝下第六世《仙源类谱》（卷目不明），国家图书馆善本古籍库藏宋内府抄本。

舍各以五十人为额。宗子补试入学,其取放待补,"每百人取一十五人为率"。宗室被招生录取之后,同样先入外舍,有月书季考法,即每月安排"私试",满季共三场,"锁试于前廊,以学官主文考校"。太学私试以十人取一人为合格,宗学则以八人取一人;每年二三月之交又有"公试","差外官于贡院主文,以学官干预考校"。太学公试"通榜二十人取三人,内第二等约三十五人取一人",而宗学公试"以五人取一人,内第二等以二十五人取一人"。宗学生只有每岁考校合格,方能由外舍升补内舍。太学外舍生每二十人校定一人,而宗学外舍生每十五人校定一人。内舍校定以优、平二等取人,考校分数合格者,每两年一次试升上舍。其中,太学内舍生每十人校定一人,而宗学内舍生是每七人校定一人。宗学上舍生则举行"舍试",由于宗学人数有限,故每三年一试,每次三人取放一人,每十人放优等一人①。由此可见,南宋宗学三舍考选法与进士科举三级考试的确同时存在,并行不悖。故宁宗时宗学博士危稹言:"宗子解试例是七人取三人,省试则七人取一人,其选取之路本宽。今国家加恩皇族,又置宗庠,使由舍选以入,可谓隆厚而制必稍优,以示劝励。"②宗学三舍各级考校取放人数,同样要较太学为宽,我们通过对嘉定十年(1217)太学、宗学舍选取放比例的对照,可以清楚地看到这一点,参见下表。

表5-2　南宋嘉定十年(1217)宗学、太学舍选取放比例对照表

	外舍生校定	内舍生校定	上舍试
宗　学	3/10▲	1/7	1/3
太　学	1/20	1/10	3/10

资料来源与说明:《宋会要辑稿》崇儒一之一六至二二。▲嘉定十年三月宗学外舍生校定人数初为1/15,同年四月改作3/10。

　　宗学上舍生经"舍试",若累计分数两优名列上等之人,候殿试唱名之后,舍选中第者特许堂除注授教官,优与差遣③。中等、下等上舍生亦许"依

　　① 《宋会要辑稿》崇儒一之一六之一七,第2170~2171页;赵升:《朝野类要》卷二《内舍》、《上舍》,中华书局2007年点校本,第53~54页。
　　② 《宋会要辑稿》崇儒一之二一,第2173页。
　　③ 《宋会要辑稿》崇儒一之二六至二七,第2175~2176页。

守年法赴廷试",根据唱名科甲高下,分别补官。此外,与宗子应进士科举相同,宗学生由舍选预殿试者也都享有升甲升名待遇①。

<h1 style="text-align:center">第三节 无官取应</h1>

无官取应是宋朝专门为宗室无官子弟特设的科举考试,宋人有时将它与宗室有官锁应、无官应举并称为"宗子三科"②。宗室无官取应也分为解试、省试、殿试三级考校,考试周期三年一次,逢进士科举之年举行,然而其具体取试既不同于庶姓科举,也不同于前述宗室进士科举,三级引试都单独安排,试程从简,取额从宽,取用之后另行唱名、授官。故有学者视宗子取应为"宗室特奏名"③,或将其比类文、武举特奏名④。后来清代宗室乡试、会试别作一科,与科举常制不同,与宋代宗室无官取应等制度承袭也有相当的关系。

在相关文献记载中,宗室取应和宗室进士科举也是严格分开,两者不曾混淆。举例为证,南宋地方对应举士子常有赆送制度,对读书科举士人给予经济资助,但不同对象、不同考试,其赆送财物多寡也不尽相同。根据宋元时期的方志史料,南宋时地方州县给予宗室取应人的赠行钱,通常都明显少于庶姓和宗室应进士举者,如昌国县(今属浙江舟山),一般庶姓士子参加进士乡举赠钱 120 贯,宗室应进士举者 80 贯,宗室取应者 40 贯;庶姓乡举过省 200 贯,宗室漕试过省 150 贯,宗室取应过省 100 贯;庶姓乡举廷对 300 贯,宗室漕胄殿试 200 贯,宗室取应殿试 100 贯⑤。南宋建康府(今江苏南京)的举子赆送常例,也是宗室取应人比照宗室应举人减半施行⑥。另据南

---

① 《宋会要辑稿》崇儒一之一七,第 2171 页。
② 《宋会要辑稿》帝系六之一二,第 136 页。
③ 何忠礼:《南宋科举制度史》,第 176 页。
④ 祖慧:《南宋宗室科举制度探析》,载《历史研究》2011 年第 2 期。
⑤ 冯福京修,郭荐纂:《大德昌国州图志》卷二《贡士庄》,《宋元方志丛刊》本,中华书局 1990 年影印本。
⑥ 马光祖修,周应合纂:《景定建康志》卷三二《儒学志五·贡士》,《宋元方志丛刊》本,中华书局 1990 年影印本。

宋福州科举材料,理宗淳祐十年(1250)方逢辰榜,本地宗子正奏 18 人,宗子取应 3 人;宝祐元年(1253)姚勉榜,宗子正奏 10 人,宗子取应 2 人①。由此可知,宗室取应与宗室正式进士科举确乎迥然有别。

由于史籍阙载,宋代宗室无官取应最早始于何时,已难以准确考实。据南宋孝宗时官员上奏:"神宗朝,始立教养、选举宗子之法……锁试则与京秩,在末科则升甲,取应不过量试注官,所以宠异同姓,不与寒畯等也。"②如果这条记载可信,那就说明宋神宗时已有取应考校。然而,绍兴九年(1139)七月二十六日,赵善时又言:"切见沈晦榜初罢三舍,改科举,宗子分三科,亦分三等推恩。有官锁应,先转两官,换文资;无官取应,上三人保义郎,余承节郎;无官应举,补修职郎。"③赵善时是宋太宗第七世孙,之前已考取无官应举,他对宗室选试的情况应该比较熟悉,按照他的说法,宣和六年(1124)宗子分三科考试,无官取应为"宗子三科"之一,但我们无法推知它究竟是先前已有、继而复置,还是北宋末新创科名。毋庸置疑的是,入南宋以后,无官取应已成为一项宗室常规考选制度。高宗绍兴五年(1135)时已恢复宗室取应制度,当年录取赵不尤等四人④。绍兴十五年,又规定无官袒免宗室取应凡"文理通者为合格,不限人数"⑤,较之宗室有官锁应每七人取三、无官应举每七人取四又更加优待,故取应中选人数不断增加。

就考试程序和内容来说,相对于宗室锁应或者无官应举,宗子取应也要更为容易。南宋取应解试情况虽不详,但从省试、殿试来看,考校要求显然更低。取应省试在宗室锁应、应举之后举行,且只试两场⑥。乾道五年(1169)又规定,若宗室应进士省试时被礼部黜落,还可以经无官取应再次考校,量材录用⑦。至于殿试廷对,据《绍兴重修御试贡举式》,殿试对

---

① 梁克家:《淳熙三山志》卷三一《科名》,《宋元方志丛刊》本,中华书局 1990 年影印本。
② 《宋史》卷一五七《选举志三》,第 3678 页。
③ 《宋会要辑稿》帝系六之一二,第 136 页。
④ 《建炎以来系年要录》卷九三,绍兴五年九月乙亥条。
⑤ 《宋会要辑稿》选举一六之七,第 4515 页。
⑥ 刘一清:《钱塘遗事》卷一○《省试》,文渊阁《四库全书》本。
⑦ 《宋会要辑稿》选举一八之二四,第 4560 页。

策一道,正奏名进士限 1000 字以上,特奏名 700 字,而宗室非祖免亲取应 500 字①,其要求比一般特奏名还低。南宋名臣魏了翁(1178～1237)曾拟宗子取应策问题目,他在其中就说:"宗子取应之制,务从宽易,凡以厚同姓,厚亲亲也……今自行都以及郡国皆有学校科举,而王族之子弟曾不得与寒畯齿,将以厚之也,毋乃祗以为薄乎?"②

宗室取应殿试之后亦有唱名,但合格宗子不入进士五甲放榜。绍兴十一年(1141)以后,宗子取应省试第一人才特许附正奏名殿试,然后赐进士出身。周烨《清波杂志》有云:

> 绍兴十一年,程克俊进呈,乞以贡院所考合格宗室善能,特令附正奏名殿试,以示劝奖。从之。高宗曰:"天族之贵,溺于燕安,往往自陷非法。若以邦典绳之,则非所以示叙睦之恩;置而不问,又无以立国家之法。唯择其好学从善者,稍加崇厉,以风厉其余,是亦教化之术也。"宗室取应赐出身自此始。③

据周烨自述,他与赵善能在无锡惠山比邻而居,其载述当属可信。绍兴十五年(1145)赵伯摅取应程文多引《诗》、《书》等儒家经典,高宗以为难能可贵,令赴正奏名殿试,唱名及第时擢在进士刘章以下第九人④。隆兴元年(1163)四月,孝宗御射殿,引见宗子取应省试第一人赵彦瑗,特赐同进士出身。另据《乾道会要》,乾道八年(1172)十月八日,诏:"自今御试唱名,第一日唱文举正奏名、应举锁应宗子、武举正奏名,第二日唱文举特奏名、取应宗子、武举特奏名。"⑤可见,除宗室取应第一名外,其余取应合格宗子则与文、武举特奏名一道,另外唱名授官,以区别于正奏名进士出身者。

宗室取应没有特别的取额约束,所谓"文理通为合格,不限其数"。从南

① 佚名:《贡举条式》(不分卷),文渊阁《四库全书》本。
② 魏了翁:《鹤山先生大全集》卷九三《宗子取应策问一道》,《四部丛刊初编》本。
③ 周烨:《清波杂志》卷一一《善能出身》,中华书局 1994 年点校本,第 477 页。
④ 楼钥:《攻媿集》卷一〇二《知婺州赵公墓志铭》,《四部丛刊初编》本。
⑤ 《宋会要辑稿》选举八之四五,第 4396 页。

宋历科取应殿试唱名、授官人数看,其所取宗室不少。绍兴三十年(1160)三月,取应合格宗子赵彦鬻等 31 人①。隆兴元年(1163)四月,取应合格宗子共50 人,除取应省试第一人赵彦瑷特赐同进士出身外,第二、第三人补保义郎,余四十人授承节郎,七人补承信郎②。根据《乾道会要》载述:乾道二年(1166)四月,孝宗御集英殿唱名取应宗子 39 人,赵师份以下三人特补保义郎,余三十六人补承节郎;乾道五年(1169)三月,御试唱名取应宗子 38 人,赵善宽以下三人特补保义郎,余三十五人补承节郎;乾道八年(1172)四月,集英殿临轩唱名取应宗子 41 人,赵知夫以下三人特补保义郎,余三十八人补承节郎③。就上述授官情况分析,取应合格宗子前三人授保义郎(正九品),其余宗子授承节郎(从九品)或承信郎(从九品),都为武阶小使臣,这一点与宗室科举进士者授修职郎(从八品)等文资也完全不同。其后,宗室取应授官等恩数有所裁减,乾道八年四月完成科举录取后,在当年五月,即立《宗室铨选法》④,这应该就是前文所引周必大提到的宗室选举"新制"⑤。光宗绍熙四年(1193),取应合格宗子 42 人,除第一名授承节郎外,其余一律补承信郎⑥。

第四节 量试推恩

宋代量试,起初并非为宗室而设。北宋仁宗天圣八年(1032)五月,"诏三班使臣本文吏子孙年二十五以上,许量试笔札读律,与换文资"⑦。此次

---

① 《建炎以来系年要录》卷一八四,绍兴三十年三月甲戌条。

② 《宋史》卷一五七《选举志三》,第 3677 页。

③ 《宋会要辑稿》选举一八之二二至二五,第 4559~4560 页。

④ 《宋史》卷三四《孝宗本纪二》,第 653 页。

⑤ 周必大:《文忠集》卷一四四《论殿宗室换官恩科推恩》,文渊阁《四库全书》本。

⑥ 陈傅良:《止斋先生文集》卷一三《合格取应宗子时信等四十二人授官第一名补承节郎余补承信郎》。考《宋史》卷四三四《陈傅良传》及卷三七《宁宗本纪一》,陈傅良久任外官,绍熙三年(1192)除起居舍人,次年兼权中书舍人,绍熙五年十二月遭谢深甫弹劾罢去。故所引除授之词只合系于绍熙四年,该年科举状元为陈亮。

⑦ 《续资治通鉴长编》卷一〇九,天圣八年五月乙卯条,第 2539 页。

量试乃是为部分三班使臣换授文资而临时特设,但并非常规化的考选制度。后来,量试演变为针对无官宗室推恩选试的某种专称,量试的目的主要是为优待疏属子弟二十五岁以上、略通文墨而又无力应举之人,使他们能够较为轻松地跻身仕途。陈傅良(1137～1203)曾经指出:"凡有司考校之科甚严密也,而独宽于量试宗子,盖欲使之齿仕版、习吏事,稍涉于文墨而不求其备。"①在两宋各种宗室考选办法中,量试的要求最低,考校不严密,在具体程序上,也没有像贡举那样实行解试、省试、殿试三级考试制度。通常情况下,量试由礼部贡院负责考校,只引试一场,或考经义,或考诗、赋,或考策论,三者互不兼试。成绩合格者,予以量材授官。南宋寓居四川等地宗子,则仿类省试之例,许于本处量试,合格即可奏报授官②。

宋代宗室量试始于熙宁年间,元祐更化中废,至哲宗亲政重又恢复。徽宗时因置两京外宗正司,命辅臣考稽神宗朝诸项宗室推恩制度,于是讲义司在崇宁元年(1102)十一月进奏《宗室量试法》③。《宋会要辑稿》帝系五之一五至一八对此有较为详尽的记载:

> (崇宁元年十一月十二日)提举讲义司蔡京等言:"……自熙宁降诏已来,宗室量试之法中废不讲,至绍圣间始复讲之,所以预试应格之人至少,亦未曾有以年长特推恩者,宗室之无官者由此甚众。今若俟其累试不中,然后录用,缘未尝教养,一旦峻责其艺能,则推恩之文殆成虚设。况非祖免亲乃祖宗六世孙,恩泽所加,谓宜稍厚。乞将上件服属宗室年二十五已上者,今次许于礼部投状,试经义或律义二道,以文理稍通者为合格,分为两等,候至来春附进士榜推恩。内文艺优长者,临时取旨,其不能试或试不中者,并赴礼部书家状、读律,别作一项奏名……"并从之。

崇宁二年(1103)三月,宗室非祖免亲试中经、律义人授三班奉职,文优者奏报取旨,其不能试者,赴礼部书家状、读律,授三班借职④。按三班

---

① 陈傅良:《止斋先生文集》卷一三《宗子汝弼等八十一人补官》,《四部丛刊初编》本。
② 楼钥:《攻媿集》卷三九《四川量试宗子伯扬、时敏补承信郎》,《四部丛刊初编》本。
③ 陈均:《皇朝编年纲目备要》卷二六,第667页。
④ 《宋会要辑稿》帝系五之一八,第120页。《宋史》卷一五七《选举志三》,第3676页。

奉职、三班借职属武阶选人最末两级,政和二年(1112)重定官阶后分别改作承节郎、承信郎。通过上述材料可以发现,崇宁《宗室量试法》对考试对象、考试内容、合格授官等都已有相当明确的规定,此后不少宗室及龄疏属即由量试得官。如政和五年(1115)二月立赵桓为皇太子,同年四月推恩量试宗子,赵不惧、赵不疑等皆以量试合格,分别授予承信郎、承节郎①。若据崇宁二年的量试规定,宗子无论服属远近,只要年过二十五岁,几乎人人都能做官。宣和二年(1120),徽宗曾下诏废罢量试出官法②,裁减宗室推恩。但《宋史·宗室传四》又称太宗六世孙赵不群于宣和(1119～1125)中量试授官,可见量试之法在北宋末年仍时有实行,并未完全停废。

靖康二年(1127)五月初一日,赵构在南京应天府(今河南商丘)即皇帝位,改元建炎,又以"宗室无官人依政和五年二月二十四日册皇太子赦,与量试推恩"③。此后皇帝登极赦恩量试成为南宋常制。绍兴三十二年(1162)六月十三日孝宗即位,宗室无官人"依建炎元年五月一日赦",由礼部贡院举行量试,宗室子弟可以根据自己专长任选一场引试:愿试经义者,试本经义二道;试诗、赋者,诗、赋各一首;试论者,论一篇。同年八月二十六日,礼部为避免推恩过滥,奏请立定宗室量试年龄限制,因此重新申明二十五岁以上无官宗室才有资格参加量试考校。具体年龄勘验,行在宗子由大宗正司负责,外地宗子由两外宗正司负责,"即去宗正司远,经所在州军陈乞,各勘会年甲无违碍,给据赴部下大宗正司勘会取试"④。

尽管如此,隆兴元年(1163)礼部贡院奏明量试宗子仍多达700余人。该年量试录取人数众多,凡是"约三分文理稍通者",礼部取旨后都全部给予录用,仅此宗室总数就在200人以上。朝廷对那些不合格宗子又别有优待,年及四十岁以上特补承信郎,展三年出官,年未及四十岁听附下一次贡举省

① 太宗皇帝下第七世《仙源类谱》(残本)卷二七,国家图书馆善本古籍库藏南宋内府抄本。
② 《宋史》卷一五七《选举志三》,第3677页。
③ 徐梦莘:《三朝北盟会编》卷一○一,建炎元年五月初一日条,上海古籍出版社1987年版。
④ 《宋会要辑稿》选举一八之二一,第4558页。

试年再量试一次。因此,在三年之后即乾道二年(1166),礼部贡院对上次量试黜落宗子再加考校,又录取了221人①。根据南宋洪迈统计,孝宗即位赦恩,宗室通过量试以及应举等方式入仕者,其总人数高达一千余人。其后,淳熙十六年(1189)二月光宗即位,绍熙五年(1194)七月宁宗即位,大赦推恩都与此类似,遂使"皇族得官不可以数计"②。

与宗室取应授官相比,量试合格宗子授官要略低,除极个别授承节郎之外,一般只授承信郎,属武选人最低一阶。对此,礼部曾经专门解释道:"宗子量试止试一场,难以比附取应条格补官,将合格第之人补承节郎,余合格人并补承信郎。"③根据《仙源类谱》(太祖下第七世)卷四五记载,赵子凯、赵子澩等人经隆兴元年(1163)量试合格,都授官承信郎。至于量试黜落宗子,凡四十岁以上者许特补承信郎(从九品),展三年出官,这一推恩办法在孝宗朝以后也相沿成为定制④。时人即称:"国家所以待属籍至矣! 不得隽于进士,则有量试;不得隽于量试,则有免试。皆欲使之齿仕版、习吏事也。"⑤由此看来,南渡之后,尽管当时宗室已繁衍无数,但不管其服属再远,只要稍知读书、略通文墨者,一般都能有条件获得补官入仕的机会。

综上所述,两宋宗室的选试制度从无到有,仁宗皇祐初始有召试迁官之举,至神宗熙宁改革,在开放祖免亲有官锁应和非祖免亲无官应举之后,又逐渐建立起以进士科举、三舍考选、无官取应、量试推恩等为主的多种宗室考选方式,此外更有免解、免试等特别恩数以优遇宗子。事实上,由于提供的选择余地较大,自北宋后期以来,不少宗室疏属往往先以无官取应或者量试推恩获得低级武阶,如果学有余力,再以有官宗子身份参加锁应试,由此更易跳转文资。如政和五年(1115)赵不疑因量试合格授承节郎,宣和二年

① 《宋会要辑稿》选举一八之二二至二三,第4559页。
② 洪迈:《容斋随笔·容斋三笔》卷七《宗室补官》,中华书局2005年点校本,第504~505页。
③ 《宋会要辑稿》选举一八之二一至二二,第4558~4559页。
④ 陈傅良:《止斋先生文集》卷一三《宗子师铉量试不中依近降指挥年四十以上特补承信郎展三年出官》。
⑤ 陈傅良:《止斋先生文集》卷一三《宗子显夫量试不中年四十以上特补承信郎》。

(1120)以宗学上舍及第授修职郎①。赵伯术在南宋初先中取应科,绍兴十八年(1148)继中进士科,改文资出官②。赵善誉绍兴三十年(1160)取应合格授承节郎,隆兴二年(1164)再以锁试登进士第三甲,改授左承务郎③。甚至连两宋最有名的宗室宰相赵汝愚(1140~1196),他也是先通过无官取应敲开仕途的大门,后更"杜门读书",然后在二十七岁时又参加了乾道二年(1166)的进士科考,竟高中廷试第一。④ 按照宋朝故事,"设科以待草茅士,凡预属籍,挂仕版者,法当逊避"⑤,赵汝愚出身皇族,又有官在身,所以最后唱名时才将榜眼萧国梁升为状元。其后,赵汝愚长子赵崇宪几乎复制了同样的选举模式,先是淳熙八年(1181)取应对策第一,三年之后,"复以进士对策擢甲科"⑥。众所周知,选举入仕对宋代一般寒门子弟而言,是一扇布满荆棘的窄门,但对宗室来说,他们在选试类型、考校办法、录取比例以及循资授官等各个方面,显然都拥有更加优渥的机会。数量庞大的宗室人口通过特权赋予的方便之门,往往能够从容地挤进王朝的上下官场,自然会陆续提升宗室的社会影响。然而,"皇族得官不可以数计",这又会不断加剧王朝冗官、冗费的沉重负担。更何况,宗室"入仕浸繁,未知裁抑,非所以示至公也"⑦。宦海无情,员多阙少,宗室既以身份关系纷纷挤进官场,就不能不长久盘踞其中,广占差遣窠阙,也必然会严重挤压到庶姓寒族子弟的上升孔道。

① 太宗皇帝下第七世《仙源类谱》(残本)卷二七,国家图书馆善本书库藏南宋内府抄本。
② 赵善括:《应斋杂著》卷四《赵运干墓志铭》,文渊阁《四库全书》本。
③ 楼钥:《攻媿集》卷一〇二《知婺州赵公墓志铭》。
④ 傅增湘:《宋代蜀文辑存》卷七一《宋丞相忠定赵公墓志铭》(刘光祖作),台北新文丰出版公司1978年版。
⑤ 张世南:《游宦纪闻》卷四,中华书局1981年点校本,第34页。
⑥ 真德秀:《西山先生真文忠公文集》卷四四《赵华文墓志铭》。
⑦ 《宋史》卷一五七《选举志三》,第3678页。

第六章　授官任职

赵宋宗室考选入仕途径较一般庶人更广更优,一旦进入仕途,他们便获得相应的政治地位。然而,宗室在国家政治生活中究竟起到了多大作用,则进一步取决于他们具体担任的职务。宗室授官任职的实际情况能够直接反映出他们在当时政治格局中的地位,且最终关系到如何考量宗室的历史影响这一重要问题。

宋史学界对宗室任官已有一定研究。苗书梅先生在《宋代官员选任和管理制度》一书中曾对宗室任用制度作了相当清晰的概括,该书认为宋朝政府出于政治安全的考虑,形成了不重用宗室的传统,即使允许宗室注授外官,仍对他们加以种种严格限制。其具体表现为:第一,宗室不注缘边差遣;第二,宗室不得为将官;第三,宗室不得为执政;第四,宗室不注学官和考试官;第五,无出身宗室不注亲民官①。应该肯定,宗室任官上的这些限制基本上都是客观存在的。宋朝没有出现宗室擅政或者宗室祸乱,确实与统治者对他们的严密防范有密切关系,这一点也常为研究者反复提及,认为是保障两宋政权稳定的成功之处。事实上,顾炎武便称有宋一代"为宗属者大抵皆溺于富贵,妄自骄矜,不知礼仪。至其贫者则游手逐食,靡事不为。名曰天枝,实为弃物"②。顾炎武的宋代宗室"弃物"

---

① 苗书梅:《宋代官员选任和管理制度》,河南大学出版社1996年版,第337~340页。另外,可参见苗书梅《宋代宗室、外戚与宦官任用制度述论》,载《史学月刊》1995年第5期。

② 顾炎武著,黄汝成集释:《日知录集释》卷九《宗室》,岳麓书社1994年版,第334页。

说影响极大,但也因此导致后人形成一种固化的消极思维模式,即容易片面强调宋廷对宗室的约束控制,认为在猜忌防范的"祖宗家法"之下,偌大皇族只在经济诸方面享有"坐食县官"的特权,但在政治上到处受到限制牵掣,始终碌碌无为。简言之,从政治影响看,赵氏皇族基本是养而不用的"废物",他们徒有虚名,没有多少话语权,饱食暖衣,无所事事,在风云变幻的实际政治中也就成为悄然无声的特殊群体,激不起任何的涟漪。

然而,这样的看法,可能与真实的历史相去甚远。大量事实表明,宗室在两宋,特别在南宋政治上已具有不容小觑的地位和影响。而在宗室任用上,我们也应该区别看待近属与疏属,不宜一概而论。北宋早期,宗室繁衍未广,他们养尊处优却无职无权,"埋没压抑,仅同豢养"①。除赵光义、赵廷美、赵元僖、赵元侃(即真宗赵恒)等亲王贵胄尹京被后世目为储君养成之外,一般宗子几乎没有机会参与实际政治。但随着宗室世系的瓜瓞绵延,亲疏宗室的遭遇也逐渐趋向分化。其中,五服以内的宗室近属仍保留赐名授官的特权,故称:"宗室之子,始名而官。"②他们依赖官爵领取俸禄,养而不用;五服以外的宗室疏属,则允许他们选试应举以及出官外任。王朝宗室政策的不断改革,对他们的整体命运变迁影响极大。部分宗室疏属陆续脱颖而出,走出封闭的王府宫宅,逐渐融入到广大的士大夫群体。尤其是南渡之后,宗室考取进士的人数大大增加,许多宗子通过科举稳步攀上仕途高位,无论在中央政治还是在地方社会诸层面,都表现得相当积极活跃。

为此,本章将充分利用相关史料,围绕宗室入仕任官情况作出一定的计量统计和考察分析,以期对该问题有比较准确的把握,进而更好地揭示出两宋宗室与政治之间的关系。

---

① 《续资治通鉴长编》卷一五〇,庆历四年六月戊午条,第3646页。
② 苏辙:《栾城集》卷二八《叔考等三十二人并除右班殿直》,上海古籍出版社1987年点校本,第583页。

第一节　近属赐名授官

北宋太祖、太宗两朝,宗室子孙繁衍未广,赐名授官未有定制①,但一般而言,诸王子初次授官,即除诸卫将军。这一点可以从《宋史·宗室传》的记载得到证实,如太平兴国八年(983),赵德昭子惟固赐名授左千牛卫将军;端拱初,赵德芳子惟能授右屯卫将军;淳化初,赵廷美子德雍授右骁卫将军,德钧拜右武卫将军。上述诸卫将军属环卫官体系,只领俸禄,不任职事。真宗朝以后,随着宗室人口不断增加,朝廷为保证正常授官,需要根据族属亲疏差等订立制度。天禧元年(1017)二月,真宗令宗正卿赵安仁"议为定制","以宣祖、太祖、[太宗]孙初荫授诸卫将军,曾孙授右侍禁,玄孙授右班殿直,内父爵高听从高荫,其事缘特旨者,不以为例"②。这是宋代第一次对宗室赐名授官制度作出明确规定③。天禧制度显示,在通常情况下,宣祖、太祖、太宗孙赐名除拜环卫将军,至于曾孙、玄孙而下,则授予右侍禁、右班殿直等三班小使臣,属武阶选人,品秩较低。

仁宗朝初期,刘太后垂帘听政,宗室授官基本沿袭真宗朝遗制。景祐二年(1035)十月,朝廷举行三年一次的南郊大礼,是年郊祀天地以太祖、太宗、真宗并配,由此宗室诸子多有诉请,纷纷上表乞求推恩。仁宗不但允许宗室各以覃恩迁官,而且对宗室授官制度做出了重大调整。景祐新制的核心内容是将宗室官衔全部改换为南班官,宗室原先担任诸司使以下至右班殿直等武阶者,依其品秩高低,一律换作诸卫将军、太子右监门率府率等官。《续资治通鉴长编》卷一一七对这次宗室改官情况有非常详细的记载,其谓:

　　(景祐二年十一月)乙未,祭天地于圆丘……宗室并与转官,仍自诸

---

① 《宋会要辑稿》帝系四之三,第94页。

② 《续资治通鉴长编》卷八九,天禧元年二月壬午条,第2043页。《宋史》卷二四五《宗室传二》记载略有歧异,此处参酌引用。

③ 《宋史》卷八《真宗本纪三》记载天禧元年二月壬午,"定宗室子授官制度",第162页。

司使以下至殿直,皆换(西)[南]①班官……乙巳,元俨、德文、允让等加官……丙午,宗子诸司使领诸州刺史者十二人换诸卫大将军、领诸州团练使;诸司使十九人换诸卫大将军、领诸州刺史;诸司副使十九人换诸卫大将军;内殿承制以下一百三十人,并为将军、率府率、副率,用乙未赦书也。先是,宗子无迁官法,唯遇稀旷大礼,则普迁一官。及南郊,并侑三圣,宗子皆上表推恩,故有此制。旧自借职十迁乃至诸司副使,今副率四迁即遥领刺史,八迁即为节度使云。

根据上述材料,景祐二年宗室全部换官人数达 180 人。改换南班官对宗室影响较大,主要表现于以下两个方面:第一,宗室授官品秩更高。在此之前,宗室诸王子孙以下,大多除授三班使臣,如三班奉职、右班殿直等武官品阶均属从九品。而实行景祐新制以后,宗室赐名授官最低亦除太子右内率府副率,官品为从八品②,不再除授三班使臣。这就提高了宗室任官起点。第二,宗室迁转速度更快。在宗室换官之前,按照普通武阶正常磨勘原则,自三班借职至诸司副使需迁转十次,即:三班借职→①三班奉职→②右班殿直→③左班殿直→④右侍禁→⑤左侍禁→⑥西头供奉官→⑦东头供奉官→⑧内殿崇班→⑨内殿承制→⑩诸司副使。而在宗室改换南班官以后,自太子右内率府副率迁转四次就可除授遥郡刺史,迁转八次即任节度使,其具体叙迁之制如下:

太子右内率府副率转太子右监门率府率。

太子右监门率府率转右千牛卫将军。

右千牛卫将军转右监门卫大将军。

右监门卫大将军转遥郡刺史。

---

① 按“西班官”即指诸司使等,上下文意不通。沈括《梦溪笔谈》卷二《故事二》记载:“景祐中,初定祖宗并配南郊,宗室欲缘大礼乞推恩,使诸王宫教授刁约草表上闻……自此遂有南班之授。”据此,“西班官”当为“南班官”之误。另可参见《中国历史大辞典·宋史卷》(上海辞书出版社 1984 年版)、龚延明《宋代官制辞典》(中华书局 1997 年版)“南班”、“西班”、“诸司使”、“环卫官”等相关词条的解释。

② 孙逢吉:《职官分纪》卷三○《太子左右卫率府率、副率》,中华书局 1988 年影印本。

遥郡刺史转遥郡团练使。继诸王后、见封国公及特旨,即转正刺史。

遥郡团练史转遥郡防御使。继诸王后、见封国公及特旨,即转正团练使。

刺史转团练使。

团练使转防御使。

防御使转观察使。

观察使转节度观察留后。

节度观察留后转节度使,特旨转左、右卫上将军。

左、右卫上将军节度使,转节度使同中书门下平章事。

节度使同中书门下平章事转节度使兼侍中。

节度使兼侍中。①

很显然,景祐新制是有利于宗室任官迁转的,李焘的记载称换南班官为推恩宗室,已充分地说明了这一点。宋人高承同样强调称:

> 《笔谈》曰:宗子授南班官,世传王曾为相日,始开此议,不然也。故事,宗子无迁官法,唯遇稀旷大庆,则迁一官。景祐中,初定祖宗并配南郊,宗子缘大礼乞推恩。自此遂有南班之授。近属自初除小将军,七迁为节度使,遂为定制。②

然而,游彪先生却认为,这次制度调整是仁宗对宗室授官进行的一场清算,目的是要剥夺宗室事权。他的主要理由是此前宗室授官与普通武臣无异,都属于有职事的官称,而通过景祐改革,将宗子与外官彻底分开,宗子只能荫补为有其相应待遇的环卫官③。对此,笔者难以苟同。因为根据前述真宗天禧制度,宗室无论除授环卫官还是武阶使臣,都属虚衔或阶官,并不带任何实职,所谓仁宗要以换官方式剥夺宗室事权的说法并不能成立。游

---

① 《宋史》卷一六九《职官志九》,第4034页;李攸:《宋朝事实》卷八《宗室转官资级》。

② 高承撰、李果订:《事物纪原》卷五《环卫中贵部·南班》,中华书局1989年点校本,第283页。

③ 游彪:《宋代荫补制度研究》,中国社会科学出版社2001年版,第228~229页。

彪先生所以造成这样的误解,除未能深究北宋前期宗室授官情况,可能更多地还是受到习惯观念的左右,先入为主地从宗室"防范"视角来阐释制度变迁。

如果分析景祐新制的真实动机,笔者认为它与仁宗亲政前后的政治环境有必然关系。仁宗冲年即位,真宗皇后刘氏长期隐瞒皇帝的生母身份,以太后之尊垂帘称制长达十一年,其对待宗室比较严苛,天圣(1023~1032)年间三令五申禁止宗室请给、不许宗室参与外朝班列等政策无不反映出此种倾向①。明道二年(1033)三月,刘太后去世,仁宗开始亲政,受"反章献之政"的心态驱使②,在政事上做出许多重大的改变。同年四月,仁宗召还并起用宋绶、范仲淹等人,罢去吕夷简、夏竦、陈尧佐、晏殊等刘氏在世时的重臣③。随后,仁宗又废除刘太后亲自为他择立的皇后郭氏,在对待宗室问题上也一反此前政策,急于给宗室加官徙封,在经济待遇上也增加宗室月俸④。正因为如此,景祐元年(1034)二月,知制诰李淑上呈《时政十议》,其中便对仁宗亲政后戚里宗室"爵赏过授,近于僭差"的现状表示不满,批评宗亲子弟"迁补过优","进陟太广"⑤。但是,朝廷大臣的批评意见并没有被仁宗接受。次年十月,仁宗进一步因南郊覃恩,作出了宗室全部换为南班官的重要决定。由此可知,景祐推恩宗室实与当时的政治气候有非常密切的联系。仁宗既通过调整政策表明自己刚刚获得的权力,又以这种方式笼络内外人心,进一步巩固皇权。

宗室改任南班官以后,他们在除授、迁转等各方面都更为有利,其俸禄也就相应地水涨船高⑥。景祐新制过于优遇宗室,随着宗室人口的不断膨

---

① 《续资治通鉴长编》卷一〇四,天圣四年五月辛丑条、八月戊子条,第 2408、2420 页;卷一〇五,天圣五年十月庚午条,第 2450~2451 页。

② 刘静贞:《皇帝和他们的权力——北宋前期》,第 242 页。

③ 《宋史》卷一〇《仁宗本纪二》,第 195 页。

④ 《续资治通鉴长编》卷一一三,明道二年十一月癸亥条,第 2642 页;《宋史》卷一〇《仁宗本纪二》,第 197 页。

⑤ 《续资治通鉴长编》卷一一四,景祐元年二月乙未条,第 2664 页。

⑥ 关于宗室南班官的禄赐制度,汪圣铎先生曾做过专门分析,并将它与一般武臣禄赐加以比较,进而分析宗室冗费对当时朝廷财政的影响,请参阅汪圣铎《宋朝宗室制度考略》,载《文史》第 33 辑。

胀,冗宗冗费带给朝廷的财政压力也就越来越大,这使得景祐制度在仁宗朝后期招致了广泛的批评①。司马光后来即认为,景祐宗室换官的后果很严重,"自率府副率四迁即为遥郡刺史,俸禄十倍于旧,国用益广,至今为患"②。南宋黄震在评论仁宗与吕夷简君臣之际,也批评说:"募市井人为万胜军,创南班,遗契丹岁缯金二十万,皆为后来大费。"③

英宗即位时,宗室自率府副率以上有八百余人。熙宁元年(1068),根据北宋最高财政机构三司奏报的统计数字,当时京师百官月俸4万缗,诸军11万缗,而宗室每月的俸料钱却高达7万缗,宗室禄廪之费远远超出了中央百官的月俸总和,其中还不包括宗室生日、嫁娶、丧葬以及各种名目的杂赐支出费用④。在这种情况下,一心要富国图强的宋神宗对宗室任官制度进行又一次改革也就势所必然。整个熙丰变法期间,变法派和保守派在几乎所有的问题上都各执一词,争辩不休,但这两个阵营对待宗室问题的意见却高度一致,文彦博、富弼、司马光、苏辙、王安石、陈升之等朝廷大臣都赞同对宗室制度加以变更,议定亲疏等降之礼,以为"经常久远之计"⑤。因此,当神宗终于在熙宁二年(1069)十月对宗室授官制度做出大刀阔斧的变法时,几乎没有遇到来自朝臣方面的任何阻力。

熙宁二年(1069)对宗室任官制度的改革和宗室选试制度的出现互为表里。与景祐新制推恩宗室不同,这次改革的主要目的是想要通过裁定宗室授官、任官恩例,缓解宗室俸禄加在朝廷财政支出上的沉重压力。在任官制度上,新法最根本的改变就在于打破了所有宗室均享有"世官世禄"、"坐食县官"的身份特权。自此以后,赵宋宗室一分为二,他们以五服为界限,确立亲疏隆杀制度:五服以内近属接受赐名授官,担任太子右内率府副率以上南

---

① 《续资治通鉴长编》卷一五二,庆历四年九月戊辰条,第3698页;卷一八〇,至和二年六月辛卯条,第4351页。

② 司马光:《涑水记闻》卷三,中华书局1989年点校本,第60页。

③ 黄震著,张伟、何忠礼主编:《黄震全集·古今纪要》卷一八,浙江大学出版社2013年版,第3216页。

④ 杨仲良:《续资治通鉴长编纪事本末》卷六七《裁定宗室授官》。

⑤ 同上。

班官,一般仍不授以事权;五服以外疏属继续列名属籍,不再继续享受赐名授官的权利,需要通过科举或其他选试方式登达仕途,出任外官。

此外,宗室近属任官涉及的两个重要方面——赐名授官年龄和南班官计年迁转办法,经过仁宗朝和神宗朝的先后调整也最终确定下来。赐名授官年龄就是指宗室初仕年龄,北宋前期尚无严格制度。据《宋史·宗室传一》记载,太平兴国八年(983),赵德昭次子惟吉年十三岁,始除右监门卫将军;端拱初,赵德芳长子惟叙十二岁初授右武卫将军,第三子惟能十岁授右屯卫将军①。真宗朝曾限定宗室子弟七岁赐名授官,太宗曾孙宗保即满七岁后除左侍禁②。但当时宗室私奏请托之事常有发生,制度往往失去其规范效用。宝元二年(1039)七月,知大宗正事赵允让奏曰:"先朝故事,宗室子孙七岁始赐名授官,今在襁褓者已有恩泽。请自今遇乾元节、南郊听官其子,余须俟五岁方得授官。"③皇祐五年(1053),大宗正司又请"宗室养子须五岁然后赐名授官,毋得依长子例不限年"④。此后,除圣诞、南郊等推恩和宗室长子不受年龄限制⑤以外,宗室年满五岁赐名授官遂成为一般原则。考古发现的宗室墓志铭可以较好地证实这一点,如庆历四年(1044)赵令谷、嘉祐六年(1061)赵仲瞒、元丰二年(1079)赵士珋、元祐五年(1090)赵士谤、元符元年(1098)赵士俱等人赐名授官时都为五岁⑥。

宗室近属有官无职,则其迁转自然难以适用一般磨勘办法。从史料记

① 《宋史》职官记载多有失当,顾吉辰先生曾在《宋史考证》一书中做了大量考订补正工作,可参考。本书不再一一标出。
② 《宋史》卷二四四《宗室传二》,第8677~8679页。
③ 《续资治通鉴长编》卷一二四,宝元二年七月丁巳条,第2919页。
④ 《续资治通鉴长编》卷一七五,皇祐五年十月己亥条,第4237页。
⑤ 赵汝愚:《宋朝诸臣奏议》卷三二《上神宗乞酌古今之宜限服纪之礼》(杨绘)曰:"今则长男生逾年而受官,其下之男,皆生五年而受官矣。"第315页。当然,帝子赐名授官往往不受此约束。如《宋史》卷一九《徽宗本纪一》(第357页)记载元丰五年十月丁巳,徽宗生于宫中,明年正月赐名,十月授镇宁军节度使,封宁国公。《宋会要辑稿》帝系一之四三云:"信王榛,徽宗子,政和元年八月生,十一月赐名,授建雄军节度使、检校太尉,封福国公。"此皆出生三月即赐名授官。
⑥ 参见《北宋皇陵》附录三诸宗室墓志铭,第535、539、547、549、550页。

载来看,北宋前期对宗室迁官没有具体制度,正如沈括所称:"故事:宗子无迁官法,唯遇稀旷大庆,则普迁一官。"①真宗在位时曾规定宗室十八年一迁,但实际执行情况已不可详知。宋仁宗推恩皇族,宗室全部改作南班官以后,其迁转亦多不循资格。直到至和二年(1055)八月,仁宗诏曰:

> 任职之臣,则有考课迁官之法。而宗姓不预吏事,故先朝著格,使十八年一迁,所以隆族示爱,教忠厚也。朕尚念夫本支之秀、昭穆之近,而有耆老久次者,其令中书、枢密院第其服属,自明堂覃恩后及十年,咸与进官;近缘特恩改转者,须更十年准此。②

据此,宗室南班官开始推行十年一迁的转官制度,"使尊卑者各叙,进官者率以限年"③。嘉祐六年(1061),朝廷又作了补充说明,"诏宗室赐名授官者,须年及十五,乃许计年转官"④,即规定宗室要年满十五岁以上,才允许计年升迁。其后,宋神宗进一步将这些原则明确下来,熙宁七年(1074)七月,"诏宗室自赐名授官后,十五以上,理十年磨勘"⑤。宗室南班官因为没有实际职务,在官制上也就相对稳定。胡寅《斐然集》卷一二《皇叔士啬力磨勘》云:"不以过闻,至于十稔,进官一等。……宗籍无吏责,故其考绩之法俟之最久,久而后计,则黜陟明而功罪当。"《斐然集》卷一二《(赵)仲儡磨勘》亦称:"考绩之法,三岁而迁。独于宗子俟之尤久。为其居秩禄厚,鲜能寡过至于十年而无犯,则亦可以陟矣。"可见,南班宗室制度历朝相沿⑥,直至南宋灭亡,宗室近属的赐名授官及磨勘迁转制度都未出现太大变更。

然而,由于北宋灭亡对宗室命运具有相当大的影响,尤其是那些有资格享受赐名授官的宗室近属在靖康之难中所受冲击最大,这就使得南班宗室

---

① 沈括著,胡道静校证:《梦溪笔谈校证》卷二《故事二》,上海古籍出版社1987年版,第90页。

② 《续资治通鉴长编》卷一八〇,至和二年八月壬子条,第4366页。

③ 《宋大诏令集》卷五〇《宗室迁官诏》,第253页。

④ 《续资治通鉴长编》卷一九三,嘉祐六年二月丁巳条,第4662页。

⑤ 《续资治通鉴长编》卷二五四,熙宁七年七月乙巳条,第6222页;《宋会要辑稿》帝系四之三二至三四,第109~110页。

⑥ 根据《宋会要辑稿补编》(全国图书馆文献缩微复制中心出版,1988年)第18页记载,绍兴十六年大宗正司出具的《宗室赐名授官令格体例》基本上一仍北宋制度。

人数在南渡以后出现大幅度骤减,史称:"自渡江后,南班宗室才六十三员。"①宋孝宗即位初,临安南班宗室只剩下十余人,而且大半属于垂垂老者②。因为近属人数稀少,在很长一段时间里,朝廷甚至没有足够的南班宗室列位朝参,这与仁宗朝乾元节宴会中南班宗室人满为患的情形恰成鲜明对比③。为此,孝宗不得不在淳熙元年(1174)诏令大宗正司从濮王诸位下见存不字辈(属太宗六世孙,非袒免亲)中选取宗室十七人,破格授予南班官,以壮皇族声威④。这当然只是一时权宜,并非永制,但这道诏令已将南班宗室凋零的严重状况暴露无遗。据《宋史·宁宗纪三》,嘉定三年(1210)七月,"定南班宗室为三十员"。宋高宗、宁宗、理宗等皇帝均无子嗣,这也是造成南宋宗室近属始终不振的重要原因。

需要指出,按照宋代官修史书编纂体例,宗室近属赐名授官人数和每岁断大辟人数、年终户口等内容一样,都属于《日历》等书必修内容⑤,后来李焘、李心传等史家又将《日历》等史籍中的这些材料撰入《续资治通鉴长编》、《建炎以来系年要录》,因此北宋神宗朝、哲宗朝以及南宋高宗朝三朝宗室赐名授官人口资料至今尚见保留。为了对两宋宗室赐名授官情况有更清楚的认识,笔者利用这些材料做了数量统计,具体参见表6-1、表6-2。

表6-1 北宋神宗、哲宗两朝宗室赐名授官人数统计表

朝 代	纪 年	公 历	赐名人数	资 料 来 源
神宗	熙宁三年	1070 年	45	《续资治通鉴长编》卷二一八
	熙宁四年	1071 年	66	《续资治通鉴长编》卷二二八
	熙宁五年	1072 年	47	《续资治通鉴长编》卷二四一
	熙宁六年	1073 年	59	《续资治通鉴长编》卷二四八

① 《建炎以来系年要录》卷六六,绍兴三年六月丙午条。
② 李心传:《建炎以来朝野杂记》乙集卷一三《宗学博士》,第724~725页。
③ 参见《续资治通鉴长编》卷一一八,景祐三年四月丙辰条记事,第2782页。
④ 《宋会要辑稿》帝系二之四八,第68页。
⑤ 陈骙:《南宋馆阁录》卷四《修纂下》,第39—41页。

朝 代	纪 年	公 历	赐名人数	资 料 来 源
神　　　　宗	熙宁七年	1074 年	52	《续资治通鉴长编》卷二五八
	熙宁八年	1075 年	51	《续资治通鉴长编》卷二七一
	熙宁九年	1076 年	57	《续资治通鉴长编》卷二七九
	熙宁十年	1077 年	54	《续资治通鉴长编》卷二八六
	元丰元年	1078 年	50	《续资治通鉴长编》卷二九五
	元丰二年	1079 年	47	《续资治通鉴长编》卷三〇一
	元丰三年	1080 年	51	《续资治通鉴长编》卷三一〇
	元丰五年	1082 年	35	《续资治通鉴长编》卷三三一
	元丰六年	1083 年	47	《续资治通鉴长编》卷三四一
	元丰七年	1084 年	49	《续资治通鉴长编》卷三五〇
	元丰八年	1085 年	8	《续资治通鉴长编》卷三六三
哲　　　　宗	元祐元年	1086 年	38	《续资治通鉴长编》卷三九一
	元祐二年	1087 年	8	《续资治通鉴长编》卷四〇七
	元祐三年	1088 年	55	《续资治通鉴长编》卷四二〇
	元祐四年	1089 年	51	《续资治通鉴长编》卷四三六
	元祐五年	1090 年	44	《续资治通鉴长编》卷四五三
	元祐六年	1091 年	54	《续资治通鉴长编》卷四六八
	元祐七年	1092 年	47	《续资治通鉴长编》卷四七九
	绍圣四年	1097 年	39	《续资治通鉴长编》卷四九三
	元符元年	1098 年	40	《续资治通鉴长编》卷五〇四
	元符二年	1099 年	41	《续资治通鉴长编》卷五一九

表6－2 南宋高宗朝宗室赐名授官人数统计表

朝 代	纪 年	公 历	赐名人数	资 料 来 源
高 宗	建炎四年	1130 年	8	《建炎以来系年要录》卷四○
	绍兴元年	1131 年	2	《建炎以来系年要录》卷五○
	绍兴二年	1132 年	18	《建炎以来系年要录》卷六一
	绍兴四年	1134 年	23	《建炎以来系年要录》卷八三
	绍兴五年	1135 年	21	《建炎以来系年要录》卷九六
	绍兴十二年	1142 年	24	《建炎以来系年要录》卷一四七
	绍兴十三年	1143 年	15	《建炎以来系年要录》卷一五○
	绍兴十四年	1144 年	16	《建炎以来系年要录》卷一五二
	绍兴十五年	1145 年	21	《建炎以来系年要录》卷一五四
	绍兴十六年	1146 年	18	《建炎以来系年要录》卷一五五
	绍兴十七年	1147 年	22	《建炎以来系年要录》卷一五六
	绍兴十八年	1148 年	23	《建炎以来系年要录》卷一五八
	绍兴十九年	1149 年	17	《建炎以来系年要录》卷一六○
	绍兴二十年	1150 年	16	《建炎以来系年要录》卷一六一
	绍兴二十一年	1151 年	18	《建炎以来系年要录》卷一六二
	绍兴二十二年	1152 年	18	《建炎以来系年要录》卷一六三
	绍兴二十三年	1153 年	28	《建炎以来系年要录》卷一六五
	绍兴二十四年	1154 年	13	《建炎以来系年要录》卷一六七
	绍兴二十五年	1155 年	21	《建炎以来系年要录》卷一七○
	绍兴二十六年	1156 年	26	《建炎以来系年要录》卷一七五
	绍兴二十七年	1157 年	23	《建炎以来系年要录》卷一七八
	绍兴二十八年	1158 年	21	《建炎以来系年要录》卷一八○
	绍兴二十九年	1159 年	25	《建炎以来系年要录》卷一八三
	绍兴三十年	1160 年	23	《建炎以来系年要录》卷一八七

统计材料表明,神宗朝除缺少元丰四年(1081)数据外,共 15 年,赐名授官718 人,平均每年约 48 人;哲宗朝缺少元祐八年(1093)至绍圣三年(1096)以及元符三年(1100)5 年数据,共 10 年,赐名授官 417 人,平均每年约 42 人。高宗立朝 36 年,共存 24 年数据,赐名授官 420 人,平均每年 18 人,尚不及神宗、哲宗两朝平均人数的一半。这一比较也真实反映出两宋交替给宗室近属人口带来的巨大改变。当然,我们同时应该清醒地认识到,依据上述平均数推测,即假设北宋每年赐名授官 45 人,南宋平均每年赐名授官 18 人,那么两宋立国320 年间,宗室赐名授官人数总和也相当可观。这部分宗室有官无职,养而不用,是构成两宋冗官冗费的重要方面。关于宗室南班官的禄赐制度及其对朝廷财政的影响,汪圣铎先生做过深入探讨①,此处不再展开论述。

第二节　疏属入仕出官——以南宋为主的考察

宗室疏属任官是一个涉及面极广而又相当繁复的问题,考虑到资料等客观限制,我们不可能对宗室任官的全部情况作出详尽分析。下面,笔者将主要利用地方志和前人论著中的材料,对南宋宗室进士人数、宗室执政、侍从官以及宗室担任诸路安抚使和临安知府等重要地方官做专门探讨,试图通过量化统计分析,从一个侧面揭示宗室入仕出官在南宋的重要影响。

一、宗室进士考察

宋代是中国科举制度完备定型的重要阶段,尤其是进士科已成为文官政治的根本支柱。宋代一些士大夫认为勋贵子弟不应与贫寒士子角逐科场,著名学者杨时说:"资荫得官与进士得官,孰为优劣?以进士为胜,以资荫为慊,此自后世流俗之论,至使人耻受其祖父之泽,而甘心工无益之习,以

① 参见汪圣铎《宋朝宗室制度考略》(《文史》第 33 辑)"宗室禄赐制度"部分,汪圣铎《两宋财政史》第七章第一节"皇室与宗室支费",第 449～453 页。

与孤寒之士角胜于场屋、侥幸一第以为荣,是何见识? 夫应举,亦自寒士无禄,不得已藉此进身耳,如得已,何用应举?"①然而,正如一些学者已指出的,有宋一代,非进士出身者跻身显宦者寥若晨星②,而随着科举制度的全面推行,"旧的以家世背景为依据的勋阀贵族被以儒术为其进身之本的职业官僚所取代"③。杨时的这段话无非从"流俗"的角度再一次证明了科举已成为宋代士人谋取个人及家族发展的重要途径。事实上,宗室如果能正式考取进士,这对他们在宦途上获得更好的仕进机会是有很大帮助的。宗室进士人数的多寡,可以看出他们在当时政治生活中影响的大小。

如前所述,熙宁二年改革宗室制度后,始允许祖免亲锁应和非祖免亲应举入仕。宋人张邦基谓:"国朝宗室,例除环卫。裕陵(即宋神宗)始以非祖免亲补外官,继有登科者。"④不过,北宋中后期宗室应举及第者并不多,自熙宁至元符初三十余年间,宗室真正考中进士者仅 20 余人。⑤ 但南渡之后,随着宗室日益突破王府宫院体制,被动或主动地融入地方社会和士大夫阶层,加上朝廷一定程度上的倚赖,南宋时宗室考取进士的实际人数,已完全不同于北宋中后期的情形。

宋代登科录完整保留至今的只有南宋的《绍兴十八年同年录》和《宝祐四年登科录》两榜。据《绍兴十八年同年录》统计,该年(1148)全国进士共353 人,其中宗室进士 17 人,占进士总人数的 4.8%。又据《宝祐四年登科录》统计,该年(1256)全国进士共 601 人,其中宗室进士 84 人,占进士总人数的 13.9%。据两组统计数据可知,相比南渡之初,南宋后期全国宗室进士的绝对人数和所占比例显然都有很大幅度的提升。

福州是南宋西外宗正司所在,与泉州的南外宗正司一样,都是南渡以后赵宋皇族的重要聚居地。《淳熙三山志》是现存福州最早的地方志,梁克家

---

① 杨时:《龟山集》卷一三《语录四》,文渊阁《四库全书》本。
② 何忠礼:《宋史选举志补正》,浙江古籍出版社 1992 年版,第 3 页。
③ 包伟民:《宋代明州楼氏家族研究》,载《大陆杂志》1997 年第 5 期。
④ 张邦基:《墨庄漫录》卷一,文渊阁《四库全书》本。
⑤ 李攸:《宋朝事实》卷八《玉牒》,文渊阁《四库全书》本。

等人在淳熙年间编修宋代福州进士名录,但因为宗室科举"别试别取",当时只列出庶姓正奏名和特奏名情况,遗漏了宗室进士情况。然而,该志卷三一、三二是福州府教授朱貔孙于理宗淳祐八年(1248)续补增修,始附宗室正奏题名于后,难得地保留了大量地方宗室考取进士的信息。具列于下。

表6-3 南宋福州宗室进士人数统计表

朝代	纪 年	公历	历科榜首	福州进士总人数	福州宗室进士人数
光宗	绍熙元年	1190年	余 复	74	7
	绍熙四年	1193年	陈 亮	42	4
宁宗	庆元二年	1196年	邹应龙	61	9
	庆元五年	1199年	曾从龙	54	4
	嘉泰二年	1202年	傅行简	53	11
	开禧元年	1205年	毛自知	62	11
	嘉定元年	1208年	郑自诚	61	11
	嘉定四年	1211年	赵建大	71	15
	嘉定七年	1214年	袁 甫	60	13
	嘉定十年	1217年	吴 潜	76	21
	嘉定十三年	1220年	刘 渭	70	14
	嘉定十六年	1223年	蒋重珍	69	17
理宗	宝庆二年	1226年	王会龙	127	73
	绍定二年	1229年	黄 朴	73	12
	绍定五年	1232年	徐元杰	61	13
	端平二年	1235年	吴叔告	60	9
	嘉熙二年	1238年	周 坦	60	14
	淳祐元年	1241年	徐俨夫	52	6
	淳祐四年	1244年	留梦炎	50	阙
	淳祐七年	1247年	张渊微	70	18
	淳祐十年	1250年	方逢辰	66	23
	宝祐元年	1253年	姚 勉	67	10
	宝祐四年	1256年	文天祥	43	阙

据统计,朱貔孙共记录了自绍熙元年(1190)至宝祐四年(1256)23 榜进士正奏名情况,除了淳祐四年(1244)和宝祐四年两榜外,其余 21 榜都详细载录了庶姓进士和宗室进士的名录。在 21 榜进士中,宗室进士 315 人,平均每榜 15 人,福州全部进士正奏名 1289 人,宗室进士所占比例为 24.4%,几乎占到四分之一。特别是宝庆二年(1226)一榜,宗室进士人数为 73 人,同年庶姓进士却只有 54 人,宗室在科举考试中的势头完全盖过了庶姓。

考虑到南宋福州的特殊性,不妨进一步考察其他区域的进士情况。因为存世完整的宋代方志极少,笔者利用清代方志中所载南宋江西历次科举取士情况,对南昌、九江、南康、广信、饶州、瑞州、临江、抚州、建昌、吉安、赣州、南安共十二个州府的进士材料加以统计。从区域上看,它们大体相当于清朝江西省范围,南宋时主要隶属江南西路辖境。这一区域范围相对适中,既方便统计分析,具有可操作性,又在一定程度上克服了区域差异给统计数字带来的不利影响,不至于因考察区域过小而失去统计的意义。南宋江西进士人数甚众,包括赵汝愚家族在内的大量宗室都寓居当地,笔者选取这一区域范围作为进士考察单位,应具有一定的典型性①。具体统计情况请参见下表。

表 6 - 4 南宋江西宗室进士人数统计表

朝代	纪　　年	公　历	历科榜首	江西进士总人数	江西宗室进士人数
高　宗	建炎二年	1128 年	李　易	81	0
	绍兴二年	1132 年	张九成	59	0
	绍兴五年	1135 年	汪应辰	63	1
	绍兴八年	1138 年	黄公度	56	2
	绍兴十二年	1142 年	陈诚之	69	0
	绍兴十五年	1145 年	刘　章	69	1

---

①　关于方志史料对分析科举进士的价值,可参见贾志扬《宋代科举》附录四《地方史志作为宋代进士数资料来源的估价》一文,台北东大图书股份有限公司 1995 年版。

（续 表）

朝代	纪 年	公 历	历科榜首	江西进士总人数	江西宗室进士人数
高 宗	绍兴十八年	1148 年	王 佐	72	4
	绍兴二十一年	1151 年	赵 逵	73	1
	绍兴二十四年	1154 年	张孝祥	61	4
	绍兴二十七年	1157 年	王十朋	62	2
	绍兴三十年	1160 年	梁克家	45	3
孝 宗	隆兴元年	1163 年	木待问	54	6
	乾道二年	1166 年	萧国梁	62	6
	乾道五年	1169 年	郑 侨	46	4
	乾道八年	1172 年	黄 定	42	6
	淳熙二年	1175 年	詹 骙	68	4
	淳熙五年	1178 年	姚 颖	44	3
	淳熙八年	1181 年	黄 由	42	2
	淳熙十一年	1184 年	卫 泾	52	1
	淳熙十四年	1187 年	王 容	55	4
光 宗	绍熙元年	1190 年	余 复	60	10
	绍熙四年	1193 年	陈 亮	63	7
宁 宗	庆元二年	1196 年	邹应龙	66	6
	庆元五年	1199 年	曾从龙	65	7
	嘉泰二年	1202 年	傅行简	45	2
	开禧元年	1205 年	毛自知	55	4
	嘉定元年	1208 年	郑自诚	75	5
	嘉定四年	1211 年	赵建大	73	8
	嘉定七年	1214 年	袁 甫	81	13
	嘉定十年	1217 年	吴 潜	50	4
	嘉定十三年	1220 年	刘 渭	65	4
	嘉定十六年	1223 年	蒋重珍	94	9

（续表）

朝代	纪　年	公　历	历科榜首	江西进士总人数	江西宗室进士人数
理宗	宝庆二年	1226 年	王会龙	134	49
	绍定二年	1229 年	黄朴	88	7
	绍定五年	1232 年	徐元杰	78	2
	端平二年	1235 年	吴叔告	62	3
	嘉熙二年	1238 年	周坦	73	3
	淳祐元年	1241 年	徐俨夫	86	7
	淳祐四年	1244 年	留梦炎	81	5
	淳祐七年	1247 年	张渊微	81	2
	淳祐十年	1250 年	方逢辰	93	5
	宝祐元年	1253 年	姚勉	71	8
	宝祐四年	1256 年	文天祥	129	13
	开庆元年	1259 年	周震炎	85	6
	景定三年	1262 年	方山京	133	12
度宗	咸淳元年	1265 年	阮登炳	230	82
	咸淳四年	1268 年	陈文龙	154	9
	咸淳七年	1271 年	张镇孙	107	14
	咸淳十年	1274 年	王龙泽	152	6
恭帝	德祐元年	1275 年	王龙渊	21	3
合计	50 次	宗室比例	9.6%	3825	369

资料来源：《同治南昌府志》卷二九《选举·历朝进士》；《同治九江府志》卷二九《选举·进士》；《同治南康府志》卷一四《选举·进士》；《同治广信府志》卷七之一《选举·进士》；《同治饶州府志》卷一四《选举志·进士》；《同治瑞州府志》卷九《选举志·进士》；《同治临江府志》卷一二《选举志上·进士》；《光绪抚州府志》卷四二《选举志·进士》；《同治建昌府志》卷七《选举表·进士》；《光绪吉安府志》卷二一《选举志·进士》；《同治赣州府志》卷四六《选举志·进士表》；《同治南安府志》卷一二《选举·进士表》。

统计资料显示，南宋江西士人参加科举，平均每科有宗室进士 7～8 人。自建炎二年（1128）至德祐元年（1275）举行的 50 次科举考试中，江西共出进士 3825 人,其中宗室进士 369 人,在全部进士人数中所占比例为 9.6%。进一步分析,可以发现理宗、度宗龙飞榜宗室进士比例都畸高,其中宝庆元年(1226)宗室进士 49 人,占该榜江西进士的 36.6%;咸淳元年(1265)宗室进士 82 人,占当年江西进士的 35.6%。另外,除高宗朝宗室进士比例偏低之外,自孝宗朝以后,宗室进士比例则一般都维持在 10% 左右。这种现象与《绍兴十八年同年录》、《宝祐四年登科录》中记录的全国范围统计数据也基本吻合。根据统计,不计德祐元年科举,南宋共举行进士科考试 49 次,考取进士者达 23315 人①,即便以江西宗室进士平均比例 9.6% 作一推测,则南宋时期宗室进士总人数也多达数千人。这个数字即使对庞大皇族而言也是相当惊人的。故元人编修《宋史》,在《宗室传》之外,更为宗室名宦别作列传,史臣评论云:"宋之公族,往往亦由科第显用,各能以术业自见。"②这些由进士跻身文官的宗室,是南宋官僚政治队伍中的重要组成部分,其影响不容低估。

二、宗室执政及侍从

熙宁二年(1069)颁行新的宗室授官制度以后,宗室疏属始获许应举出官。不过,朝廷开放宗室疏属出仕,并不意味着他们就能很快在北宋政治舞台上发挥作用。毕竟在过去的一百余年里,宗室都在王府宫邸中成长,习惯于养尊处优,他们在宫学中接受的教育也多关乎道德品质,与任法治事无涉,因此要在疏属子弟中成就应举出官人材,显然尚需时间培养积累。与此同时,北宋神宗、哲宗、徽宗都对宗室出官保持了谨慎的态度,他们在注授窠阙和请给俸禄上给予宗室子弟许多照顾,但在实际职务上,宗室一般只能担任监当官、幕职官等较低差遣。元祐七年(1092),朝廷诏宗室参选"常许不拘名次路分,陈乞指名差遣一次,并替任满阙",又规定凡是注授监当官的宗室,"其请给并视诸路监押例",但诏令中同时约束道:"(宗室)初任并与监

① 该数据根据何忠礼先生《南宋进士科取士表》统计而得,参见《南宋史稿》,杭州大学出版社 1999 年版,第 739~740 页。
② 《宋史》卷四一三《赵汝谈传》,第 12413 页。

当,须职事幹集,操守修饬,有监司或长官同罪保明,与亲民。内选人与录事参军,即别有县令举主二员,内一员职司,仍通注县令。"①它表明,宗室疏属差遣出官比较宽松,但若要担任亲民官以上官职,则需要显著劳绩以及监司或州县长官的保明举荐。从河南巩县出土的皇族墓志铭材料看,宗室在北宋后期出官任职者,几乎都是州县监当官或者较低武职差遣②,官职普遍不高,在北宋政治生活中地位不彰。

两宋之际是宗室疏属任官发生变化的转折时期。当国家面临严重的内忧外患,上下官吏人心涣散的时候,宗室成为朝廷笼络和倚重的对象,故"列城共理,国之藩垣"③、"朕遭家之多难,思宗子之维城"④等措辞频频出现于南宋制诰或者诏令中。高宗即位不久,便"以宗室子任方面之寄",如擢用赵不试知相州,赵令峨知黄州,赵士㒟江东路钤辖,赵伯振通判郑州,以之守御江淮要地,抵抗金兵侵凌⑤。自此以后,宗室疏属始较多地担任相对重要的官职,在南宋政治中的影响也日渐增大。

不可否认,南宋宗室任官仍存在种种限制,宋高宗就曾对朝臣说:"宗室可用至侍从而止,祖宗不用宗室为宰相。"⑥后来,史弥远也曾对其姻亲赵善湘说:"天族于国有嫌,高宗有诏止许任从官,不许为执政。"⑦此种顾忌乃与宋代祖宗家法相一致,因为宗室之尊与相权之重的结合,确实可能威胁到皇权。需要指出的是,所谓宗室仕至侍从而止、不许为执政的"祖宗之法",未必真要远溯太祖、太宗,而应该始于徽宗一朝。《宋史·徽宗本纪》记载崇宁

---

① 《续资治通鉴长编》卷四六九,元祐七年正月丙申条,第11202页;卷四七三,元祐七年五月辛丑条,第11284页。

② 《北宋皇陵》附录三《北宋皇陵出土墓志、墓记录文》,中州古籍出版社1997年版,第555~556页。

③ 陈诗:《湖北旧闻录》卷二二《忠显庙》引李正民《赵令峨起复黄州制》,湖北人民出版社1999年点校本,第923页。

④ 胡寅:《斐然集》卷一三《赵子㳤判西外宗正司》。

⑤ 《宋史》卷四四七《忠义传二》,第13183~13184页;卷四五二《忠义传七》,第13291~13292页;卷四五三《忠义传八》,13320页。

⑥ 《续编两朝纲目备要》卷三,中华书局1995年点校本,第29页。

⑦ 《宋史》卷四一四《史弥远传》,第12418页。

二年七月丁酉,诏曰:"自今戚里宗属勿复为执政官,著为令。"然而,徽宗的这一限制性政策,无论是对宗室还是外戚来说,在南宋以后显然都没有得到有效贯彻。赵汝愚在光宗朝出任同知枢密院事,宁宗即位以后,又因"定策功"而迁枢密使,进而升任右相。尽管后来赵汝愚遭到政敌攻击,被劾以"同姓居相位","欲行周公故事"①,不久即罢相,但他毕竟突破了宗室不任宰执的限制。嘉熙二年(1238),赵廷美八世孙赵以夫在理宗朝任同知枢密院事②,这是宗室子弟再次担任朝廷执政。此外,如绍兴十四年(1144),以朝奉大夫赵子厚守军器监,"宗室为寺监长贰自此始"③;绍兴十五年(1145),以赵不弃行太府少卿、充四川宣抚司总领官,打破了熙宁三年(1070)以来宗室不许入蜀任官的禁令④;自熙宁、元丰以来,宗室虽为外官,未尝有出使者,然乾道七年(1171),赵温叔为贺金国生辰使,孝宗特命武翼郎、两浙西路兵马钤辖赵伯骕任副使,其后又有宗室赵善义、赵不艰以尚书郎出使金国⑤;绍熙(1190~1194)中,光宗命赵汝愚知贡举,而此前宗室原有不许注授学官及考试官的约束⑥。笔者不厌其烦地列举这些事例,无意否定南宋宗室仍存在任官限制,而只是想说明,与北宋相比,不管从任官人数还是任官职务上来论,南宋宗室在政治生活中已扮演着举足轻重的角色。

除了赵汝愚、赵以夫二人位登宰执,南宋宗室仕至侍从官者也人数可观。侍从官属宰执以下、庶官之上的清要官。翰林学士、给事中、六部尚书、侍郎,为内侍从官;带诸阁学士、直学士、待制者,为外侍从官。⑦ 李心传在《建炎以来朝野杂记》甲集卷一《本朝宗室侍从》中记载宗室侍从 19 人,统计时间截止宁宗嘉泰年间(1201~1204)。其中,赵令铄卒于崇宁元年

---

① 周密:《齐东野语》卷三《绍熙内禅》,第 44 页。
② 《宋史》卷二一四《宰辅表五》,第 5618 页。
③ 《宋史》卷一六五《职官志五》,第 3921 页。
④ 王明清:《挥麈录》余话卷二《宗室入蜀自赵德夫始》,上海书店出版社 2001 年版,第 242 页;《建炎以来系年要录》卷一五四,绍兴十五年七月庚申条。
⑤ 《建炎以来朝野杂记》甲集卷一二《宗室奉使》,第 237 页。
⑥ 《建炎以来朝野杂记》甲集卷一二《宗室知举及任学官》,第 237~238 页。
⑦ 赵升:《朝野类要》卷二《侍丛》,中华书局 2007 年点校本,第 45 页。

(1102),属北宋时人,其余 18 人均为南宋宗室。经笔者进一步考察增补,南宋宗室侍从人数其实多达 35 人。具体如下:

- **太祖赵匡胤位下宗室侍从共 19 人**

1. 赵令退,仕至户部侍郎。

2. 赵子崧,仕至端明殿学士。

3. 赵子昼,仕至礼部侍郎、宝文阁直学士。

4. 赵子㳚,仕至宝文阁直学士。

5. 赵子栎,仕至宝文阁直学士。

6. 赵子潚,仕至吏部侍郎。

7. 赵子厚,仕至吏部侍郎。

8. 赵伯圭,仕至龙图阁学士。

9. 赵师训,仕至工部侍郎。

10. 赵师夔,仕至敷文阁待制。

11. 赵师罩,仕至户部侍郎。

12. 赵希怿,仕至端明殿学士。①

13. 赵希泊,仕至户部尚书。②

14. 赵希墍,仕至礼部尚书。③

15. 赵与懃,仕至户部尚书、观文殿学士。④

16. 赵与欢,仕至资政殿学士、户部尚书。⑤

17. 赵与訔,仕至宝章阁待制、户部侍郎。⑥

18. 赵与訾,仕至宝章阁待制。⑦

---

① 真德秀:《西山先生真文忠公文集》卷四五《少保成国公赵正惠公墓志铭》,《四部丛刊初编》本。《宋史》卷二四七《宗室传四》,第 8751～8752 页。

② 《宋史》卷四五四《赵希泊传》,第 13342 页。

③ 《宋史》卷四三《理宗本纪三》,第 837 页。

④ 《宋史》卷四二三《赵与懃传》,第 12641～12643 页。

⑤ 《宋史》卷四一三《赵与欢传》,第 12402～12404 页。

⑥ 《咸淳临安志》卷四九《秩官七》。

⑦ 刘克庄:《后村先生大全集》卷六七《赵与訾依旧宝章阁待制除江东路转运使兼淮西总领》,第 1776 页。

19. 赵孟传,仕至户部尚书。①

•太宗赵光义位下宗室侍从共11人

1. 赵不弃,仕至工部侍郎。

2. 赵不流,仕至工部侍郎。

3. 赵不迹,仕至华文阁待制。

4. 赵善坚,仕至工部侍郎。

5. 赵善湘,仕观文殿学士。②

6. 赵汝愚,自吏部尚书擢至宰执。③

7. 赵汝谈,仕至刑部尚书。④

8. 赵汝腾,仕至给事中、翰林学士。⑤

9. 赵汝述,仕至刑部侍郎。⑥

10. 赵崇嫄,仕至吏部侍郎、刑部尚书。⑦

11. 赵必愿,仕至户部尚书、给事中。⑧

•魏王赵廷美位下宗室侍从共5人

1. 赵彦中,仕至中书舍人。

2. 赵彦操,仕至焕章阁待制。

3. 赵彦逾,仕至工部尚书。

4. 赵以夫,仕至资政殿学士。⑨

---

　　①　刘克庄:《后村先生大全集》卷六九《赵孟传依旧秘阁修撰除提举福建市舶兼知泉州》,第1838页。王应麟:《四明文献集》卷五《赵孟传特授华文阁直学士沿海制置使知庆元府诰》,《宋集珍本丛刊》本,线装书局2004年影印本,第87册,第334页。
　　②　《宋史》卷四一三《赵善湘传》,第12400～12402页。
　　③　傅增湘编:《宋代蜀文辑存》卷七一《宋丞相忠定赵公墓志铭》(刘光祖作),江安傅氏1943年刊印本。
　　④　《宋史》卷四一三《赵汝谈传》,第12393～12396页。
　　⑤　《宋史》卷四二四《赵汝腾传》,第12653页。
　　⑥　《宋史》卷二四七《赵汝述传》,第8763页。
　　⑦　刘克庄:《后村先生大全集》卷五六《赐赵崇嫄辞免除吏部侍郎兼职依旧恩命不允诏》,第1472页。同书卷五七《赐赵崇嫄辞免除权刑部兼职依旧恩命不允诏》,第1511页。
　　⑧　《宋史》卷四一三《赵必愿传》,第12407～12413页。
　　⑨　刘克庄:《后村先生大全集》卷一四二《虚斋资政赵公神道碑》,第3682～3692页。

5. 赵立夫,仕至刑部尚书。①

注：以上未注明史料出处者,皆从李心传《建炎以来朝野杂记》甲集卷一《本朝宗室侍从》,第55页。

以上文献所见35位南宋宗室侍从官中,太祖、太宗位下子孙合计30人,远远超过赵廷美位下子孙人数,其中又以宋太祖位下子孙为最,多至19人,超过全部宗室侍从官的一半。这样的比例分布,显然也与赵构"禅让"之后,南宋皇位从太宗一系重新转移至太祖一系不无关系。其典型例子即赵伯圭乃孝宗同母兄,赵伯圭及其子赵师夒、其曾孙赵与訔先后位至侍从,赵与訔即赵孟頫之父。事实上,除赵伯圭一支外,上述宗室侍从官员中,如赵令铄与赵子渲、赵与欢与赵孟传、赵希怿与赵与懃,他们均为父子关系。赵必愿则是赵汝愚之孙,其父即赵汝愚长子赵崇宪。这种家庭成员世代相承、位登侍从的现象,反映出南宋宗室士大夫在政治上已然形成新的势力。

三、宗室地方官

上一节显示,南宋宗室在中央官拜宰相者有赵汝愚1人,任枢密使、同知枢密院事有赵汝愚、赵以夫2人,官至侍从者有赵令䚂等35人。至于执政以下的各省部寺监长贰,则需要做大量繁复的考据,难以全部准确统计。下面,笔者主要以宗室任临安知府及全国各地安抚使等地方官为例做重点考察。临安为南宋京师,其知府地位之重要不言而喻,并兼领浙西安抚使。而安抚使在宋代被称作"帅司",在路一级行政管理中亦有相当重要的地位,通过对地方大员身份的考察,有助于把握南宋宗室在地方行政上的影响。

宗室任临安知府表主要依据南宋临安诸志的材料加以统计,参见下表。

---

① 洪咨夔：《平斋集》卷一三《太中大夫守尚书户部侍郎兼删修敕令官赵立夫乞畀丛祠不允诏》,文渊阁《四库全书》本。《雍正浙江通志》卷一六二《人物一·名臣五》,文渊阁《四库全书》本。

表6-5 南宋宗室任临安知府表

宗室名	任职起迄时间		任职时间合计
赵不弃	绍兴十七年八月十四日—绍兴十八年六月十九日		10个月
赵士彩	绍兴二十一年闰四月十三日—绍兴二十三年九月二十三日		2年5个月
赵子潚	初任:绍兴二十九年闰九月初九日—绍兴三十年二月十五日		2年5个月
	再任:绍兴三十一年正月十九日—隆兴元年正月十八日		
赵彦操	淳熙二年八月二十日—同年十二月二十八日		4个月
赵不流	淳熙十五年九月十五日—淳熙十六年三月二十三日		6个月
赵师睪	初任:庆元三年七月二十三日—庆元四年十一月二十一日		3年9个月
	再任:嘉泰四年九月二十四日—开禧元年八月十九日		
	三任:开禧二年六月十八日—同年十二月初二日		
	四任:嘉定二年十一月二十六日—嘉定三年十二月十二日		
赵善坚	初任:庆元六年三月十三日—嘉泰元年七月二日		2年3个月
	再任:开禧二年十二月初六日—开禧三年十一月初三日		
赵彦励	开禧元年八月二十日—同年十月初三日		1个月
赵善防	开禧元年十月四日—开禧二年四月初九日		6个月
赵善宣	开禧三年十二月二十六日—嘉定元年八月初七日		8个月
赵师石	嘉定元年八月初九日—嘉定二年九月十七日		1年1个月
赵时侃	嘉定五年八月初四日—嘉定八年十月十五日		3年2个月
赵立夫	初任:绍定元年十二月十二日—绍定三年十二月三日		2年4个月
	再任:端平二年正月十九日—同年五月初九日		
赵与欢	初任:端平三年九月二十一日—嘉熙元年十二月二十六日		2年11个月
	再任:嘉熙三年六月二日—嘉熙四年五月十八日		
	三任:嘉熙四年八月二十五日—淳祐元年四月二十一日		
赵与懃	嘉熙三年正月十八日—同年六月初二日		5个月
赵与德	淳祐二年四月二十一日—淳祐十二年正月二十八日		9年9个月
赵与岢	景定二年五月初四日—同年六月二日		1个月
赵与稙	咸淳七年十月十三日—咸淳八年五月十三日		7个月
赵孟传	德祐元年		?

资料来源:潜说友《咸淳临安志》卷四七—四九《临安府知府(郡守表)》;周淙《乾道临安志》卷三《牧守》。

上表统计显示,南宋时期共有宗室 19 人 27 次先后担任临安府知府(包括临时代领或者兼领),宗室总共任职年数为 35 年,约占到南宋 150 年的 1/4。尤其在宁宗、理宗两朝,共有宗室 12 人 20 次担任临安知府,任职时间长达 27 年。宁宗立朝三十年,自庆元三年(1197)七月至嘉定八年(1215)十月期间,宗室任临安府知府者共 7 人 11 次,宗室任职时间为 11 年 6 个月,占到宁宗朝 1/3 强。理宗立朝四十年,自绍定元年(1228)十二月至景定二年(1261)六月期间,宗室任临安知府者共 5 人 9 次,合计任职 15 年 6 个月,亦占到理宗朝 1/3 以上时间①。

下面再从全国范围来考察南宋宗室担任诸路安抚使的具体情况。安抚司为宋代路一级管理机构,南宋以后,其长官安抚使一般以路分内首府、州的知府或知州兼任②,在地方行政管理机构中有重要作用③。笔者在此主要利用了李昌宪先生《宋代安抚使考》一书的研究成果,进而对宗室担任南宋十七路安抚使的情况作了专门分析。经考证,南宋担任过安抚使一职的宗室共有 47 人。其中,太祖赵匡胤直系后裔 19 人,太宗赵光义直系后裔 18 人,赵廷美直系后裔 10 人,具体人名分列于下:

> 太祖系:赵令谡,赵子濛,赵子潚,赵师石,赵师志,赵师楷,赵师恕,赵师舞,赵希瀞,赵希朴,赵希怿,赵与訔,赵与懃,赵与植,赵与芮,赵与篡,赵与欢,赵与𢙏,赵孟传。
>
> 太宗系:赵士㻈,赵不弃,赵不群,赵不流,赵不迹,赵善俊,赵善宣,赵善湘,赵善坚,赵善培,赵善恭,赵善防,赵善镶,赵汝愚,赵汝暨,赵崇宪,赵崇模,赵必愿。
>
> 廷美系:赵彦俊,赵彦逾,赵彦操,赵彦呐,赵彦励,赵伸夫,赵以夫,赵性夫,赵立夫,赵时侃。

---

① 按:有关南宋宗室尹京者,笔者曾有一定的个案分析,参见拙著《南宋名人与临安》第十章《宗室与临安》,杭州出版社 2010 年版。

② 《宋会要辑稿》职官四一之八三至八四,第 3208 页。

③ 有关安抚使的设置、地位、影响等详细问题,请参见李昌宪《宋代安抚使考》代前言《宋代安抚使制度》。

至于南宋宗室任诸路安抚使的人数、次数及任职时间等具体情况,参见下表。

表6-6 南宋宗室任安抚使表

路分名(治所)	宗室任职人数	宗室任职次数	宗室任职时间
两浙西路(临安)	19	27	35 年
两浙东路(绍兴)	11	12	15 年
江南东路(建康)	4	4	9 年 8 个月
江南西路(洪州)	3	3	4 年
淮南东路(扬州)	4	4	9 年
淮南西路(庐州)	5	6	9 年 7 个月
荆湖北路(江陵)	3	3	1 年
荆湖南路(潭州)	5	5	8 年
京西南路(襄阳)	2	2	1 年 4 个月
四川路(成都)	2	2	5 年 5 个月
利州东路(兴元)	1	1	2 年
利州西路(兴州)	1	1	2 年
潼川府路(泸州)	0	0	0
夔州路(夔州)	0	0	0
广南东路(广州)	3	4	7 年
广南西路(静江)	5	5	13 年
福建路(福州)	3	4	10 年

资料来源:李昌宪《宋代安抚使考》,第391~602页。

根据上表统计资料,整个南宋期间,在两浙东路、两浙西路、广南西路、福建路等安抚使任上,宗室子弟任职时间合计都在10年以上,如两浙西路宗室任安抚使长达35年,两浙东路亦有宗室11人12次先后赴任,任职时间合计达15年。而其他如江南东路、淮南西路、荆湖南路等地,宗室任安抚使也都近10年。从中可以看出宗室对南宋政治的重要影响。至于荆湖北路、京西南路、利州东路、利州西路等地宗室任安抚使者明显要少,如利州东、西两路各只有 1 人 1 任,特别是潼川府路、夔州路安抚使,宗室竟无一人赴任,与两浙、淮南等地任职情况形成较大反差。造成这种分布上的差异,当与荆湖北路、潼川府路、夔州路等距离京畿较远而又系长江中上游沿边战略要地有关。自北宋立国以来,朝廷对上述地区的长官人选就保持了高度谨慎①,南宋不敢轻易用宗室在这样的敏感地区担任安抚使,应属意料之中。但类似的敏感防范,并不能抵消或否定南宋宗室纷纷担任方面大员、起到维城之助的历史事实。

综上所见,继北宋中后期以来的宗室疏属出仕政策,承建炎南渡的历史境遇,宗室疏属的任用在南宋以后获得极大突破。虽然赵宋家法对宗室任官仍有约束,但在宋金、宋蒙长期对峙的南宋时期,不管从科举人数还是从中央、地方各级任官情况分析,宗室在政治上都已成为不可小觑的重要力量。庞大的宗室进士和官员,一方面凭借各种身份特权,严重挤压了庶姓寒士的政治空间,另一方面,他们作为“同姓之卿”,又为维护赵宋皇权政治、稳定江南根本,起到了“宗子维城”的作用。不仅如此,南宋宗室在政治上的崛起,与他们在南宋文化领域的广泛影响,也是交相辉映的。《全宋诗》收录赵立夫、赵彦中、赵孟坚、赵汝谈、赵师秀、赵庚夫等宗室诗人多达 230 余人;唐圭璋先生编著《全宋词》收录赵师侠、赵彦端、赵以夫、赵汝愚、赵善括等宗室词人 33 家,孔凡礼先生在《全宋词补辑》中又增列赵彦逾等 7 家。以上宗室诗词名家,除了极少数人外,其他绝大多数都出自南宋。诸如赵汝愚、赵汝谈、赵与欢、赵希怿、赵以夫、赵子淔及至入元的赵孟頫各支,往往是世代簪缨,同时又在文化领域保持着持续的影响力。

再回首重新审视顾炎武所谓宋代宗室“弃物”的说法,它原本引自宋祁之语。宋祁生活于北宋真宗、仁宗两朝,用“名曰天枝,实为弃物”来概括彼时的宗室政策恰如其分,但若用此来总括两宋宗室的一般情况,就不

---

① 宋初李顺等人在川蜀起义,宋太宗初诏参知政事赵昌言前往镇压,继而又以赵昌言“素有重名,又无子息,不可征蜀,授以利柄”,中途勒止赵昌言赴任,改知凤翔府。这一事例可以看出宋代对川蜀地区的防范之严,对于同姓非宗室官吏亦心存忌惮。参见司马光《涑水记闻》卷二《赵昌言》,第 24 页。

免失之于武断。当然,顾炎武身为明朝遗民,出于亡国之痛,借古讽今,名义上是在批判赵宋,实则是在痛省朱明王朝以"一家之私"拖垮"天下之公"的误国蠹政①。对此,后人读史,自然应具"了解之同情"。但关注宋史者,若不能跳出偏颇的防范思维模式,以为赵宋宗室始终养而不用,在政治、社会各领域碌碌无为、寂寂无闻,就不免导致历史的误读,以致于低估甚至无视宋代最大的家族即赵宋皇族在历史上的真实表现。反过来,如果完全撇开"家天下"、"族天下"不论,其实也会阻碍我们正确认识宋代皇权政治的实相。

制度之下的既得利益者,无疑会对体制本身有强烈的认同和依赖。故南宋宗室常自诩曰:"同姓,国之至亲也,休戚生焉。"②或谓:"臣等为国同姓,与宗社相依为命。"③同姓终究不同于异姓,"天子之子孙"异于"公卿大夫之子孙"④,更何况其他庶姓寒士子弟。同姓、异姓的这种身份差异,已深切影响到彼此对赵宋王朝认同的分歧。宋孝宗殁后,光宗不能执丧,宰相留正擅自出逃,宗室赵汝愚则居中斡旋、扶危定策。时人评议说:"赵丞相同姓之卿也,留丞相异姓之卿也,反复之不听,则去。"⑤此处所谓"同姓之卿"、"异姓之卿"的区别,典出《孟子·万章下》。孟子认为诸侯"有贵戚之卿,有异姓之卿",贵戚之卿是"君有大过则谏;反复之而不听,则易位";异姓之卿是"君有过则谏,反复之而不听,则去"。光宗"禅让"事出非常,留正不敢处皇权"易位"之变而选择逃跑,尚属情有可原。后来真德秀与赵汝谈书信往

---

① 按:两宋将三祖下所有后裔都视为宗室,设立独立皇族管理机构,并给予宗室种种优待。明朝后来多沿袭其制度,其导致的弊端则往往有过之而无不及。如明朝不但将全部皇族子孙都登录于宗室谱牒,而且进一步规定六世以外宗室子孙可永为"奉国中尉","世世皆食岁禄"。朱明宗室人口数量上又要远远超过赵宋,万历二十三年(1595),见载《玉牒》的宗室人口已逾157000人,宗俸支出给明王朝造成了沉重的财政压力,两宋以来的宗室范围的无限放大,最后终于演成严重的王朝包袱和社会问题。关于明代宗室人口等问题,可参见王守稼《试论明代的宗室人口问题》,载《中国史研究》1990年第1期。

② 周密:《齐东野语》卷一九《嘉定宝玺》,第348页。

③ 刘一清:《钱塘遗事》卷八《议迁跸》。

④ 周密:《齐东野语》卷一九《嘉定宝玺》,第348~349页。

⑤ 佚名:《续编两朝纲目备要》卷三,绍熙五年七月丁卯条,第38页。

来,赵汝谈劝说:"当思所以谋当路者,毋徒议之而已。"真德秀竟也回答道:"公为宗臣,固当思所以谋。如某不过朝廷一议事之臣尔。"①赵汝谈得此回复,不禁恍然自失。若比较南宋与北宋的士大夫,我们会发现南宋士大夫的心态已发生微妙的变化,他们似乎已渐渐丧失"先天下之忧而忧"、"与士大夫共天下"的那种"治国"热情与"天下"担当。庆元六年(1200)九月,婺州布衣吕祖泰上书请亟诛韩侂胄,起用周必大②,大骇听闻,骤下临安府审判。其时尹京者乃宗室赵善坚,"据案作色",以诏制施以杖刑,吕祖泰当庭愤怒呼喊道:"公为天族,同国休戚,某乃为何人家计安危,而获斯辱也。"③可见,无论居庙堂之高,还是处江湖之远,当时士庶心里对"国"究属"何人家"是有明确共识的。及至蒙古骑兵牧马江南,南宋朝臣接踵宵遁,"内而庶僚畔官离次,外而守令委印弃城。耳目之司既不能为吾纠击,二三执政又不能倡率群工"④,唯留老妇小儿奉表降元。其后纵有文天祥之忠、崖山之烈,仍然无法讳饰上下人心离散、鱼烂河决的基本事实。赵宋王朝的悲剧谢幕,其背后当然有非常复杂的多重原因,但与宗室认同形成强烈反差的异姓士庶的认同困境、"同姓之卿"与"异姓之卿"的疏离分化,其实早已为王朝走向崩溃埋下伏笔。

---

① 叶绍翁:《四朝闻见录》甲集《文忠答赵履常》,第36页。
② 《宋史》卷三七《宁宗本纪一》,第727页。
③ 岳珂:《桯史》卷一一《周益公降官》,中华书局1981年点校本,第123~125页。
④ 佚名撰,王瑞来笺证:《宋季三朝政要笺证》卷五,德祐元年三月壬申条,第393页。

主要参考文献

一、历史典籍
（以书名首字笔画数为序）

（宋）程颢、程颐：《二程遗书》，上海古籍出版社 2000 年版

（清）阮元校刻：《十三经注疏》，中华书局 1980 年影印本

（清）钱大昕：《十驾斋养新录》，上海书店 1983 年影印本

（晋）陈寿：《三国志》，中华书局 1982 年点校本第 2 版

（宋）徐梦莘：《三朝北盟会编》，上海古籍出版社 1987 年影印光绪三十四年（1908）许涵度刻本

（明）李东阳等纂，申时行等重修：《大明会典》，广陵书局 2007 年影印本

（元）冯福京修，郭荐纂：《大德昌国州图志》，中华书局 1990 年影印宋元方志丛刊本

（清）赵寿祺：《山阴华舍赵氏宗谱》，萃华堂藏光绪十年（1884）刻印本

（宋）熊克：《中兴小纪》，福建人民出版社 1985 年点校本

（宋）文同：《丹渊集》，四部丛刊初编本

（明）陶宗仪：《书史会要》，文渊阁四库全书影印本

（宋）张淏：《云谷杂记》，武英殿聚珍版丛书本

（宋）赵彦卫：《云麓漫钞》，中华书局 1996 年点校本

傅璇琮、徐海荣、徐吉军主编：《五代史书汇编》，杭州出版社 2004 年版

（明）宋濂等：《元史》，中华书局 1976 年点校本

天一阁博物馆、中国社会科学院历史研究所天圣令整理课题组校证：《天一阁藏明钞本天圣令校证：附唐令复原研究》，中华书局校证本 2006 年版

（明）黄淮、杨士奇：《历代名臣奏议》，上海古籍出版社 1989 年影印本

（宋）吕祖谦：《历代制度详说》，续金华丛书本，台湾新文丰出版公司1986年影印本

（清）黄本骥：《历代职官表》，上海古籍出版社1980年版

（清）永瑢等：《历代职官表》，光绪二十二年（1896）广雅书局校勘本

（宋）王益之：《历代职源撮要》，丛书集成续编本，台湾新文丰出版公司1986年版

（清）赵翼著，王树民校证：《廿二史札记校证》，中华书局1984年版

（清）钱大昕：《廿二史考异》，上海古籍出版社2004年版

（宋）周必大：《文忠集》，文渊阁四库全书影印本

（宋）马端临：《文献通考》，中华书局1986年影印本

（清）顾炎武著，黄汝成集释：《日知录集释》，岳麓书社1994年点校本

（宋）陈傅良：《止斋先生文集》，四部丛刊初编本

（宋）叶适：《叶适集》，中华书局1961年点校本

（宋）王安石：《王文公文集》，上海人民出版社1994年点校本

（宋）范镇：《东斋记事》，中华书局1980年点校本

（宋）吕祖谦：《东莱吕太史文集》，续金华丛书本

（宋）王称：《东都事略》，台湾文海出版社1976年影印本

（宋）史浩等：《仙源类谱》，国家图书馆藏宋内府抄本

（宋）史浩等：《仙源类谱》，上海图书馆藏清抄本

（宋）王钦若等编：《册府元龟》，中华书局1960年影印本

（宋）程俱：《北山小集》，四部丛刊续编本

（唐）李延寿：《北史》，中华书局1975年点校本

（宋）谢维新：《古今合璧事类备要》，文渊阁四库全书影印本

（汉）司马迁：《史记》，中华书局1982年点校本第2版

（宋）朱熹：《四书章句集注》，新编诸子集成本，中华书局1983年版

（清）永瑢等：《四库全书总目》，中华书局1965年影印本

（宋）薛居正等：《旧五代史》，中华书局1976年版

（宋）李心传：《旧闻证误》，中华书局1981年点校本

（五代）刘昫等：《旧唐书》，中华书局1975年点校本

（明）佚名：《永乐大典》，中华书局1986年影印本

（汉）班固：《汉书》，中华书局1962年点校本

（宋）王应麟：《玉海》，文渊阁四库全书影印本

（宋）叶梦得：《石林燕语》，中华书局1984年点校本

（宋）潘自牧：《记纂渊海》，文渊阁四库全书影印本

喻长霖等：《（民国）台州府志》，上海古籍出版社2015年影印本

（清）孙锵鸣撰，胡珠生编注：《孙锵鸣集》，温州文献丛书，上海社会科学院出版社2003年版

（清）刘绎、周立瀛：《光绪吉安府志》，中国地方志集成本，江苏古籍出版社1996年版

（清）谢煌：《光绪抚州府志》，中国地方志集成本，江苏古籍出版社1996年版

（宋）王珪：《华阳集》，文渊阁四库全书影印本

（清）欧阳寿、黄凤楼：《同治九江府志》，中国地方志集成本，江苏古籍出版社1996年版

（清）蒋继洙：《同治广信府志》，中国地方志集成本，江苏古籍出版社1996年版

（清）鲁琪光：《同治建昌府志》，中国地方志集成本，江苏古籍出版社1996年版

（清）朱孙诒、陈锡麟：《同治临江府志》，中国地方志集成本，江苏古籍出版社1996年版

（清）石景芬、徐福炘：《同治南安府志》，中国地方志集成本，江苏古籍出版社1996年版

（清）曾作舟、杜防：《同治南昌府志》，中国地方志集成本，江苏古籍出版社1996年版

（清）盛元：《同治南康府志》，中国地方志集成本，江苏古籍出版社1996年版

（清）石景芬：《同治饶州府志》，中国地方志集成本，江苏古籍出版社1996年版

（清）萧浚兰、熊松之：《同治瑞州府志》，中国地方志集成本，江苏古籍出版社1996年版

（清）鲁琪光、钟音鸿：《同治赣州府志》，中国地方志集成本，江苏古籍出版社1996年版

（宋）韩琦撰，李之亮、徐正英笺注：《安阳集编年笺注》，巴蜀书社2000年版

（宋）佚名：《名公书判清明集》，中华书局1987年点校本

（宋）杜大珪：《名臣碑传琬琰集》，台湾宋史资料萃编本

（宋）陈师道：《后山谈丛》，中华书局2007年点校本

（南朝）范晔：《后汉书》，中华书局1965年点校本

（宋）刘克庄：《后村先生大全集》，四川大学出版社2008年点校本

（宋）洪迈：《夷坚志》，中华书局1981年点校本

（宋）谢深甫：《庆元条法事类》，日本静嘉堂文库本

（元）袁桷：《延祐四明志》，宋元方志丛刊本，中华书局1990年影印本

（宋）黎靖德：《朱子语类》，中华书局1994年点校本

（宋）朱熹：《朱文公文集》，四部丛刊初编本

朱杰人、严佐之、刘永翔主编:《朱子全书》,上海古籍出版社、安徽教育出版社2002年版

(宋)陆游:《老学庵笔记》,中华书局1979年点校本

(宋)真德秀:《西山先生真文忠公文集》,四部丛刊初编本,上海商务印书馆1929年版

(宋)周密:《齐东野语》,中华书局1983年点校本

(宋)佚名:《两朝纲目备要》,中华书局1995年点校本

(宋)王应麟:《困学纪闻》,文渊阁四库全书影印本

(宋)李埴撰,燕永成校正:《皇宋十朝纲要校正》,中华书局2013年版

(宋)陈均:《皇朝编年纲目备要》,中华书局2006年点校本

(宋)俞文豹:《吹剑录外集》,知不足斋丛书本

(宋)苏轼:《苏轼文集》,中华书局1986年点校本

(宋)佚名:《宋大诏令集》,中华书局1962年标点本

(宋)何异撰,(清)缪荃孙编:《宋中兴百官题名》,藕香零拾辑录永乐大典本,中华书局1999年影印本

(南齐)沈约:《宋书》,中华书局1974年点校本

(清)黄宗羲著,全祖望补修:《宋元学案》,中华书局1986年点校本

(宋)钱若水修,范学辉校注:《宋太宗皇帝实录校注》,中华书局2012年校注本

(元)脱脱等:《宋史》,中华书局1986年点校本

(元)佚名:《宋史全文》,黑龙江人民出版社2005年校点本

(明)陈邦瞻:《宋史纪事本末》,中华书局1977年点校本

(清)徐松辑:《宋会要辑稿》,中华书局1957年影印本

(清)徐松辑,陈智超整理:《宋会要辑稿补编》,全国图书馆文献缩微复制中心1988年版

(宋)窦仪:《宋刑统》,法律出版社1999年点校本

(元)佚名撰,王瑞来笺证:《宋季三朝政要笺证》,中华书2010年版

(清)万斯同著,张寿镛校补:《宋季忠义录》,四明丛书1934年张氏约园刊本

(民国)叶德辉:《宋忠文定赵周王别录》,丛书集成续编本,台湾新文丰出版公司1986年版

(清)厉鹗:《宋诗纪事》,上海古籍出版社1983年版

(宋)李攸:《宋朝事实》,文渊阁四库全书影印本

(宋)赵汝愚:《宋朝诸臣奏议》,上海古籍出版社1999年点校本

傅增湘辑:《宋代蜀文辑存》,台湾新文丰出版公司1978年版

（宋）赵善括：《应斋杂著》，文渊阁四库全书影印本

（宋）楼钥：《攻媿集》，四部丛刊初编本，上海商务印书馆 1935 年版

（宋）佚名：《贡举条式》，文渊阁四库全书影印本

（宋）陆游：《陆游集》，中华书局 1976 年点校本

（唐）姚思廉：《陈书》，中华书局 1972 年点校本

（宋）陈亮：《陈亮集》（增补本），中华书局 1987 年点校本

（宋）杨时：《龟山集》，文渊阁四库全书影印本

（宋）陈元靓：《事林广记》，中华书局 1999 年影印本

（明）夏文彦：《图绘宝鉴》，文渊阁四库全书影印本

（宋）史弥远等：《宗藩庆系录》（残本），国家图书馆藏宋内府抄本

（宋）罗濬：《宝庆四明志》，宋元方志丛刊本，中华书局 1990 年影印本

（宋）李心传：《建炎以来系年要录》，文渊阁四库全书影印本

（宋）李心传：《建炎以来朝野杂记》，中华书局 2000 年点校本

（宋）翟汝文：《忠惠集》，文渊阁四库全书影印本

（宋）高承撰，（明）李果订：《事物纪原》，中华书局 1989 年点校本

（清）张廷玉等：《明史》，中华书局 1974 年点校本

（元）赵孟頫：《松雪斋文集》，四部丛刊初编本

（宋）袁褧撰，袁颐续：《枫窗小牍》，上海商务印书馆 1939 年版

（宋）欧阳修：《欧阳文忠公文集》，四部丛刊初编本

（宋）周密：《武林旧事》，中华书局本 2007 年评注插图本

（宋）方勺：《泊宅编》，中华书局 1983 年点校本

（宋）邓椿：《画继》，文渊阁四库全书影印本

（宋）陈振孙：《直斋书录解题》，上海古籍出版社 1987 年点校本

（宋）苏轼撰，郎晔注：《经进东坡文集事略》，四部丛刊初编本

（宋）范祖禹：《范太史集》，文渊阁四库全书影印本

（宋）杨万里：《诚斋集》，四部丛刊初编本

（元）脱脱等：《金史》，中华书局 1975 年点校本

（清）赵翼：《陔馀丛考》，商务印书馆 1957 年版

（宋）王安石：《临川先生文集》，四部丛刊初编本

马曙明、任林豪主编，丁伋点校：《临海墓志集录》，宗教文化出版社 2002 年版

（宋）赵令畤：《侯鲭录》，中华书局 2002 年点校本

（宋）郑獬：《郧溪集》，文渊阁四库全书影印本

（唐）李延寿：《南史》，中华书局 1975 年点校本

（南朝）萧子显：《南齐书》，中华书局 1972 年点校本

（宋）陈骙、佚名：《南宋馆阁录·续录》，中华书局 1998 年点校本

（宋）佚名：《南宋登科录两种》，台北文海出版有限公司 1981 年版

（宋）韩元吉：《南涧甲乙稿》，文渊阁四库全书影印本

（宋）潜说友：《咸淳临安志》，宋元方志丛刊本，中华书局 1990 年版

（宋）佚名：《宣和画谱》，文渊阁四库全书影印本

（宋）陈均：《皇朝编年纲目备要》，中华书局 2006 年点校本

（宋）黄榦：《勉斋先生黄文肃公文集》，书目文献出版社 1988 年影印本

（宋）范祖禹：《帝学》，文渊阁四库全书影印本

（宋）王明清：《挥麈录》，上海书店出版社 2001 年版

（宋）程珌：《洺水集》，《全宋文》，上海辞书出版社、安徽教育出版社 2006 年版

（宋）周密：《癸辛杂识》，中华书局 1988 年点校本

（明）赵琦美：《赵氏铁网珊瑚》，文渊阁四库全书影印本

（明）陶宗仪：《说郛》，宛委山堂本

（清）段玉裁：《说文解字注》，上海古籍出版社 1981 年版

（宋）张端义：《贵耳集》，文渊阁四库全书影印本

（宋）晁公武著，赵希弁补：《郡斋读书志》，四部丛刊三编本，上海商务印书馆 1935 年版

（宋）王巩：《闻见近录》，全宋笔记，大象出版社 2006 年版

李希泌主编：《唐大诏令集补编》，上海古籍出版社 2003 年版

（唐）李林甫：《唐六典》，中华书局 1992 年点校本

（宋）王溥：《唐会要》，中华书局 1998 年标点本

（宋）洪迈：《容斋随笔》，中华书局 2005 年点校本

（宋）赵与时：《宾退录》，上海古籍出版社 1986 年点校本

（唐）房玄龄等：《晋书》，中华书局 1974 年点校本

（宋）苏辙：《栾城集》，上海古籍出版社 1987 年校点本

（宋）司马光：《涑水记闻》，中华书局 1989 年点校本

（宋）赵汝适：《诸蕃志》，中华书局 1996 年校释本

（清）王夫之：《读通鉴论》，中华书局 1975 年点校本

（宋）司马光：《资治通鉴》，上海古籍出版社 1987 年版

（宋）郑樵：《通志二十略》，中华书局 1995 年点校本

（唐）杜佑：《通典》，中华书局 1988 年点校本

（元）刘一清：《钱塘遗事》，文渊阁四库全书影印本

（清）怀荫布、黄任、郭赓武：《乾隆泉州府志》，中国地方志集成本，上海书店 2000 年影印本

（清）郝玉麟、谢道承等：《乾隆福建通志》，文渊阁四库全书影印本

（宋）周淙：《乾道临安志》，宋元方志丛刊本，中华书局 1990 年版

（宋）王尧臣等：《崇文总目》，文渊阁四库全书本

（宋）岳珂：《桯史》，中华书局 1981 年点校本

（宋）黄震撰，张伟、何忠礼主编：《黄震全集》，浙江大学出版社 2013 年点校本

（宋）沈括著，胡道静校证：《梦溪笔谈校证》，上海古籍出版社 1987 年版

（宋）吴自牧：《梦粱录》，文渊阁四库全书影印本

（宋）梁克家：《淳熙三山志》，宋元方志丛刊本，中华书局 1990 年版

（宋）施谔：《淳祐临安志》，宋元方志丛刊本，中华书局 1990 年版

（宋）周辉撰，刘永翔校注：《清波杂志校注》，中华书局 1994 年版

（宋）赵师秀：《清苑斋集》，文渊阁四库全书影印本

（元）袁桷：《清容居士集》，四部丛刊初编本

赵尔巽等：《清史稿》，中华书局 1977 年点校本

（宋）洪适：《盘洲文集》，四部丛刊初编本，上海商务印书馆 1922 年版

（明）王圻：《续文献通考》，北京现代出版社 1986 年影印明万历三十一年刻本

（宋）李焘：《续资治通鉴长编》，中华书局 2004 年点校本

（宋）杨仲良：《续资治通鉴长编纪事本末》，台湾文海出版社 1967 年影印，清光绪十九年广雅书局本

（宋）佚名：《续编两朝纲目备要》，中华书局 1995 年点校本

（宋）刘时举：《续宋中兴编年资治通鉴》，中华书局 2014 年点校本

（宋）孙逢吉：《职官分纪》，中华书局 1988 年影印本

（宋）朱彧：《萍洲可谈》，中华书局 2007 年点校本

（唐）魏徵等：《隋书》，中华书局 1973 年点校本

（宋）岳珂：《愧郯录》，四部丛刊续编本，上海商务印书馆 1934 年版

（宋）胡寅：《斐然集》，文渊阁四库全书影印本

（宋）张世南：《游宦纪闻》，中华书局 1981 年点校本

（宋）马光祖修，周应合纂：《景定建康志》，宋元方志丛刊本，中华书局 1990 年版

（宋）曾巩：《曾巩集》，中华书局 1984 年点校本

（宋）赵升：《朝野类要》，中华书局 2007 年点校本

（宋）司马光：《温国文正公文集》，四部丛刊初编本

（清）陈诗：《湖北旧闻录》，湖北人民出版社 1999 年点校本

（宋）袁燮：《絜斋集》，文渊阁四库全书影印本

（宋）慕容彦逢：《摛文堂集》，文渊阁四库全书影印本

（民国）柯劭忞：《新元史》，上海古籍出版社 1989 年版

（宋）欧阳修：《新五代史》，中华书局 1974 年点校本

（宋）欧阳修、宋祁：《新唐书》，中华书局 1975 年点校本

（宋）佚名：《群书会元截江网》，文渊阁四库全书影印本

（宋）章如愚：《群书考索》，文渊阁四库全书影印本

（宋）确庵、耐庵编，崔文印笺证：《靖康稗史笺证》，中华书局 2010 年第 2 版

（宋）苏洵著，曾枣庄、金成礼笺注：《嘉祐集笺注》，上海古籍出版社 1993 年版

（元）阎复：《静轩集》，中华书局 1999 年影印缪荃孙《藕香零拾》本

（宋）张邦基：《墨庄漫录》，文渊阁四库全书影印本

（宋）魏了翁：《鹤山先生大全集》，四部丛刊初编本

（宋）罗大经：《鹤林玉露》，中华书局 1983 年点校本

（宋）王栐：《燕翼诒谋录》，中华书局 1981 年点校本

（宋）佚名：《翰苑新书》，文渊阁四库全书影印本

（北齐）魏收：《魏书》，中华书局 1974 年点校本

（元）方回：《瀛奎律髓》，文渊阁四库全书影印本

（宋）王得臣：《麈史》，上海古籍出版社 1986 年点校本

二、研究论著

瞿同祖：《中国法律与中国社会》，中华书局 1981 年版

钱穆：《中国历代政治得失》，三联书店 2001 年版

杜正胜：《中国式家庭与社会》，黄山书社 2012

冯尔康等：《中国宗族史》，上海人民出版社 2009 年版

吕思勉：《中国宗族制度小史》，中山书局 1929 年版

高达观：《中国家族社会之演变》，《民国丛书》第三编，上海书店 1991 年影印正中书局 1946 年版

罗香林：《中国族谱研究》，香港中国学社 1971 年版

严耕望：《中国政治制度史纲》，上海古籍出版社 2013 年版

萧公权：《中国政治思想史》，辽宁教育出版社 1998 年

刘子健:《两宋史研究汇编》,台北联经出版事业公司1987年版

余英时:《朱熹的历史世界——宋代士大夫政治文化的研究》,三联书店2011年版

邓广铭:《邓广铭治史文丛》,北京大学出版社1997年版

邓广铭、程应镠主编:《中国历史大辞典·宋史卷》,上海辞书出版社1984年版

徐规:《仰素集》,杭州大学出版社1999年版

徐规:《王禹偁事迹著作编年》,商务印书馆2003年版

张邦炜:《宋代皇亲与政治》,四川人民出版社1993年版

朱瑞熙:《中国政治制度通史》第六卷宋史,人民出版社1996年版

朱瑞熙、张邦炜、刘复生、蔡崇榜、王曾瑜:《辽宋西夏金社会生活史》,中国社会科学出版社1998年版

汪圣铎:《两宋财政史》,中华书局1995年版

漆侠主编:《宋史研究论丛》,河北大学出版社2001年版

陈乐素:《宋史艺文志考证》,广东人民出版社2002年版

李裕民:《宋史新探》,陕西师范大学出版社1999年版

黄宽重:《宋代的家族与社会》,国家图书馆出版社2009年版

黄宽重:《政策·对策:宋代政治史探索》,台湾联经出版事业股份有限公司2012年版

邓小南:《祖宗之法:北宋前期政治述略》,三联书店2006年版

邓小南:《宋代文官选任制度诸层面》,河北教育出版社1993年版

邓小南、曹家齐、平田茂树主编:《文书·政令·信息沟通:以唐宋时期为主》,北京大学出版社2012年版

刘静贞:《皇帝和他们的权力——北宋前期》,台北稻乡出版社1996年版

何忠礼、徐吉军:《南宋史稿》,杭州大学出版社1999年版

何忠礼:《宋史选举志补正》,浙江古籍出版社1992年版

何忠礼:《南宋科举制度史》,人民出版社2009年版

何忠礼:《宋代政治史》,浙江大学出版社2007年版

何忠礼:《南宋政治史》,人民出版社2008年版

龚延明:《宋代官制辞典》,中华书局1997年版

包伟民:《宋代地方财政史研究》,上海古籍出版社2001年版

包伟民:《宋代城市研究》,中华书局2014年版

包伟民:《宋代制度史研究百年》,商务印书馆2004年版

虞云国:《宋代台谏制度研究》,上海书店出版社2009年版

王曾瑜:《宋朝阶级结构》,中国人民大学出版社2010年版

苗书梅:《宋代官员选任和管理制度》,河南大学出版社 1996 年版

游彪:《宋代荫补制度研究》,中国社会科学出版社 2001 年版

游彪:《宋代特殊群体研究》,商务印书馆 2006 年版

王善军:《宋代家族和宗族制度研究》,河北教育出版社 2000 年版

骆晓倩:《两宋宗室文学研究》,中华书局 2012 年版

吴松弟:《中国人口史》第三卷"辽宋金元时期",复旦大学出版社 2000 年版

李昌宪:《宋代安抚使考》,齐鲁书社 1997 年版

张文:《宋朝社会救济研究》,西南师范大学出版社 2001 年版

周宝珠:《宋代东京研究》,河南大学出版社 1992 年版

吴涛:《北宋都城东京》,河南人民出版社 1984 年版

林天蔚:《宋代史事质疑》,台北商务印书馆 1987 年版

费孝通、吴晗:《皇权与绅权》,《民国学术文化名著书目》第八辑,岳麓书社 2012 年版

刘泽华:《中国的王权主义——传统社会与思想特点考察》,上海人民出版社 2000 年版

白钢:《中国皇帝》,社会科学文献出版社 2008 年版

周良霄:《皇帝与皇权》,上海古籍出版社 1999 年版

顾宏义:《宋初政治研究——以皇位授受为中心》,华东师范大学出版社 2010 年版

徐连达、朱子彦:《中国皇帝制度》,广东教育出版社 1996 年版

黄永年:《六至九世纪中国政治史》,上海书店出版社 2004 年版

邢义田:《天下一家:皇帝、官僚与社会》,中华书局 2011 年版

梁天锡:《宋枢密院制度》,台北黎明文化事业股份有限公司 1981 年版

聂崇岐:《宋史丛考》,中华书局 1980 年版

王云海:《宋代司法制度》,河南大学出版社 1992 年版

李之亮:《宋代京朝官通考》,巴蜀书社 2003 年版

赵晓耕:《宋代官商及其法律调整》,中国人民大学出版社 2001 年版

陶晋生:《北宋士族——家族·婚姻·生活》,台北"中研院"历史语言研究所专刊第 102 辑,2001 年版

蔡崇榜:《宋代修史制度研究》,台湾文津出版社 1991 年版

胡昭曦、蔡东洲:《宋理宗宋度宗》,吉林文史出版社 1996 年版

卢向前主编:《唐宋变革论》,黄山书社 2006 年版

洛阳市第二文物工作队编:《富弼家族墓地》,中州古籍出版社 2009 年版

福建省博物馆:《福州南宋黄昇墓》,文物出版社 1982 年版

泉州赵宋南外宗正司研究会编:《南外天源赵氏族谱》,1994 年版 12 月编印

吴洪泽编:《宋编宋人年谱选刊》,巴蜀书社 1995 年版

杨渭生等著:《两宋文化史研究》,杭州大学出版社 1998 年版

河南省文物考古研究所编:《北宋皇陵》,中州古籍出版社 1997 年版

北京大学古文献研究所:《全宋诗 1～72 册作者索引》,北京大学出版社 1999 年版

北京大学古文献研究所:《全宋诗》,北京大学出版社 1998 年版

暨南大学中国文化史籍研究所编:《陈乐素教授(九十)诞辰纪念文集》,广东人民出版社 1992 年版

赵冬梅:《文武之间:北宋武选官研究》,北京大学出版社 2010 年版

顾吉辰:《宋史考证》,华中理工大学出版社 1994 年版

苗春德主编:《宋代教育》,河南大学出版社 1992 年版

王建秋:《宋代太学与太学生》,台湾商务印书馆 1965 年初版

王鹤鸣等主编:《上海图书馆馆藏家谱提要》,上海古籍出版社 2000 年版

董克昌主编:《大金诏令释注》,黑龙江人民出版社 1993 年版

杨念群:《中层理论——东西方思想会通下的中国史研究》,江西教育出版社 2001 年版

徐建华:《中国的家谱》,百花文艺出版社 2002 年版

赖惠敏:《天潢贵胄——清皇族的阶层结构与经济生活》,台湾"中研院"近代史研究所专刊第 81 辑,1997 年版

田余庆:《东晋门阀政治》,北京大学出版社 2012 年版第 5 版

傅斯年:《史料论略及其他》,辽宁教育出版社 1997 年版

阎爱民:《汉晋家族研究》,上海人民出版社 2005 年版

杜海军:《吕祖谦年谱》,中华书局 2007 年版

吕思勉:《吕著中国通史》,华东师范大学出版社 1992 年版

陈柏泉:《江西出土墓志选编》,江西教育出版社 1991 年版

许倬云:《西周史》(增补本),三联书店 2001 年版

张兴成:《西晋宗室制度研究》,上海古籍出版社 2013 年版

马建兴:《丧服制度与传统法律文化》,知识产权出版社 2005 年版

雷炳炎:《明代宗藩犯罪问题研究》,中华书局 2014 年版

刘健明编:《黄约瑟隋唐史论集》,中华书局 1997 年版

何兆泉:《南宋名人与临安》,杭州出版社 2010 年版

李玉昆:《泉州海外交通史略》,厦门大学出版社 1995 年版

陈寅恪:《唐代政治史述论稿》,上海古籍出版社 1997 年版

苏基朗:《唐宋时代闽南泉州史地论稿》,台湾商务印书馆 1991 年版

陈梦家:《殷虚卜辞综述》,中华书局 1988 年版

李中清、郭松义:《清代皇族人口行为和社会环境》,北京大学出版社 1994 年版

张国刚、余新忠主编:《新近海外中国社会史论文选译》,天津古籍出版社 2010 年版

姚淦铭、王燕编:《王国维文集》,中国文史出版社 1997 年版

陶晋生:《边疆史研究——宋金时期》,台北商务印书馆 1971 年版

郑嘉励、梁晓华编:《丽水宋元墓志集录》,浙江古籍出版社 2013 年版

王国维:《王国维遗书》,上海书店 1983 年版

陈寅恪:《金明馆丛稿初编》,三联书店 2001 年版

周一良:《魏晋南北朝札记》,中华书局 1985 年版

沈文倬:《菿闇文存》,商务印书馆 2006 年版

韩国磐:《中国古代法制史研究》,人民出版社 1993 年版

李治安:《元代政治制度研究》,人民出版社 2003 年版

徐扬杰:《宋明家族制度史论》,中华书局 1995 年版

徐连达主编:《中国历代官制词典》,安徽教育出版社 1991 年版

胡俊林:《永嘉四灵暨江湖派诗传》,吉林人民出版社 2000 年版

唐圭璋编、孔凡礼补辑:《全宋词》,中华书局 1965 年版

李俊:《中国宰相制度》,台湾商务印书馆 1980 年版

钱玄、钱兴奇:《三礼辞典》,江苏古籍出版社 1998 年版

李维武编:《徐复观文集》,湖北人民出版社 2002 年版

季啸风主编:《中国书院辞典》,浙江教育出版社 1996 年版

广西统计局编:《古今旅桂人名鉴》,杭州古籍书店选印广西统计丛书 1934 年版

台州地区文物管理委员会、台州地区文化局编:《台州墓志集录》,内部资料 1988
年版

吴天墀:《烛影斧声传疑》,载《史学季刊》第 1 卷第 2 期,1941 年 3 月

张荫麟:《宋太宗继统考实》,载《文史杂志》第 1 卷第 8 期,1941 年 7 月

邓广铭:《宋太祖太宗授受辨》,载《真理杂志》第 1 卷第 2 期

邓广铭:《宋代文化的高度发展与宋王朝的文化政策》,载《历史研究》1990 年第
1 期

朱瑞熙、祝建平:《宋代皇储制度研究》,收入《宋旭轩(晞)教授八十荣寿论文集》,
台湾"中国文化大学"2000 年版

王德毅:《宋代的日历和玉牒之研究》,收入宋史座谈会编《宋史研究集》第 17 辑,台

北编译馆 1988 年版

　　都樾：《略论宋代宗室的宗法文化特征》，载《南通师范学院学报》2000 年第 1 期

　　都樾：《论宋代宗室文化成就及其影响》，载《中国典籍与文化》2000 年第 2 期

　　葛庆华：《宋代宗室教育与应试问题散论》，载《中州学刊》1999 年第 1 期

　　吴旭霞：《试论宋代宗室之婚姻》，载《江西社会科学》1996 年第 4 期

　　张希清：《宋代宗室应举制度述论》，收入《第二届宋史学术研讨会论文集》，"中国文化大学"出版社 1996 年版

　　周劲松：《宋代皇位继承无内乱原因探析》，载《中州学刊》1996 年第 1 期

　　苗书梅：《宋代宗室、外戚与宦官任用制度述论》，载《史学月刊》1995 年第 5 期

　　王善军：《宋代皇族谱牒考述》，载《历史档案》1993 年第 3 期

　　倪士毅：《宋代宗室士大夫在学术和文艺上的成就》，收入《陈乐素教授九十诞辰纪念文集》，广东人民出版社 1992 年版

　　倪士毅：《赵宋宗室中之士大夫》，载《杭州大学学报》1984 年增刊

　　王瑞来：《宋代玉牒考》，载《文献》1991 年第 4 期

　　汪圣铎：《宋朝宗室制度考略》，载《文史》第 33 辑

　　傅宗文：《后诸古船：宋季南外宗室海外经商的物证》，载《海交史研究》1989 年第 2 期

　　刘洪涛：《从赵宋宗室的家族病释"烛影斧声"之谜》，载《南开学报》1989 年第 6 期

　　张邦炜：《宋代对宗室的防范》，载《北京师范学院》1988 年第 1 期

　　黄宽重：《从活的制度史迈向新的政治史——综论宋代政治史研究趋向》，载《中国史研究》2009 年第 4 期

　　王连茂：《蒲寿庚屠杀南外宗子考》，载《泉州文史》1980 年第 4 期

　　陈自强：《论宋代泉州南外宗正司》，载《泉州文史》1980 年第 4 期

　　何忠礼：《科举制度与宋代文化》，载《历史研究》1990 年第 5 期

　　何忠礼：《宋高宗的"禅位"及其对南宋政治的影响》，载《岳飞研究》第四辑

　　包伟民：《宋代明州楼氏家族研究》，载《大陆杂志》1997 年第 5 期

　　邓小南：《中国古代政治史研究管窥——以中日韩学界对于宋代政治史的研究为例》，载《北京大学学报》(哲学社会科学版)2008 年第 3 期

　　柳立言：《何谓"唐宋变革"?》，载《中华文史论丛》2006 年第 1 辑

　　李华瑞：《"唐宋变革"论的由来与发展》上下篇，分载《河北学刊》2010 年第 4、5 期

　　楼劲：《宋初礼制沿革及其与唐制的关系——兼论"宋承唐制"说之兴》，载《中国史研究》2008 年第 2 期

　　陈植锷：《论北宋知识分子的知识结构》，载《社会科学研究》1988 年第 1 期

何忠礼：《贫富无定势：宋代科举制度下的社会流动》，载《学术月刊》2012 年第 1 期

何忠礼：《略论宋代士大夫的法制观念》，载《浙江学刊》1996 年第 1 期

赵润金：《赵长卿世系考证》，载《南华大学学报》（社会科学版）2012 年第 1 期

顾吉辰：《〈宋史·宗室传〉史料正误二十四则》，载《文献》1986 年第 1 期

黄宽重：《开拓议题与史料：丰富宋代政治史研究的内涵》，载《史学月刊》2014 年第 3 期

温州市文物保护考古所：《浙江温州南宋赵叔仪夫妇墓的挖掘》，载《东南文化》2006 年第 4 期

张明华：《南宋初假冒皇亲案发覆》，载《浙江学刊》2012 年第 6 期

魏峰、郑嘉励：《新出〈史嵩之圹志〉、〈赵氏圹志〉考释》，载《浙江社会科学》2012 年第 10 期

姜锡东、魏彦红：《近二十年来宋代宗室研究述评》，载《中国史研究动态》2013 年第 4 期

张邦炜：《靖康内讧解析》，载《四川师范大学学报》（社科版）2001 年第 3 期

陶晋生：《南宋初信王榛抗金始末》，载《中华文化复兴月刊》1970 年 3 卷 7 期

屈立朝：《两宋之交信王赵榛行实考——与美国亚利桑那大学陶晋生教授商榷》，载《北京大学学报》（哲社版）1989 年第 6 期

梅哲浩：《南宋宗室与包容政治》，台北"中国文化大学"硕士论文，2013 年

祖慧：《南宋宗室科举制度探析》，载《历史研究》2011 年第 2 期

刘绍春：《中国古代皇帝制度研究综述》，载《中国史研究动态》1992 年第 1 期

龚延明：《宋代的皇帝制度》，载《杭州大学学报》1992 年第 1 期

黄宽重：《宋史研究的重要史料——以中国大陆地区出土宋人墓志资料为例》，载《新史学》第 9 卷第 2 期，1998 年 6 月

杨印民、林世田：《〈仙源类谱〉、〈宗藩庆系录〉的编修者及成书时间考》，载《文献》2012 年第 4 期

杨印民、林世田：《谱牒双璧：国图藏〈仙源类谱〉与〈宗藩庆系录〉》，载《中国典籍与文化》2013 年第 1 期

戴建国：《〈永乐大典〉本宋〈吏部条法〉考述》，载《中华文史论丛》2009 年第 3 期

陈峰：《北宋皇室与"将门"通婚现象探析》，载《文史哲》2004 年第 3 期

张明华：《"靖康之难"被掳北宋宫廷及宗室女性研究》，载《史学月刊》2004 年第 5 期

江天健：《北宋英宗濮议之剖析》，《宋史研究集》第 28 辑

杨文新：《试述南宋泉州宗室的入仕为官》，载《福建教育学院学报》2001 年第 1 期

杨文新:《宋代南外宗正司入闽及其影响》,载《史学月刊》2004 年第 8 期

杨文新:《宋朝宗室宰相赵汝愚与福建》,载《陕西师范大学学报》2004 年第 3 期

都樾:《论宋代宗室文化成就及其影响》,载《中国典籍与文化》2000 年第 2 期

宋晞:《宋代的宗学》,收入《宋史研究集》第 9 辑,台湾"中华丛书"编审委员会 1977 年版

何兆泉:《走出宫院:南宋宫学向宗学的转变》,载《国际社会科学杂志》2011 年第 4 期

何兆泉:《〈东京梦华录〉作者问题考辨》,载《浙江学刊》2015 年第 5 期

何兆泉:《宋代宗室入仕任官问题探析》,收入《宋学研究集刊》(第一辑),浙江大学出版社 2008 年版

何兆泉:《赵宋宗室与文化》,收入《礼学与中国传统文化:庆祝沈文倬先生九十华诞国际学术研讨会论文集》,中华书局 2006 年版

何勇强:《宋代宗学考论》,载《浙江学刊》2015 年第 1 期

祁琛云:《宋代宗室藏书与习文活动述略》,载《四川图书馆学报》2011 年第 6 期

严文儒:《朱熹〈资治通鉴纲目〉丛考》,收入朱杰人主编《迈入 21 世纪的朱子学——纪念朱熹诞辰 870 周年、逝世 800 周年论文集》,华东师范大学出版社 2001 年版

张德英:《宋代学校中的"自讼斋"》,载《文史知识》2003 年第 12 期

王守稼:《试论明代的宗室人口问题》,载《中国史研究》1990 年第 1 期

杜贵晨:《刘梁、刘桢故里及世系、行辈试说》,载《岱宗学刊》2002 年第 3 期

镇里:《孔氏家族的行辈取名》,载《人文杂志》1996 年第 3 期

吴吉远:《清代宗室教育述论》,载《社会科学辑刊》1997 年第 6 期

罗尔纲:《宗子释》,载《文史》第 6 辑,1979 年

侯旭东:《中国古代专制说的知识考古》,载《近代史研究》2008 年第 4 期

王云度:《秦王子婴非二世兄子辨》,载《江苏师范大学学报》(哲学社会科学版)1981 年第 1 期

张松辉:《子婴与秦皇族关系考》,载《南都学刊》1989 年第 3 期

岳庆平:《东汉在政治上对宗室的限制与利用》,载《山东师大学报》(社会科学版)1987 年第 2 期

陈孝田:《三国宗室研究》,台湾"中国文化大学"硕士论文,2005 年

钱穆:《理学与艺术》,载台北宋史座谈会编《宋史研究集》第 7 辑,台湾书局 1974 年版

李蓉:《唐代宗室及其与政治的关系述论》,浙江大学硕士学位论文,2003 年

陈建平:《山河精蕴　精华典藏——江西出土玉器展》,载《收藏家》2009 年第 1 期

张梅坤:《赵伯泽家族的兴衰和史弥远废立之变》,载《杭州大学学报》1986 年第 1 期

胡晓新、洪余庆:《镇海发现〈赵氏宗谱〉》,载《宁波晚报》2004 年 1 月 2 日

王瑞平:《论中国古代宗室人口增长的特殊性——兼评徐光启"生人之率"三十年翻一番的理论》,载《中州学刊》2000 年第 4 期

杨联陞:《汉代丁口、廪给、米粟、大小石之制》,载《国学季刊》7 卷 1 号

盛清沂:《试论宋元族谱学与新宗法之创立》,收入联合报基金会文献馆编印《第二届亚洲族谱学术研讨会会议纪录》,台湾联经出版事业公司 1985 年版

杨希枚:《联名与姓氏制度的研究》,载"中研院"历史语言研究所集刊第 28 本下,1957 年 5 月

刘浦江:《契丹名、字初释——文化人类学视野下的父子连名制》,载《文史》2005 年第 3 辑

欧阳宗书:《从字辈谱透视中国传统文化的内涵》,收入中国谱牒学研究会编《谱牒学研究》第 1 辑,书目文献出版社 1989 年版

葛剑雄:《在历史与社会中认识家谱》,收入王鹤鸣、马远良、王世伟主编《中国谱牒研究——全国谱牒开发与利用学术研讨会论文集》,上海古籍出版社 1999 年版

白惇仁:《东亚诸邦族谱行辈命名考》,收入联合报基金会文献馆编印《第二届亚洲族谱学术研讨会会议纪录》,台湾联经出版事业公司 1985 年版

张固也:《论〈新唐书·艺文志〉的史料来源》,载《吉林大学社会科学学报》1998 年第 2 期

高聿占:《从赵家城皇族改姓说起》,载《台湾源流》1999 年春季刊(总第 13 期)

叶子:《赵家堡:南宋王族的皇城》,载《中华遗产》2012 年第 3 期

王鹤鸣:《中国家谱的数量》,收入缪其浩主编《新技术背景下的图书馆》,上海科学技术文献出版社 2009 年版

雷艳红:《君权、皇族与中晚唐政治》,载《学术月刊》2007 年第 11 期

〔美〕John W. Chaffee(贾志扬):*Branches of Heaven:A history of the imperial clan of Sung China*,published by the Harvard University Asia Center,1999.

〔美〕贾志扬著,赵冬梅译:《天潢贵胄:宋代宗室史》,江苏人民出版社 2005 年版

〔美〕贾志扬:《宋代科举》,台北东大图书股份有限公司 1995 年版

〔美〕贾志扬:《宋朝宗室的历史意义》,收入邓广铭、漆侠主编《国际宋史研讨会论文选集》,河北大学出版社 1992 年版

〔美〕贾志扬:《从武到文:宋代宗室的婚姻关系》,收入《庆祝邓广铭教授九十华诞

论文集》，河北教育出版社 1997 年版

〔美〕John W. Chaffee. From Capital to Countryside: Changing Residency Patterns of the Sung Imperial Clan，收入《国际宋史研讨会论文集》，"中国文化大学"出版部 1988 年版

〔美〕John W. Chaffee. The Marriage of Sung Imperial Clanswomen，Marriage and Inequality in Chinese Society，Eds. Rubie Watson and Patricia Ebrey，Berkeley: University of California Press，1991.

〔美〕John W. Chaffee. Two Sung Imperial Clan Genealogies: Preliminary Findings and Questions，Journal of Song-Yuan Studies，No. 23 (1993).

〔美〕Patricia Buckley Ebrey and Maggie Bickford. Emperor Huizong and Late Northern Song China: the Politics of Culture and the Culture of Politics，Published by the Harvard University Asia Center，2006.

〔美〕戴仁柱著，刘广丰、惠冬译：《丞相世家：南宋四明史氏家族研究》，中华书局 2014 年版

〔日〕桑原隲藏著，陈裕菁译订：《蒲寿庚考》，中华书局 2009 年版

〔日〕首屋美都雄著，钱杭、杨晓芬译：《中国古代的家族与国家》，上海古籍出版社 2010 年版

〔日〕内藤湖南著，马彪译：《中国史学史》，上海古籍出版社 2008 年版

〔日〕土肥祐子：《宋代の泉州貿易と宗室》，收入《中嶋敏先生古稀記念論集》，汲古書院 1981 年版

〔日〕诸户立雄：《宋代の宗室に関する二、三の问题——特に兩外宗室を中心として》，载《秋田大学学芸学部研究紀要、社会科学》第 7 号，1957 年 3 月

〔日〕诸户立雄：《宋代の对宗室策について》，载《文化》第 22 卷第 5 号，1958 年 9 月

〔日〕小川快之：《中国南宋の宗室応挙と地域社会について》，载东京大学大学院総合文化研究科地域文化研究専攻《年版报・地域文化研究》第 2 号（1998），1999 年版 3 月

〔日〕寺地遵著，刘静贞、李今芸译：《南宋初期政治史研究》，台北稻禾出版社 1995 年版

〔日〕沟口雄三著，郑静译，孙歌校：《中国的公与私・公私》，三联书店 2011 年版

〔日〕滋贺秀三著，张建国、李力译：《中国家族法原理》，法律出版社 2003 年版

〔日〕斯波义信著，庄景辉译：《宋代商业史研究》，台北稻禾出版社 1997 年版

〔日〕平田茂树：《日本宋代政治史研究的现状与课题》，载《史学月刊》2006 年第 6 期

〔日〕平田茂树：《宋代政治史研究的新视野——以科举社会的"人际网络"为线

索》,载《史学月刊》2014 年第 3 期

　〔日〕近藤一成:《宋元史学的基本问题》,中华书局 2010 年版

　〔以色列〕艾森斯塔得著,阎步克译:《帝国的政治体系》,贵州人民出版社 1992 年版

后　记

　　真的很惭愧，时隔这么多年，我才迟迟交出这部书稿。拙著是在博士论文基础上做了较大修改而成，但仍保留了原来的基本框架，只是因为修订稿以制度考察为中心，故又删除了"宗室与文化"等章节。宋代宗室研究资料分散，牵涉面则很广，限于体例篇幅和学识才情，书中对许多问题还是未及探讨，如两宋宗室封爵等制度就没有专门展开讨论。此外，书稿虽希望能更多关注制度与人事的交互作用，在具体论证时也尽量引入了一些宗室案例，但总体而言，全书毕竟侧重在制度层面的阐述，至于宗室典型个案的条分缕析，还有待将来能够继续挖掘和拓展。

　　所有的记忆都是选择性的，文本记录的历史不过是历史本身的冰山一角，且都免不了记录者的想象性建构。我最初选择宋代宗室为研究选题，起因是在点读《续资治通鉴长编》时，发现宗室问题犹如草蛇灰线潜伏在王朝历史的叙述中，不绝不显，扑朔迷离。我懵懂地感觉，去观察这个世系不断突破、人口日渐繁盛、身份十分特殊、内部趋向分化的群体，等于推开一扇窗户，能上上下下地看见宋代社会，而且还能帮助更好地理解"国"与"家"、"公"与"私"等命题。只是，那时宋代宗室研究视角相对单一，宗室存在的最大价值似乎就是没有发生"宗室之祸"。学术界主流观点认为随着唐五代之后的皇权强化，皇族和外戚、宦官等一样，已被严防死守，几乎完全沦为饱食暖衣、无所事事的寄生群体。事实证明，两宋宗室问题远非如此简单。退一步言，即使宗室真的成为沉默的群体,史学研究的一大价值,不就是要去重新发现那些被冷落、被忽视的人与事,然后透过新异的视角去观察和感知某个时代吗?近来,包括赵宋宗室在内的历代皇族研究又有趋热的倾向,其背后既有历史认识的重新转变,更有基于现实的深刻反思。当人们站在人性相通、古今一体的立场去省察中国历史传统,仿佛宗室在旧式王朝终结百年之后,却依旧是一个值得关切的重要话题。

我要特别感谢导师何忠礼教授一直以来对我的关心和帮助。本书从最初的论文写作到如今的修订完稿,何老师都给予了悉心指导。先生身教重于言传,他对宋史研究一以贯之的热情和专注,孜孜以求的敬业精神和严谨唯实的治学态度,都使我受益无穷。非常感谢徐规教授、孙达人教授、包伟民教授、卢向前教授不断启思解惑,徐先生在论文完成后还连夜审查了全稿,先生伏案批阅的情景,铭感难忘。感谢魏明孔教授、包伟民教授、李凭教授、卢向前教授、王立嘉教授等答辩委员会专家和论文匿名评审专家提出的宝贵意见,感谢张希清教授、冈元司教授、山根直生博士、Dimitri等慷慨寄赠中外相关研究论文。书稿的部分内容,曾经在参加各类学术会议期间,得以继续请益于宋史方家,感谢李裕民教授、邓小南教授、刘静贞教授、近藤一成教授等学者的批评和鼓励。感谢魏峰博士、梁锡锋博士对修订稿提出的中肯建议。我还要感谢张明华、杨天保、周方高、周扬波、吴铮强、傅俊、邢舒绪、李小红、郑瑾、童圣江、尹晓宁、李辉等学友给予我的热忱帮助。每每念及诸位师友,我就会回忆起愈行愈远的求学岁月。那时候,先生后学之间,同学同好之间,处处都有热烈的学术争鸣和问题讨论,校园的空气里弥漫着批判的精神,那是一段能够从容读书、独立思考和专务"求是"的美好时光。

我也要对我的家人致以深深的歉意和谢意。历史探研的小路上风光无限、乐趣无穷,大可不必忧郁地说要"借古人酒杯,浇自己块垒",但上下求索、反复改订的过程确实又远非闲话戏说那般轻松自在。家人的包容理解与默默付出,他们无条件的爱与信任,是我能够在温暖中彳亍而前的坚强支撑。

最后,衷心感谢上海古籍出版社的编辑为本书付出的辛苦劳动。

图书在版编目（CIP）数据

两宋宗室研究：以制度考察为中心 /何兆泉著 . —
上海：上海古籍出版社，2023. 5
（南宋及南宋都城临安研究系列丛书·博士文库）
ISBN 978 - 7 - 5732 - 0678 - 7

Ⅰ . ①两… Ⅱ . ①何… Ⅲ . ①家族—制度—研究—
中国—宋代 Ⅳ . ①D691. 21

中国国家版本馆 CIP 数据核字（2023）第 057937 号

南宋及南宋都城临安研究系列丛书·博士文库

两宋宗室研究：以制度考察为中心　　　　　何兆泉 著

责任编辑	陈丽娟	
出版发行	上海古籍出版社	
	地址：上海市闵行区号景路 159 弄 1—5 号 A 座 5F　邮编：201101	
	（1）网址：www. guji. com. cn	
	（2）E-mail: gujil@ guji. com. cn	
	（3）易文网网址：www. ewen. co	
印　　刷	上海惠敦印务科技有限公司	
开　　本	787×1092 毫米　1/16	
印　　张	17. 75	
字　　数	250 千	
版 印 次	2023 年 5 月第 1 版　2023 年 5 月第 1 次印刷	
书　　号	ISBN　978 - 7 - 5732 - 0678 - 7/K · 3362	
定　　价	88. 00 元	